普通高等教育“十三五”规划教材

高职高专专业基础课教材系列

# 基础化学实验技术

黄美华　吴雨龙　主编

科学出版社

北　京

## 内 容 简 介

本书分化学实验技术基础知识、化学实验技术（Ⅰ）、化学实验技术（Ⅱ）共三大大部分，内容分成7章、45个实验项目。其中化学实验技术（Ⅰ）主要配套“无机及分析化学”课程教学，化学实验技术（Ⅱ）主要配套“有机化学”课程教学。书中对化学实验常用仪器的种类、使用及操作规范、装置搭建、药品使用与保管、事故急救等进行了较为详尽的介绍，文字内容浅显易懂，图文并茂，适合学生对照课本自主性学习和动手操作。

本书适用于化工、制药、生物、环保等高职高专院校相关专业作为实验教材，也可供轻工、农林、生态、医药卫生等专业的师生使用和参考。

**图书在版编目（CIP）数据**

基础化学实验技术/黄美华，吴雨龙主编. —北京：科学出版社，2013.1
（普通高等教育“十三五”规划教材·高职高专专业基础课教材系列）
ISBN 978-7-03-036099-1

Ⅰ.①基… Ⅱ.①黄… ②吴… Ⅲ.①化学实验—高等职业教育—教材
Ⅳ.①06-3

中国版本图书馆CIP数据核字（2012）第282728号

责任编辑：沈力匀 / 责任校对：王万红
责任印制：吕春珉 / 封面设计：东方人华平面设计部

科学出版社 出版
北京东黄城根北街16号
邮政编码：100717
http://www.sciencep.com
新科印刷有限公司 印刷
科学出版社发行 各地新华书店经销
*
2013年1月第 一 版 开本：787×1092 1/16
2019年9月修 订 版 印张：11 1/4
2019年9月第五次印刷 字数：270 000

**定价：30.00元**

（如有印装质量问题，我社负责调换〈新科〉）
销售部电话 010-62134988 编辑部电话 010-62135235（VP04）

# 前　言

基础化学涵盖无机化学、分析化学、有机化学三大部分，“基础化学实验”是基础化学课程教学中不可或缺的重要组成部分。学生通过基础化学实验的系统训练，能熟练地应用化学实验室常用的仪器和装置，熟知无机和有机的常用药品的理化性质，养成规范的化学实验和实验室工作习惯，为后续专业课程的学习和创新性实验能力的开发练就扎实的基本功。

本书由武汉软件工程职业学院环境与生化工程系黄美华、吴雨龙主编，武汉有机实业有限公司正高职高级工程师毛利民主审。全书由7章内容组成，其编写分工为：武汉软件工程职业学院吴雨龙编写第一章，并统稿全书，黄美华编写第三至六章，黄冈职业技术学院石浪涛编写第二章，重庆化工职业学院刘君玉编写第七章。

本书在编写过程中得到安徽职业技术学院、三峡职业技术学院等相关化工和生物教研室、武汉有机实业有限公司产品检验中心的大力支持，在此表示衷心感谢。

本书由于编者水平所限，加之时间仓促，难免有不妥之处，敬请同仁和读者批评指正。

# 目　录

# 第一部分

# 化学实验技术基础知识

# 第一章　绪　论

## 一、化学实验的目的

化学是一门以实验为基础的科学。高等职业教育中的化学课程，教学内容一般包括无机化学、有机化学和分析化学，并统称为基础化学。化学实验是基础化学课程的重要组成部分，也是学习基础化学的一个重要环节。在高等职业技术学院开设基础化学实验课程，应当达到如下目的：

（1）通过实验，巩固并加深对基础化学基本概念和基本理论的理解；使课堂中讲授的重要理论和概念得到验证、巩固，并扩大课堂中所获得的知识，为理论联系实际提供具体的条件。

（2）掌握化学实验的基本操作和技能，学会正确地使用仪器测量实验数据，处理实验数据和表达实验结果；掌握一些物质的制备、提纯和检验方法。

（3）培养学生独立思考以及分析和解决问题的能力，学会独立地预习并进行实验，细心观察和记录实验现象，分析现象，处理数据，做出科学的结论。

（4）培养学生实事求是、严谨认真的科学态度；整洁、卫生的良好习惯，并逐步地掌握科学研究的方法。为学生继续学好后续课程及今后参加实际工作和开展科学研究打下良好的基础。

## 二、化学实验的学习方法

要完成好化学实验，必须抓好预习、实验和实验报告三个环节。

### 1. 预习

（1）阅读实验教材及参考文献资料中的有关内容。

（2）明确实验目的和原理。

（3）了解实验的内容、步骤、操作过程和注意事项。

（4）认真思考实验的预习题，认真写好预习报告。

（5）预习报告包括实验目的、实验原理（反应式）、实验步骤和注意事项等。预习报告应简明扼要，不要照抄书本。实验前将预习报告交指导教师检查，预习合格者才允许进行实验。

### 2. 实验

实验要按照实验教材上规定的方法、步骤及试剂用量来进行。

（1）实验过程中要认真、正确地操作，细心观察，独立思考，要及时、准确、如实地记录实验现象和数据。

（2）如果发现实验现象与理论不相符，应认真查找原因，并重做实验。

（3）实验中遇到疑难问题、独立思考又难以解释时，可相互讨论或请教教师。

（4）保持肃静，遵守规则，注意安全，整洁节约。

（5）实验完毕，洗净仪器，整理药品及实验台。将实验结果和记录交指导教师查阅，达到要求，且经指导教师同意方能离开实验室。

3. 实验报告

实验结束后，要独立完成实验报告，及时交给指导教师批阅。要严格根据实验记录，对实验现象做出解释，写出有关化学反应式；或根据实验数据进行处理和计算，做出结论，并对实验中的问题进行分析讨论。

书写实验报告要求语言简洁、明了，文字表达清楚，字迹端正，整齐清洁。

实验报告应包括以下内容：

（1）实验目的和原理。

（2）实验步骤。尽量采用表格、框图、符号等形式清晰、明了地表示。

（3）实验现象和数据记录。实验现象要表达正确、全面，数据记录完整。

（4）解释、结论或数据计算。根据现象做出简明解释，写出主要反应方程式，分内容做出小结或最后得出结论。若有数据计算则必须将所依据的公式和主要数据表达清楚；必要时应与文献数据进行比较。

（5）问题讨论。针对本实验中遇到的疑难问题，提出自己的见解或收获，也可对实验方法、教学方法、实验内容等提出自己的意见。必要时对存在问题及失败原因进行恰当的分析。

实验结束后应及时做好实验报告，由课代表统一收齐送至指导教师处批改。

## 三、化学实验室安全守则

化学实验室是学习、研究化学的重要活动场所。在化学实验室中工作或学习，往往会接触到各种化学药品、各种电器设备、各种玻璃仪器及水、电、煤气。在这些化学药品中，有的有毒，有的有刺激性气味，有的有腐蚀性，有的易燃、易爆，有的还可能致癌。使用不当，或操作有误、违反章程、疏忽大意，都可能造成意外事故。因此，安全教育是贯穿化学实验课及化学研究、化工生产始终的重要内容之一，是化学实验工作者要特别引起注意的大事。

在化学实验室工作或学习的每一个人都必须高度重视实验安全问题，要像重视实验一样认真阅读实验教材中的有关安全指导，了解实验的操作步骤和操作方法，了解有关化学药品的理化性质及实验中可能碰到的各种各样的危险。

实践证明，只要实验者思想上高度重视，具备必要的安全知识，听从指导，严格遵守实验室操作规程，事故是可以避免的。即使万一发生了事故，只要事先掌握了一般的防护方法和措施，就能够及时妥当地加以处理，而不致酿成严重后果。反之，若掉以轻心，马虎从事，或我行我素，不听从指导，或违反操作规程，则随时都可能发生事故。当然，与安全有关的因素是多方面的，除客观因素外，业务知识、操作技能也都与安全有关。但最可怕的危险是来自对具体事故的无知和疏忽大意。为了防患于未然，确保实验安全顺利进行，实验室必须制定严格的规章制度、安全防范措施、各项操作细则，完善安全设施。

化学实验中使用水、电、气和易燃易爆有毒或腐蚀性的药品，存在着不安全因素，如果使用不当会给国家财产和个人造成危害。凡在实验室操作的人员必须重视安全问题，遵守操作规程，严格遵守实验室安全守则，以避免事故的发生。

(1) 遵守实验室各项制度，尊重教师的指导及实验室工作人员的职权和劳动。

(2) 经常保持实验室的整洁和安静，注意桌面和仪器的整洁，爱护仪器，节约试剂、水和电等。

(3) 保持水槽干净，切勿把固体物品投入水槽中。废纸和废屑应投入废纸箱内，废酸和废碱小心倒入废液缸内，切勿倒入水槽，以免腐蚀下水管。

(4) 酒精灯要用火柴点燃，添加酒精时要先熄火灭焰，待稍冷后再加，熄灭酒精灯应用灯帽罩住。加热、浓缩液体时试管要朝向无人处，以免液体冲出容器。

(5) 产生有刺激性气味和有毒气体的实验要在通风橱中进行，嗅气体的气味时只能用手轻轻地煽动空气，使少量气体进入鼻孔。

(6) 避免浓酸、浓碱等腐蚀性试剂溅在皮肤、衣服或鞋袜上。用 $HNO_3$、HCl、$HClO_4$、$H_2SO_4$ 等试剂时，操作应在通风橱中进行。通常应把浓酸加入水中，而不要把水加入浓酸中。

(7) 汞盐、氰化物、$As_2O_3$、钡盐、重铬酸盐等试剂有毒，使用时要特别小心。氰化物与酸作用放出剧毒的 HCN，严禁在酸性介质中加入氰化物。

(8) 使用 $CCl_4$、乙醚、苯、丙酮、三氯甲烷等有毒或易燃的有机溶剂时要远离火源和热源，用过的试剂倒入回收瓶中，不要倒入水槽中。

(9) 试剂切勿入口。实验器皿切勿用作食具。离开实验室时要仔细洗手，如曾使用过毒物，还应漱口。

(10) 每个实验人员都必须知道实验室内电闸、水阀和煤气阀的位置，实验完毕离开实验室时，应把这些阀、闸关闭。

## 四、实验室工作中的安全操作

(1) 必须熟悉实验室中水、电、煤气的总闸位置，万一遇到事故便可随时关闭。

(2) 不要用湿的手和物接触电源。水、电、煤气和酒精灯一经用毕，应立即关闭；点燃的火柴杆用完后，应立即熄灭。

(3) 实验室内严禁饮食和吸烟。实验完毕，必须把手洗净。

(4) 不许把各种药品任意混合，以免发生意外事故。

(5) 一切有毒的气体和有恶臭气味物质的实验，都应在通风橱中进行。

(6) 浓酸、浓碱具有强腐蚀性，使用时勿溅在眼睛、皮肤和衣物上。稀释浓硫酸时，应将其慢慢倒入水中，并不断搅拌，切勿相反进行，以免因局部过热使水沸腾，硫酸溅出造成灼伤。

(7) 强氧化剂和某些混合物易发生爆炸，保存和使用这些药品时注意安全。

(8) 银氨液放久后会变成氮化银而引起爆炸，因此用剩的银氨液必须酸化以便回收。

(9) 钾、钠不要与水接触或暴露在空气中，应将其保存在煤油中，并用镊子取用。

(10) 白磷有剧毒，能灼伤皮肤，切勿与人体接触。白磷在空气中能自燃，应保存在水中，使用时在水下切割，用镊子夹取。

(11) 有机溶剂易燃，使用时要远离明火，用后把瓶塞塞紧，放阴凉处。

(12) 一切有刺激性和有毒气体的制备和实验，都应在通风橱中进行。需要闻某些气体的气味时，不可将鼻孔直对容器口吸入，应使面部离容器一定距离，用手把少许气体扇向自己的鼻孔。如氯气有毒，吸入体内会刺激喉管，引起咳嗽和喘息；溴蒸气对人体气管、肺、眼、鼻、喉都有强烈的刺激性；液体溴有很强的腐蚀性，能灼伤皮肤，严重时会使皮肤溃烂。

(13) 可溶性汞盐、铬的化合物、氰化物、砷化物、铅盐和钡盐都有毒，不得入口或接触伤口，其废液也应统一回收处理。

(14) 汞易挥发，会引起人体慢性中毒。使用时，如不慎散落地上应尽量收集起来，并用硫磺粉盖在散落的地方。

(15) 加热的试管，管口不要指向自己或别人，倾注试剂或加热液体时，不要俯视容器，以防液体溅出伤人。

## 五、实验室中意外事故的处理

实验室应配备医药箱，以便发生意外事故时作临时处置之用。医药箱应配备如下药品和工具。

### 1. 药品

碘酒、红药水、紫药水、创可贴、止血粉、烫伤油膏、鱼肝油、甘油、无水乙醇、硼酸溶液（1%～3%，饱和）、2%醋酸溶液、1%～5%碳酸氢钠溶液、20%硫代硫酸钠溶液、10%高锰酸钾溶液、20%硫酸镁溶液、1%柠檬酸溶液、5%硫酸铜溶液、1%硝酸银溶液、由20%硫酸镁-18%甘油-水-1.2%盐酸普鲁卡因配成的药膏、可的松软膏、紫草油软膏及硫酸镁糊剂、蓖麻油等。

### 2. 工具

医用镊子、剪刀、纱布、药棉、棉签、绷带、医用胶布、担架等。医用药箱供实验室急救用，不允许随便挪动或借用。

(1) 玻璃割伤。化学实验中要用到各种玻璃仪器，不小心容易被碎玻璃划伤或刺伤。若伤口内有碎玻璃渣或其他异物，应先取出。轻伤可用生理盐水或硼酸溶液擦洗伤处，并用3%的$H_2O_2$溶液消毒，然后涂上红药水，撒上些消炎粉，并用纱布包扎。伤口较深，出血过多时，可用云南白药或扎止血带，并立即送医院救治。玻璃溅进眼里，千万不要揉擦。不转眼球，任其流泪，速送医院处理。

(2) 烫伤。一旦被火焰、蒸汽、红热玻璃、陶器、铁器等烫伤，切勿用水冲洗。轻者可用10%高锰酸钾溶液擦洗伤处，撒上消炎粉，或在伤处涂烫伤药膏（如氧化锌药膏、獾油或鱼肝油药膏等），重者需送医院救治。

(3) 受强酸腐蚀致伤。先用大量水冲洗，再用饱和碳酸氢钠溶液或稀氨水冲洗，然后浸泡在冰冷的饱和硫酸镁溶液中0.5h，最后敷以20%硫酸镁-18%甘油-水-1.2%盐酸普鲁卡因配成的药膏。伤势严重者，应立即送医院急救。

酸溅入眼睛时，先用大量水冲洗，再用1%的碳酸氢钠溶液洗，最后用蒸馏水或去离子水洗。

氢氟酸能腐烂指甲、骨头，溅在皮肤上会造成痛苦的难以治愈的烧伤。皮肤若被烧伤，应用大量水冲洗20min以上，再用冰冷的饱和硫酸镁溶液或70%酒精冲洗0.5h以上。或用大量水冲洗后，再用肥皂水或2%～5%碳酸氢钠溶液冲洗，用5%碳酸氢钠溶液湿敷局部，再用可的松软膏或紫草油软膏及硫酸镁糊剂。

(4) 受碱腐蚀致伤。先用大量水冲洗，再用1%柠檬酸或1%硼酸，或2%醋酸溶液浸洗，最后用水洗，再用饱和硼酸溶液洗，最后滴入蓖麻油。若碱溅入眼内，用硼酸溶液冲洗。

(5) 受溴腐蚀致伤。溴灼伤一般不易愈合，必须严加防范。凡用溴时应预先配制好适量的硫代硫酸钠溶液备用。一旦被溴灼伤，应立即用乙醇或硫代硫酸钠冲洗伤口，再用水冲洗干净，并敷以甘油。若起泡，则不宜把水泡挑破。

(6) 受白磷灼伤。用5%硫酸铜溶液、1%硝酸银溶液或10%高锰酸钾溶液冲洗伤口，并用浸过硫酸铜溶液的绷带包扎，或送医院治疗。

(7) 吸入刺激性或有毒气体。吸入氯、氯化氢气体时，可吸入少量酒精和乙醚的混合蒸气使之解毒。吸入硫化氢气体而感到不适时，应立即到室外呼吸新鲜空气。

(8) 毒物进入口内。将5%～10%稀硫酸铜溶液，加入一杯温水中，内服后，用手指伸入咽喉部，促其呕吐，并立即送往医院。

(9) 触电。人体若通以50Hz 25mA交流电时，会感到呼吸困难，100mA以上则会致死。因此，使用电器必须制定严格的操作规程，以防触电。

① 已损坏的接头、插座、插头，或绝缘不良的电线，必须更换。

② 电线有裸露的部分，必须绝缘。

③ 不要用湿手接触或操作电器。

④ 接好线路后再通电，用后先切断电源再拆线路。

⑤ 一旦遇到有人触电，应立即切断电源，尽快用绝缘物（如竹竿、干木棒、绝缘塑料管棒等）将触电者与电源隔开，切不可用手去拉触电者。首先切断电源，必要时施以人工呼吸。

(10) 起火。既要灭火，又要防止火势蔓延。一般小火，可用湿布、石棉布或沙子覆盖燃烧物即可灭火。火势大时，可使用$CCl_4$灭火器或$CO_2$泡沫灭火器，但不可用水扑救，因水能和有些化学药品（如金属钠）发生剧烈的反应而引起更大的火灾。电器起火时，只能用$CCl_4$灭火器灭火，而不能用泡沫灭火器，以免触电。衣服着火，应赶快脱下衣服或用石棉布覆盖着火处。

(11) 对伤势较重者，应立即送往医院。

## 六、实验室“三废”的处理

在化学实验室中会遇到各种有毒的废渣、废液和废气（简称“三废”），如不加处理随意排放，就会对周围的环境、水源和空气造成污染，形成公害。“三废”中的有用成分，不加回收，在经济上会造成损失。通过处理，消除公害，变废为宝，综合利用，也是实验室工作的重要组成部分。

### 1. 废渣处理

有回收价值的废渣应收集起来统一处理，回收利用。少量无回收价值的有毒废渣也应集中起来分别进行处理或深埋于离水源远的指定地点。

（1）钠、钾屑及碱金属、碱土金属氢化物、氨化物：悬浮于四氢呋喃中，在搅拌下慢慢滴加乙醇或异丙醇至不再放出氢气为止，再慢慢加水澄清后冲入下水道。

（2）硼氢化钠（钾）：用甲醇溶解后，用水充分稀释，再加酸并放置，此时有剧毒硼烷产生，所以应在通风橱内进行，其废液用水稀释后冲入下水道。

（3）酰氯、酸酐、三氯化磷、五氯化磷、氯化亚砜：在搅拌下加入大量水冲走。五氯化二磷加水，用碱中和后冲走。

（4）沾有铁、钴、镍、铜催化剂的废纸、废塑料：变干后易燃，不能随便丢入废纸篓内，应趁未干时，深埋于地下。

（5）重金属及其难溶盐：能回收的尽量回收。不能回收的集中起来深埋于远离水源的地下。

### 2. 废液处理

（1）废酸液、废碱液：将废酸（碱）液与废碱（酸）液中和至 pH 6～8（如有沉淀过滤后）排放。

（2）氰化物废液：少量含氰废液可加入硫酸亚铁使之转变为毒性较小的亚铁氰化物冲走，也可用碱将废液调到 pH>10 后，用适量的高锰酸钾将 $CN^-$ 氧化。大量含氰废液则需将废液用碱调到 pH>10 后，加入足量的次氯酸盐，充分搅拌，放置过夜，使 $CN^-$ 分解为 $CO_3^{2-}$ 和 $N_2$后，再将溶液 pH 调到 6～8 排放。其基本反应原理为

$$2CN^- + 5ClO^- + 2OH^- = 2CO_3^{2-} + N_2(g) + 5Cl^- + H_2O$$

（3）含砷废水。

① 石灰法：将石灰投入到含砷废水中，使生成难溶的砷酸盐和亚砷酸盐。

② 硫化法：用 $H_2S$ 或 NaHS 作硫化剂，使之生成难溶硫化物沉淀，沉降分离后，调 pH 6～8，排放。

③ 镁盐脱砷法：在含砷废水中加入足够的镁盐，调节镁砷比为 8～12，然后利用石灰或其他碱性物质将废水中和至弱碱性，控制 pH 9.5～10.5，利用新生的氢氧化镁与砷化合物共沉积和吸附作用，将废水中的砷除去。沉降后，将溶液 pH 调到 6～8 排放。

(4) 含汞废水处理。

① 化学沉淀法：在含 $Hg^{2+}$ 的废液中通入 $H_2S$ 或加入 $Na_2S$，使 $Hg^{2+}$ 形成 HgS 沉淀。为防止形成 $HgS_2^{2-}$ 可加入少量的 $FeSO_4$ 使过量的 $S^{2-}$ 与 $Fe^{2+}$ 生成 FeS 沉淀。过滤后残渣可回收或深埋，溶液调 pH＝6～8 排放。

② 还原法：利用镁粉、铝粉、铁粉、锌粉等还原性金属，将 $Hg^{2+}$、$Hg_2{}^{2+}$ 还原为单质 Hg（此法并不十分理想）。

③ 离子交换法：利用阳离子交换树脂把 $Hg^{2+}$、$Hg_2{}^{2+}$ 交换于树脂上，然后再回收利用（此法较为理想，但成本较高）。

(5) 含铬废水处理。

① 铁氧体法：在含 Cr(Ⅵ)的酸性溶液中加硫酸亚铁，使 Cr(Ⅵ)还原为 Cr(Ⅲ)，再利用 NaOH 调 pH 至 6～8，并通入适量的空气，控制 Cr(Ⅵ)与 $FeSO_4$ 的比例，使生成难溶于水的组成类似于 $Fe_3O_4$（铁氧体）的氧化物（此氧化物有磁性），借助于磁铁或电磁铁可使其沉淀分离出来，达到排放标准（0.5mg/L）。

② 离子交换法：含铬废水中，除含有 Cr(Ⅵ)外，还含有多种阳离子。通常将废液在酸性条件下（pH 2～3）通过强酸性 H 型阳离子交换树脂，除去金属阳离子，再通过大孔弱碱性 $OH^-$ 型阴离子交换树脂，除去 $SO_4^{2-}$ 等阴离子。流出液为中性，可作为纯水循环利用。

阳离子树脂用盐酸再生，阴离子树脂用氢氧化钠再生，再生可回收铬酸钠。

## 七、化学实验常用仪器介绍

玻璃仪器按玻璃的性质不同可以简单地分为软质玻璃仪器和硬质玻璃仪器两类。软质玻璃承受温差的性能、硬度和耐腐蚀性都比较差，但透明度比较好，一般用来制造不需要加热的仪器，如试剂瓶、漏斗、量筒、吸管等。硬质玻璃具有良好的耐受温差变化的性能，用它制造的仪器可以直接用灯火加热，这类仪器耐腐蚀性强、耐热性能以及耐冲击性能都比较好，常见的烧杯、烧瓶、试管、蒸馏器和冷凝管等都用硬质玻璃制作。

玻璃仪器按用途可以分为容器类、量器类和其他常用器皿三大类。

### 1. 烧杯

常用的烧杯有低形烧杯、高形烧杯、锥形瓶等三种（图 1-1），主要用于配制溶液，煮沸、蒸发、浓缩溶液，进行化学反应以及少量物质的制备等。烧杯用硬质玻璃制造，它可承受 500℃以下的温度，在火焰上可直接或隔石棉网加热，也可选用水浴、油浴或砂浴等加热方式。烧杯的规格从 25mL 至 5000mL 不等（表 1-1）。

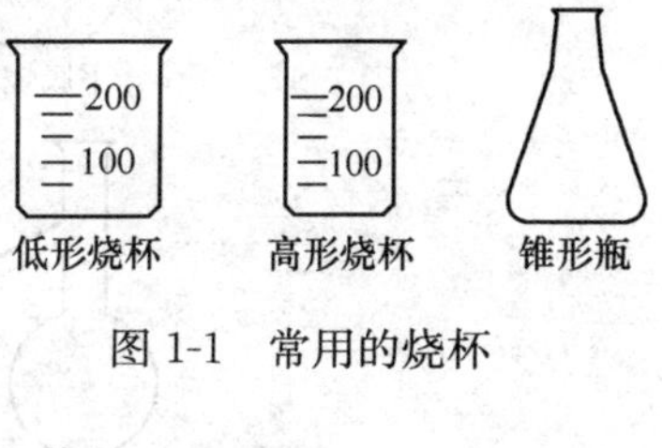

低形烧杯 高形烧杯 锥形瓶

图 1-1 常用的烧杯

**表 1-1 烧杯的主要规格**

| 名　称 | 容量/mL | 高度/mm | 外径/mm |
|---|---|---|---|
| 低形烧杯 | 50 | 58 | 46 |
| | 100 | 72 | 52 |
| | 250 | 94 | 69 |
| | 500 | 115 | 87 |
| | 1000 | 150 | 110 |
| 高形烧杯 | 50 | 67 | 40 |
| | 100 | 88 | 45 |
| | 250 | 122 | 60 |
| | 600 | 165 | 80 |
| | 1000 | 195 | 100 |
| 锥形瓶 | | | 口外径/底外径 |
| | 125 | 110 | 34/55 |
| | 250 | 135 | 43/70 |
| | 500 | 155 | 53/88 |

2. 烧瓶

烧瓶用于加热煮沸以及物质间的化学反应，主要有平底烧瓶、圆底烧瓶、三角烧瓶和定碘烧瓶。平底烧瓶不能直接用火加热，圆底烧瓶可以直接用火加热，但两者都不能骤冷，通常在热源与烧瓶之间加隔石棉网。三角烧瓶也称锥形瓶，加热时可避免液体大量蒸发，反应时便于摇动，在滴定操作中经常用它作容器。定碘烧瓶主要用于碘法的测定中，也用于须严防液体蒸发和固体升华的实验，但加热或冷却瓶内溶液时应将瓶塞打开，以免因气体膨胀或冷却，使塞子冲出或难取下。

蒸馏烧瓶是供蒸馏使用的，蒸馏常用的还有三口烧瓶和四口烧瓶（图 1-2、表 1-2、表 1-3）。

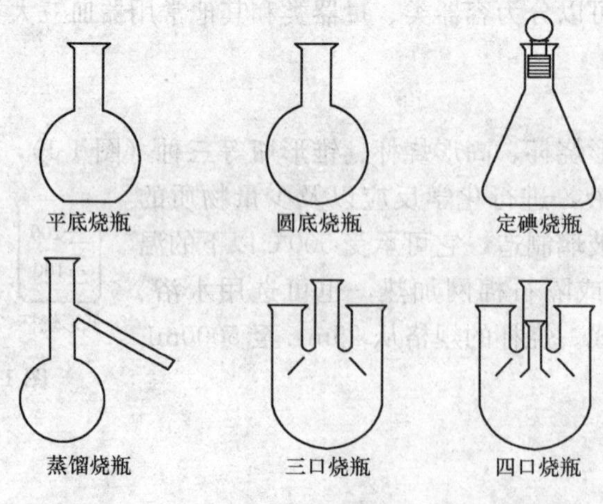


图 1-2　常用烧瓶

表 1-2　烧瓶的主要规格

| 名　　称 | 容量/mL | 瓶高/mm | 球（底）外径/mm | 颈外径/mm |
|---|---|---|---|---|
| 平底烧瓶 | 50 | 100 | 53 | 20 |
| | 100 | 120 | 65 | 21 |
| | 250 | 160 | 88 | 25 |
| | 500 | 200 | 110 | 30 |
| | 1000 | 250 | 140 | 35 |
| 圆底烧瓶 | 50 | 100 | 53 | 20 |
| | 100 | 120 | 63 | 21 |
| | 250 | 165 | 88 | 25 |
| | 500 | 210 | 110 | 30 |
| | 1000 | 260 | 140 | 35 |
| 三角烧瓶 | 50 | 90 | 52 | 20 |
| | 100 | 105 | 60 | 22 |
| | 150 | 120 | 69 | 25 |
| | 250 | 144 | 83 | 30 |
| | 500 | 195 | 100 | 35 |
| | 1000 | 225 | 128 | 40 |
| 定碘烧瓶 | 50 | 110 | 55 | 20 |
| | 100 | 114 | 60 | 20 |
| | 250 | 155 | 83 | 26 |
| | 500 | 200 | 98 | 28 |
| | 1000 | 220 | 130 | 33 |

表 1-3　蒸馏烧瓶的主要规格

| 名　　称 | 容量/mL | 全高/mm | 球外径/mm | 颈外径/mm | 中颈外径/mm | 侧颈外径/mm |
|---|---|---|---|---|---|---|
| 蒸馏烧瓶 | 30 | 122 | 42 | 18 | — | — |
| | 60 | 150 | 57 | 20 | — | — |
| | 125 | 190 | 70 | 23 | — | — |
| | 250 | 220 | 88 | 25 | — | — |
| | 500 | 270 | 100 | 30 | — | — |
| | 1000 | 350 | 140 | 35 | — | — |
| 三口烧瓶 | 250 | 140 | 88 | — | 26 | 20 |
| | 500 | 175 | 100 | — | 30 | 22 |
| | 1000 | 215 | 140 | — | 35 | 24 |
| 四口烧瓶 | 250 | 140 | 88 | — | 26 | 20 |
| | 500 | 175 | 100 | — | 30 | 22 |
| | 1000 | 215 | 140 | — | 35 | 24 |

3. 分馏管、冷凝管和接管

分馏管也称分馏柱或分凝器，主要用于分馏操作。常见的分馏管有无球分馏管、一球分馏管、二球分馏管、三球分馏管、四球分馏管和刺形分馏管。

冷凝管也称冷凝器，供蒸馏操作中冷凝用。常见的冷凝管有空气冷凝管、直形冷凝管、球形冷凝管、蛇形冷凝管、直形回流冷凝管和蛇形回流冷凝管（图 1-3）。

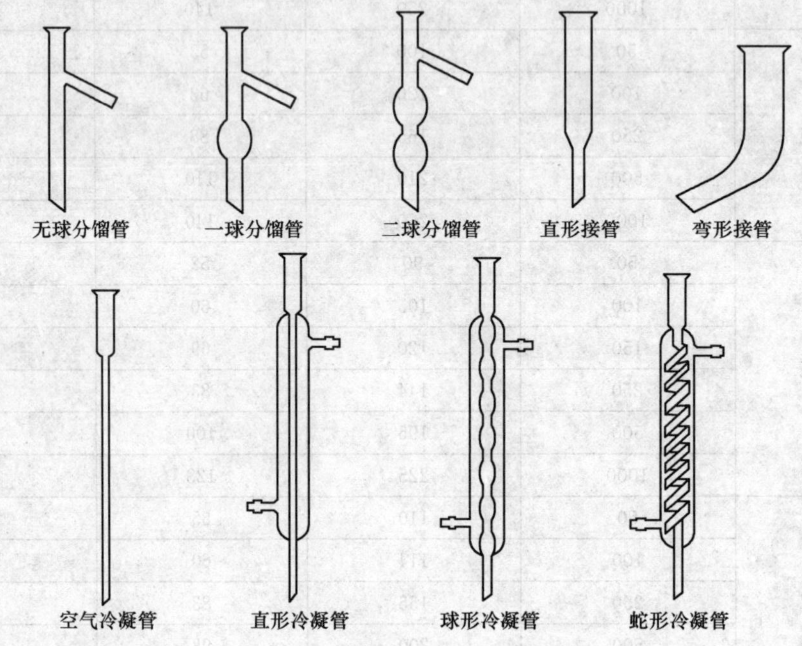


图 1-3　分馏管、冷凝管和接管

接管是蒸馏时连接冷凝管用的，常见的有直形接管和弯形接管（表 1-4～表 1-6）。

表 1-4　分馏管的主要规格

| 名　称 | 刺形管长/mm | 管全长/mm | 管外径/mm | 球外径/mm | 下管外径/mm |
|---|---|---|---|---|---|
| 无球分馏管 | — | 200 | 15 | — | — |
| 一球分馏管 | — | 250 | 17 | 40 | — |
| 二球分馏管 | — | 300 | 17 | 40 | — |
| 三球分馏管 | — | 400 | 17 | 35 | — |
| 四球分馏管 | — | 460 | 17 | 35 | — |
| 刺形分馏管 | 250 | 410 | 21 | — | 10 |
|  | 500 | 690 | 25 | — | 12 |
|  | 1000 | 1220 | 33 | — | 15 |

**表 1-5　冷凝管的主要规格**

| 名　称 | 外套管长/mm | 球数/个 | 全长/mm | 上管外径/mm | 下管外径/mm |
|---|---|---|---|---|---|
| 空气冷凝管 | — | — | 500 | — | — |
| | — | — | 900 | — | — |
| 直形冷凝管 | 200 | — | 360 | 18 | 11 |
| | 500 | — | 710 | 24 | 14 |
| | 1000 | — | 1250 | 28 | 18 |
| 球形冷凝管 | 200 | 4 | 350 | 18 | 11 |
| | 500 | 8 | 710 | 24 | 14 |
| | 1000 | 12 | 1250 | 28 | 18 |
| | 1500 | 16 | 1720 | 33 | 21 |
| 蛇形冷凝管 | 200 | — | 350 | 18 | 11 |
| | 500 | — | 710 | 24 | 14 |
| | 1000 | — | 1250 | 28 | 18 |
| 直形回流冷凝管 | 300 | — | 420 | — | 12 |
| 蛇形回流冷凝管 | 300 | — | 480 | 20 | 12 |
| | 600 | — | 810 | 24 | 15 |

**表 1-6　接管的主要规格**

| 管外径/mm | 全长/mm | 下管外径/mm |
|---|---|---|
| 15 | 150 | 8 |
| 18 | 150 | 8 |
| 25 | 180 | 10 |
| 30 | 200 | 12 |

### 4. 试管、离心管和比色管

试管主要用做少量试剂的反应容器，常用于定性试验。试管可直接用灯火加热，加热后不能骤冷。试管内盛放的液体量，如果不需要加热，不要超过 1/2；如果需要加热，不要超过 1/3。加热试管内的固体物质时，管口应略向下倾斜，以防凝结水回流至试管底部而使试管破裂。离心试管用于定性分析中的沉淀分离。常见的试管有普通试管、具支试管、刻度试管、具塞试管、尖底离心管、尖底刻度离心管和圆底刻度离心管等（图 1-4、表 1-7、表 1-8）。

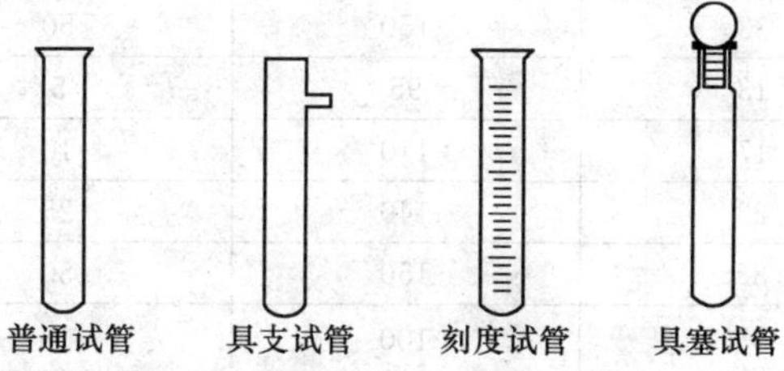


图 1-4　试管、离心管和比色管

图 1-4 试管、离心管和比色管（续）

**表 1-7 试管的主要规格**

| 名　　称 | 管外径/mm | 全长/mm | 容量/mL | 最小分度/mL |
|---|---|---|---|---|
| 普通试管 | 10 | 100 | — | — |
| | 15 | 150 | — | — |
| | 21 | 150 | — | — |
| | 25 | 180 | — | — |
| | 41 | 225 | — | — |
| 具支试管 | 12 | 100 | — | — |
| | 15 | 150 | — | — |
| | 21 | 150 | — | — |
| | 25 | 200 | — | — |
| 刻度试管 | 11 | 110 | 5 | 0.1 |
| | 14 | 130 | 10 | 0.2 |
| | 19 | 180 | 30 | 0.5 |
| | 23 | 200 | 50 | 1 |
| 具塞试管 | 12 | — | 5 | — |
| | 15 | — | 10 | — |
| | 16 | — | 15 | — |
| | 18 | — | 20 | — |

**表 1-8 离心试管的主要规格**

| 名　　称 | 管外径/mm | 全长/mm | 容量/mL | 最小分度/mL |
|---|---|---|---|---|
| 尖底离心管 | 17 | 110 | 10 | — |
| | 23 | 140 | 25 | — |
| | 33 | 150 | 50 | — |
| 尖底刻度离心管 | 13 | 95 | 5 | 0.1 |
| | 17 | 110 | 10 | 0.1 |
| | 23 | 140 | 25 | 0.2 |
| | 33 | 150 | 50 | 0.2 |
| 圆底刻度离心管 | 35 | 100 | 50 | 1 |
| | 41 | 115 | 100 | 2 |

比色管主要用于比较溶液颜色的深浅，用于快速定量分析中的目视比色。比色管有开口和具塞两种（表 1-9）。

**表 1-9　比色管的主要规格**

| 名　称 | 容量/mL | 管长/mm | 管外径/mm |
|---|---|---|---|
| 开口比色管 | 5～10 | 130 | 15 |
| | 10～25 | 150 | 20 |
| | 25～50 | 180 | 24 |
| | 50～100 | 210 | 30 |
| 具塞比色管 | 5～10 | 130 | 15 |
| | 10～25 | 150 | 20 |
| | 25～50 | 180 | 24 |
| | 50～100 | 210 | 30 |

5. 干燥器

干燥器的中下部口径略小，上面放置带孔的瓷板，瓷板上放置待干燥的物品，瓷板下面放有干燥剂（图 1-5）。常用的干燥剂有 $P_2O_5$、碱石灰、硅胶、$CaSO_4$、CaO、$CaCl_2$、$CuSO_4$、浓硫酸等。固态干燥剂可直接放在瓷板下面，液态干燥剂放在小烧杯中，再放到瓷板下面。

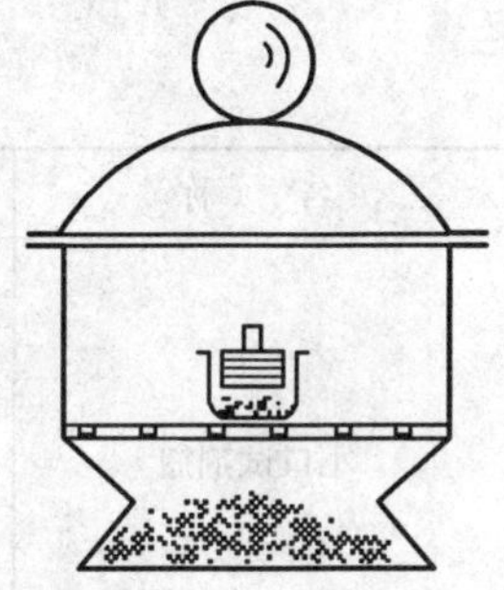

图 1-5　干燥器

干燥器主要用于保持固态、液态样品或产物的干燥，也用来存放防潮的小型贵重仪器和已经烘干的称量瓶、坩埚等。使用干燥器时，要沿边口涂抹一薄层凡士林研合均匀至透明，使顶盖与干燥器本身保持密合，不致漏气。开启顶盖时，应稍稍用力使干燥器顶盖向水平方向缓缓错开，取下的顶盖应翻过来放稳。热的物体应冷却到略高于室温时，再移入干燥器内。

干燥器直径从 100mm 到 500mm 不等（表 1-10）。干燥器洗涤过后，要吹干或风干，切勿用加热或烘干的方法去除水气。久存的干燥器或室温低，顶盖打不开时，可用热毛巾或暖风吹化开启。

**表 1-10　干燥器（附瓷板）的主要规格**

| 口内径/mm | 全高/mm | 瓷板直径/mm |
|---|---|---|
| 100 | 165 | 92 |
| 210 | 320 | 185 |
| 300 | 450 | 275 |

6. 试剂瓶

试剂瓶用于盛装各种试剂。常见的试剂瓶有小口试剂瓶、大口试剂瓶和滴瓶；附有磨砂玻璃片的大口试剂瓶常作集气瓶。试剂瓶有无色和棕色之分，棕色瓶用于盛装应避光的试剂。小口试剂瓶和滴瓶常用于盛放液体药品，大口试剂瓶常用于盛放固体药品。试剂瓶又有磨口和非磨口之分，一般非磨口试剂瓶用于盛装碱性溶液或浓盐溶液，使用橡皮塞或软木塞；磨口的试剂瓶盛装酸、非强碱性试剂或有机试剂，瓶塞不能调换，以防漏气。若长期不用，应在瓶口和瓶塞间加放纸条，便于开启。试剂瓶不能用火直接加热，不能在瓶内久贮浓碱、浓盐溶液（图 1-6、表 1-11）。

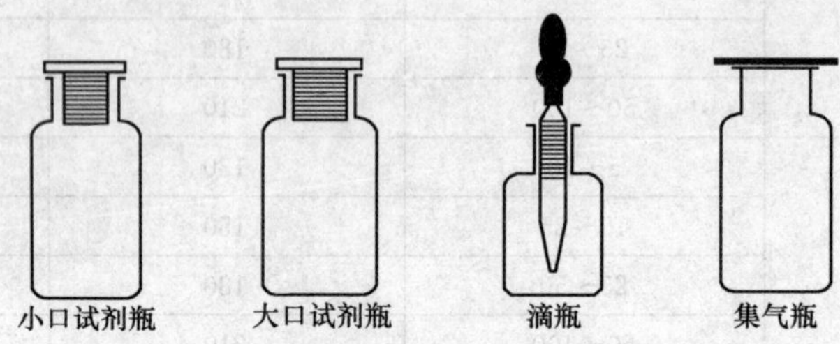


图 1-6　试剂瓶

表 1-11　试剂瓶的主要规格

| 名　称 | 容量/mL | 瓶高/mm | 瓶外径/mm | 瓶口外径/mm |
|---|---|---|---|---|
| 小口试剂瓶 | 30 | 76 | 40 | 18 |
| | 125 | 110 | 57 | 24 |
| | 250 | 135 | 70 | 27 |
| | 500 | 172 | 85 | 33 |
| | 1000 | 202 | 106 | 38 |
| 大口试剂瓶 | 30 | 72 | 40 | 25 |
| | 125 | 108 | 57 | 38 |
| | 250 | 130 | 70 | 50 |
| | 500 | 165 | 85 | 58 |
| | 1000 | 188 | 106 | 65 |
| 滴瓶（附胶头） | 30 | 76 | 40 | — |
| | 60 | 85 | 46 | — |
| | 125 | 110 | 57 | — |
| 集气瓶（附磨砂玻璃片） | 125 | 108 | 57 | 38 |
| | 250 | 130 | 70 | 50 |
| | 500 | 160 | 86 | 58 |

7. 过滤瓶

过滤瓶也称抽滤瓶，主要供晶体或沉淀进行减压过滤用（表 1-12）。

表 1-12　过滤瓶的主要规格

| 容量/mL | 瓶高/mm | 底外径/mm | 瓶颈外径/mm |
|---|---|---|---|
| 250 | 160 | 90 | 33 |
| 500 | 200 | 115 | 40 |
| 1000 | 240 | 140 | 44 |

8. 称量瓶

称量瓶主要用于使用分析天平时称取一定量的试样，不能用火直接加热，瓶盖是磨口的，不能互换。称量瓶有高形和扁形两种（图 1-7、表 1-13）。

图 1-7　称量瓶

表 1-13　称量瓶的主要规格

| 名　　称 | 瓶外径/mm | 瓶身高/mm |
|---|---|---|
| 高形称量瓶 | 25 | 25 |
| | 25 | 40 |
| | 30 | 50 |
| | 30 | 60 |
| | 35 | 70 |
| | 40 | 70 |
| 扁形称量瓶 | 40 | 25 |
| | 50 | 30 |
| | 60 | 30 |
| | 70 | 35 |

9. 表面皿和蒸发皿

表面皿主要用做烧杯的盖，防止灰尘落入和加热时液体迸溅等。表面皿不能直接用火加热。

蒸发皿有平底和圆底两种形状，主要用于使液体蒸发，能耐高温，但不宜骤冷。蒸发溶液时一般放在石棉网上加热，如液体量多，可直接加热，但液体量以不超过深度的 2/3 为宜（图 1-8、表 1-14）。

图 1-8　表面皿和蒸发皿

**表 1-14　表面皿和蒸发皿的主要规格**

| 名　　称 | 直径/mm | 皿高/mm |
|---|---|---|
| 表面皿 | 45 | — |
| | 60 | — |
| | 80 | — |
| | 100 | — |
| | 150 | — |
| | 180 | — |
| 蒸发皿 | 60 | 30 |
| | 90 | 45 |
| | 120 | 60 |
| | 150 | 75 |

10. 研钵

研钵主要用于研磨固体物质，有玻璃研钵、瓷研钵、铁研钵和玛瑙研钵等。玻璃研钵、瓷研钵适用于研磨硬度较低的物料，硬度大的物料应用玛瑙研钵。研钵不能用火直接加热（图 1-9、表 1-15）。

**表 1-15　玻璃研钵的主要规格**

| 内径/mm | 钵高/mm |
|---|---|
| 75 | 40 |
| 90 | 50 |
| 120 | 60 |

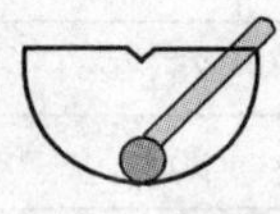

图 1-9　研钵

11. 漏斗

漏斗主要用于过滤操作和向小口容器倾倒液体。常见的有 60°角短管标准漏斗、60°角长管标准漏斗、筋纹漏斗和圆筒形漏斗。筋纹漏斗内壁有若干凹筋，可以提高过滤速度。

分液漏斗主要用于互不相溶的两种液体分层和分离，常见的有厚料球形、球形、梨形、梨形刻度、筒形和筒形刻度等。球形分液漏斗适用于萃取分离操作；梨形分液漏斗除用于分离互不相溶的液体外，在合成反应中常用来随时加入反应试液。有刻度梨形和筒形漏斗常用于控制加液速度（图 1-10、表 1-16、表 1-17）。

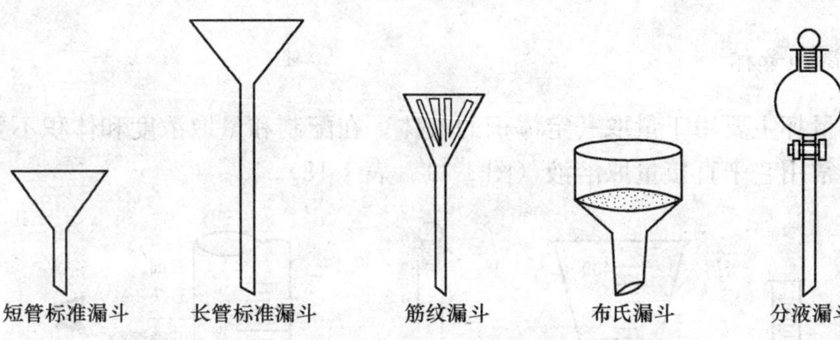


图 1-10 漏斗

**表 1-16 漏斗的主要规格**

| 名 称 | 口径/mm | 管长/mm |
|---|---|---|
| 短管标准漏斗 | 40 | 40 |
| | 60 | 60 |
| | 90 | 90 |
| | 150 | 150 |
| 长管标准漏斗 | 50 | 150 |
| | 60 | 150 |
| | 75 | 150 |
| | 90 | 150 |
| 筋纹漏斗 | 60 | 150 |
| | 75 | 180 |
| 圆筒形漏斗 | 20 | 60 |
| | 32 | 75 |
| | 40 | 80 |

**表 1-17 分液漏斗的主要规格**

| 名 称 | 容量/mL | 球（筒）外径/mm | 全长/mm | 最小分度/mL |
|---|---|---|---|---|
| 球形 | 60 | 55 | 270 | — |
| | 125 | 67 | 290 | — |
| | 250 | 84 | 315 | — |
| | 500 | 100 | 375 | — |
| 厚料球形 | 1000 | 130 | 155 | — |
| | 2000 | 168 | 210 | — |
| | 3000 | 195 | 240 | — |
| | 5000 | 245 | 300 | — |
| 梨形 | 60 | 48 | 205 | 5 |
| | 125 | 67 | 260 | 5 |
| | 250 | 74 | 310 | 10 |
| 筒形 | 60 | 32 | 260 | 2 |
| | 125 | 40 | 325 | 5 |
| | 250 | 50 | 400 | 5 |
| | 500 | 62 | 490 | 10 |

12. 量筒和量杯

量筒和量杯主要用于量取一定体积的液体。在配制和量取浓度和体积不要求很精确的试剂时，常用它来直接量取溶液（图 1-11、表 1-18）。

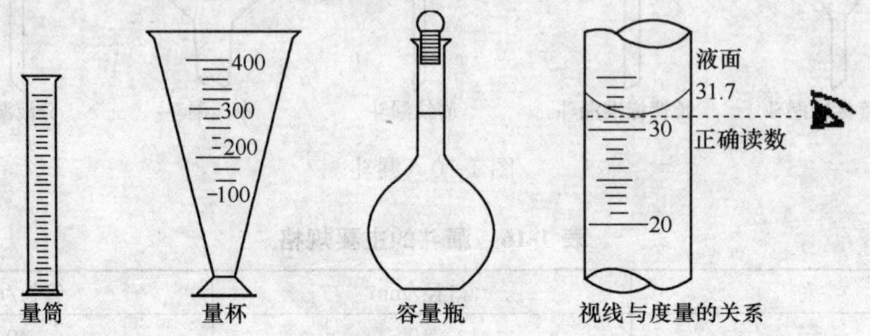


图 1-11　量筒和量杯

**表 1-18　量筒和量杯的主要规格**

| 名　称 | 容量/mL | 全高/mm | 筒（口）径/mm | 最小分度/mL |
|---|---|---|---|---|
| 量筒 | 5 | 110 | 12 | 0.1 |
| | 10 | 135 | 13 | 0.2 |
| | 50 | 195 | 23 | 1 |
| | 100 | 250 | 28 | 2 |
| | 500 | 350 | 52 | 5 |
| | 1000 | 435 | 65 | 10 |
| 量杯 | 10 | 95 | 28 | 1 |
| | 50 | 140 | 48 | 5 |
| | 100 | 170 | 61 | 5 |
| | 500 | 250 | 104 | 20 |
| | 1000 | 310 | 127 | 50 |

13. 容量瓶

容量瓶用于配制体积要求准确的溶液，或作溶液的定量稀释。容量瓶不能加热，瓶塞是磨口的，不能互换，以防漏水。容量瓶有无色和棕色之分，棕色瓶用于配制需要避光的溶液（图 1-12、表 1-19）。

14. 移液管

移液管也叫吸管，用于准确移取一定体积的液体。常见的有刻度移液管和单标记移液管（图 1-13、表 1-20、表 1-21）。

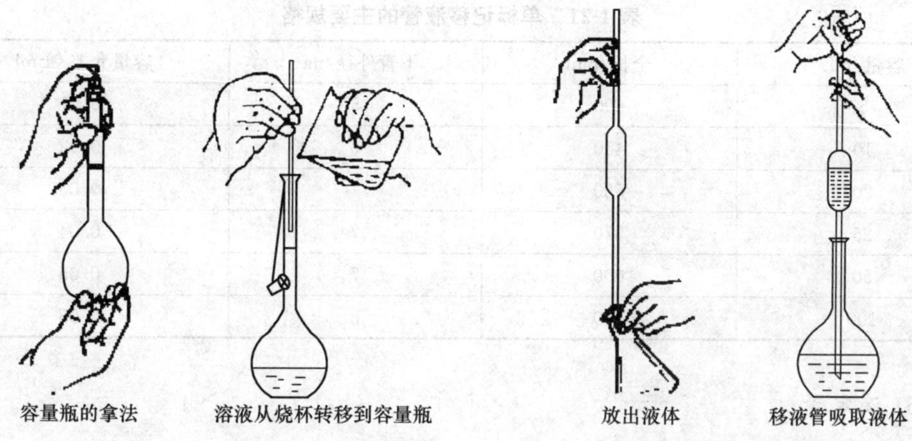


图 1-12 容量瓶拿法及移液　　图 1-13 移液管使用

**表 1-19 容量瓶的主要规格**

| 容量/mL | 瓶高/mm | 瓶外径/mm | 外径/mm |
|---|---|---|---|
| 10 | 90 | 28 | 10 |
| 25 | — | — | — |
| 50 | 140 | 47 | 13 |
| 100 | 170 | 59 | 16 |
| 250 | 220 | 80 | 19 |
| 500 | 270 | 100 | 22 |
| 1000 | 320 | 126 | 25 |

**表 1-20 刻度移液管的主要规格**

| 容量/mL | 全长/mm | 外径/mm | 最小分度/mL | 容量允差/±mL |
|---|---|---|---|---|
| 0.1 | 320 | 6.5 | 0.001 | 0.001 |
| 0.2 | 320 | 6.5 | 0.02 | 0.002 |
| 0.25 | 320 | 6.5 | 0.025 | 0.01 |
| 0.5 | 320 | 6.5 | 0.005 | 0.01 |
| 1 | 320 | 6.5 | 0.01 | 0.01 |
| 2 | 320 | 7 | 0.02 | 0.01 |
| 5 | 330 | 8 | 0.05 | 0.02 |
| 10 | 330 | 11 | 0.1 | 0.03 |

**表 1-21　单标记移液管的主要规格**

| 容量/mL | 全长/mm | 下管外径/mm | 容量允差/±mL |
|---|---|---|---|
| 5 | 400 | 5 | 0.01 |
| 10 | 450 | 6 | 0.02 |
| 20 | 530 | 7 | 0.03 |
| 25 | 570 | 7 | 0.04 |
| 50 | 600 | 7 | 0.05 |
| 100 | 640 | 8 | 0.08 |

15. 滴定管

滴定管是滴定时使用的精密仪器，用来测量自管内流出溶液的体积，有常量和微量滴定管之分。常量滴定管有酸式和碱式两种，酸式滴定管用来盛盐酸、氧化剂、还原剂等溶液；碱式滴定管用来盛碱溶液。滴定管有无色和棕色之分，无色的滴定管又有带蓝线和不带蓝线两种（图 1-14、表 1-22）。

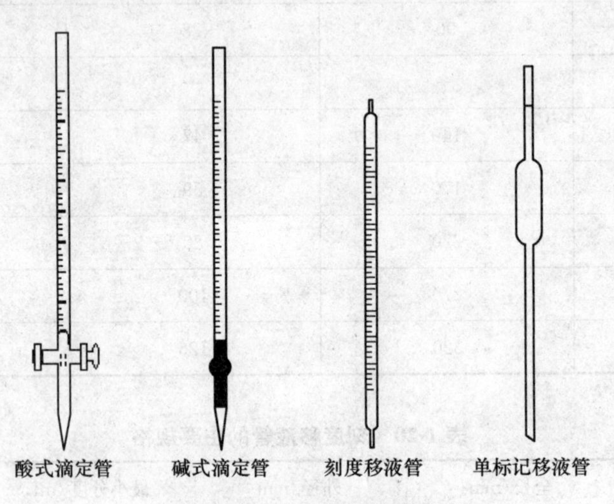


图 1-14　滴定管和移液管

**表 1-22　滴定管的主要规格**

| 容量/mL | 全长/mm | | 筒外径/mm | 最小分度/mL |
|---|---|---|---|---|
| | 碱式 | 酸式 | | |
| 10 | 520 | 600 | 9 | 0.05 |
| 25 | 570 | 620 | 12 | 0.1 |
| 50 | 760 | 860 | 13 | 0.1 |
| 100 | 760 | 860 | 18 | 0.2 |

16. 标准接口玻璃仪器

标准接口玻璃仪器是具有标准磨口或磨塞的玻璃仪器。由于口塞尺寸的标准化、系统化，磨砂密合，凡属于同类规格的接口，均可任意互换，各部件能组装成各种配套仪器。当不同类型规格的部件无法直接组装时，可使用变径接头使之连接起来。使用标准接口玻璃仪器既可免去配塞子的麻烦手续，又能避免反应或产物被塞子玷污的危险；口塞磨砂性能良好，密合性可达较高真空度，对蒸馏尤其是减压蒸馏有利，对于毒物或挥发性液体的实验较为安全。

标准接口玻璃仪器，均按国际通用的技术标准制造。当某个部件损坏时，可以选配。

标准接口仪器的每个部件在其口、塞的上或下显著部位均具有烤印的白色标志，表明规格。常用的有10、12、14、16、19、24、29、34、40等。

表1-23中是标准接口玻璃仪器的编号与大端直径。

**表1-23 标准接口玻璃仪器的编号与大端直径**

| 编 号 | 10 | 12 | 14 | 16 | 19 | 24 | 29 | 34 | 40 |
|---|---|---|---|---|---|---|---|---|---|
| 大端直径/mm | 10 | 12.5 | 14.5 | 16 | 18.5 | 24 | 29.2 | 34.5 | 40 |

有的标准接口玻璃仪器有两个数字，如10/30，10表示磨口大端的直径为10mm，30表示磨口的高度为30mm。

使用标准接口玻璃仪器注意事项：

(1) 标准口塞应经常保持清洁，使用前宜用软布揩拭干净，但不能附上棉絮。

(2) 使用前在磨砂口塞表面涂以少量真空油脂或凡士林，以增强磨砂接口的密合性，避免磨面的相互磨损，同时也便于接口的装拆。

(3) 装配时，把磨口和磨塞轻微地对旋连接，不宜用力过猛。但不能装得太紧，只要达到润滑密闭要求即可。

(4) 用后应立即拆卸洗净。否则，对接处常会粘牢，以致拆卸困难。

(5) 装拆时应注意相对的角度，不能在角度偏差时进行硬性装拆。否则，极易造成破损。

(6) 磨口套管和磨塞应该是由同种玻璃制成的。

17. 酒精灯

酒精灯是常用的加热器具，带一磨口的玻璃罩或塑料罩（表1-24、图1-15）。

**表1-24 酒精灯的主要规格**

| 容量/mL | 全高/mm |
|---|---|
| 150 | 118 |
| 250 | 130 |

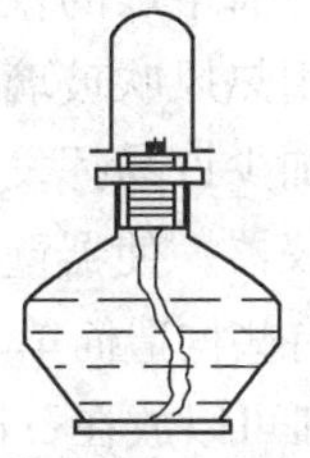

1-15 酒精灯

## 八、玻璃仪器的洗涤与干燥

### 1. 玻璃仪器的洗涤

玻璃仪器在化学实验中经常用到，为保证实验取得理想的效果，必须将玻璃仪器清洗干净。化学实验中常用的洁净剂是肥皂、肥皂液（特制商品）、洗衣粉、去污粉、各种洗涤液和有机溶剂等。

一般的器皿如烧杯、锥形瓶、试剂瓶、表面皿等，可用刷子蘸取去污粉、洗衣粉、肥皂液等直接刷洗其内外表面。滴定管、容量瓶和吸管等量器，为了避免容器内壁受机械磨损而影响容积测量的准确度，一般不用刷子刷洗，如果其内壁沾有油脂性污物，用自来水不能洗去时，则选用合适的洗涤剂洗涤，必要时把洗涤剂先加热，并浸泡一段时间。铬酸洗液，因其具有很强的氧化能力而对玻璃的腐蚀作用又极小，过去使用得很广泛，现考虑到六价铬对人体有害的问题，在可能情况下，不要多用。必须使用时，注意不要让它溅到身上（它会“烧”破衣服和侵蚀皮肤）。最好在容器内壁干燥的情况下将洗液倒入（因经水稀释后去污能力降低），用过的洗液仍倒回原瓶中。清洗过的器皿，第一次用少量自来水冲洗，此少量水应倒在废液缸中，以免腐蚀水槽和下水道。滴定管等量器不宜用强碱性的洗涤剂，以免玻璃受腐蚀而影响容积的准确性。

有些玻璃仪器中用常用方法难清洗的污物，应根据污物的性质，通过试剂间的相互作用，将附在器壁上的污物转化为水溶性的物质而除去。如难溶碳酸盐可用稀盐酸处理；附在器壁上的铜或银，可用稀硝酸并加热后除去；制备高锰酸钾时带来的器壁污染，可用草酸溶液浸泡洗涤干净；器壁上沾有碘时，可用碘化钾或热的氢氧化钠溶液洗涤。

一个洗干净的玻璃仪器，其壁面应该不挂水珠，此点对滴定管特别重要。用纯水冲洗仪器时，采用顺壁冲洗并加摇荡以及每次用水量少而多洗几次的办法，能达到清洗得好、快、省的目的。

### 2. 玻璃仪器的干燥

洗净的玻璃仪器如需干燥可选用以下方法：

晾干：干燥程度要求不高又不急等用的仪器，可倒放在干净的仪器架或实验柜内，任其自然晾干。倒放还可避免灰尘落入，但必须注意将仪器放稳。

吹干：急需干燥的仪器，可采用吹风机或“玻璃仪器气流烘干器”等吹干。使用时，一般先用热风吹玻璃仪器的内壁，干燥后，吹冷风使仪器冷却。

如果先加少许易挥发又易与水混溶的有机溶剂（常用的是酒精或丙酮）到仪器里，倾斜并转动仪器，使器壁上的水与有机溶剂混溶，然后将其倾出再吹风，则干得更快。

烤干：有些构造简单、厚度均匀的小件硬质玻璃器皿，可以用小火烤干，以供急用。烧杯和蒸发皿可以放在石棉网上用小火烤干。试管可以直接用小火烤干，用试管夹夹住靠试管口一端，试管口略为向下倾斜，以防水蒸气凝聚后倒流使灼热的试管炸裂。烘烤时，先从试管底端开始，逐渐移向管口，来回移动试管，防止局部过热。烤到不见水珠后，再将试管口朝上，以便把水汽烘干。烤热了的试管在石棉网上放冷后才能使用。

烘干：能经受较高温度烘烤的仪器可以放在电热或红外干燥箱（简称烘箱）内烘干。如果要求干燥程度较高或需干燥的仪器数量较多，使用烘箱就很方便。

烘箱附有自动控温装置。烘干仪器上的水分时，应将温度控制在105～110℃。先将洗净的仪器尽量沥干，放在托盘里，然后将托盘放在烘箱的隔板上。一般烘1h左右，就可达到干燥目的。等温度降到50℃以下时，才可取出仪器。

请注意，带有刻度的计量仪器不能用加热的方法进行干燥，因为热胀冷缩会影响它们的精密度。

## 九、试剂的一般知识

### 1. 常用试剂的规格

化学试剂是用以研究其他物质的组成、性状及其质量优劣的纯度较高的化学物质。化学试剂的规格是以其中所含杂质多少来划分的，一般可分为四个等级，其规格和适用范围见表1-25。此外，还有光谱纯试剂、基准试剂、色谱纯试剂等。实践中应根据实验的不同要求选用不同级别的试剂。在一般的化学实验中，化学纯试剂就基本能符合要求。但在有些实验中则要用分析纯试剂。

**表1-25 试剂规格和适用范围**

| 等 级 | 名 称 | 英文名称 | 符 号 | 适用范围 | 标签标志 |
|---|---|---|---|---|---|
| 一级品 | 优级纯（保证试剂） | guaranteed reagent | GR | 纯度很高，适用于精密分析工作和科学研究工作 | 绿色 |
| 二级品 | 分析纯（分析试剂） | analytical reagent | AR | 纯度仅次于一级品，适用于多数分析工作和科学研究工作 | 红色 |
| 三级品 | 化学纯 | chemically pure | CP | 纯度较二级差些，适用于一般分析工作 | 蓝色 |
| 四级品 | 实验试剂 | aboratorialr eagent | LR | 纯度较低，适于用做实验辅助试剂 | 棕色或其他颜色 |
| | 医用生物试剂 | biological reagent | BR 或 CR | | 黄色或其他颜色 |

随着科学技术的发展，对化学试剂的纯度要求也愈加严格，愈加专门化，因而出现了具有特殊用途的专门试剂。如以符号CGS表示的高纯试剂；以GC、GLC表示的色谱纯试剂；以BR、CR、EBP表示的生化试剂等。

化学试剂在分装时，一般把固体试剂装在广口瓶中，把液体试剂或配制的溶液盛放在细口瓶或带有滴管的滴瓶中，而把见光易分解的试剂或溶液（如硝酸银等）盛放在棕色瓶中。每一试剂瓶上都贴有标签，上面写有试剂的名称、规格或浓度以及日期。在标签外面涂上一层蜡或蒙上一层透明胶纸来保护它。

光谱纯试剂（符号SP）的杂质含量用光谱分析法已测不出或者杂质的含量低于某一限度，这种试剂主要用来作为光谱分析中的标准物质。

基准试剂的纯度相当于或高于保证试剂。基准试剂用做滴定分析中的基准物是非常方便的，也可用于直接配制标准溶液。

在实验过程中，选择试剂的纯度除了要与所用方法相当外，其他如实验用的水、操作器皿也要与之相适应。若试剂都选用 GR 则不宜使用普通的蒸馏水或去离子水，而应使用经二次蒸馏制得的重蒸馏水。所用器皿的质地也要求较高，使用过程中不应有物质溶解到溶液中，以免影响测定的准确度。

选用试剂时，要注意节约原则，不要盲目追求纯度高，应根据工作具体要求取用。优级纯和分析纯试剂，虽然是市售试剂中的纯品，但有时由于包装不慎而混入杂质，或运输过程中可能发生变化，或贮藏日久而变质，所以还应具体情况具体分析。对所用试剂的规格有所怀疑时应该进行鉴定。在有些特殊情况下，市售的试剂纯度不能满足要求时，分析者就应自己动手精制。

2. 化学试剂取用规则

(1) 固体试剂取用规则

① 要用干燥、洁净的药匙取试剂。药匙的两端有大小不同的两个匙，分别用于取大量固体和少量固体。应专匙专用。用过的药匙必须洗净擦干后方可使用。

② 取用药品前，要看清标签。取用时，先打开瓶盖和瓶塞，将瓶塞倒放在实验台上。不能用手接触化学试剂，应本着节约的原则，用多少取多少，多取的药品不能倒回原瓶。药品取完后，一定要把瓶塞塞紧、盖严，决不允许将瓶塞张冠李戴。

③ 称量固体试剂时应放在干净的纸或表面皿上。具有腐蚀性、强氧化性或易潮解的固体试剂应放在玻璃容器内称量。

④ 往试管（特别是湿的试管）中加入固体试剂时，可用药匙或将取出的药品放在对折的纸片上，伸进试管的 2/3 处。如固体颗粒较大，应放在干燥洁净的研钵中研碎。研钵中的固体量不应超过研钵容积的 1/3。

⑤ 取用有毒药品应在教师指导下进行。

(2) 液体试剂取用规则。

① 从细口瓶中取用液体试剂时，一般用倾注法。先将瓶塞取下，反放在实验台面上，手握住试剂瓶上贴标签的一面，逐渐倾斜瓶子，让液体试剂沿着器壁或沿着洁净的玻璃棒流入接收器中。倾出所需量后，将试剂瓶口在容器上靠一下，再逐渐竖起瓶子，以防遗留在瓶口的试液流到瓶的外壁。

② 从滴瓶中取用液体试剂时，要用滴瓶中的滴管，滴管绝不能伸入所用的容器中，以免触及器壁面玷污药品。欲从试剂瓶中取少量液体试剂时，则需用附于该试剂瓶的专用滴管取用。装有药品的滴管不能横放或滴管向上斜放，以免液体流入滴管的胶皮乳头中。

③ 定量取用液体时，要用量筒或移液管（或吸量管)取，根据用量选用一定规格的量筒、移液管（或吸量管）。

④ 在实验过程中，试剂的浓度及用量应按要求使用，过浓或过多，不仅造成浪费，而且还可能产生副反应，甚至得不到正确的结果。

### 3. 试剂的保管

试剂的保管在实验室中也是一项十分重要的工作。有的试剂因保管不好而变质失效，这不仅是一种浪费，而且还会使实验失败，甚至会引起事故。一般的化学试剂应保存在通风良好、干净、干燥、阴凉处，应防止水分、灰尘和其他物质的玷污，同时根据试剂性质选择不同的保管方法。

(1) 容易侵蚀玻璃而影响纯度的试剂。如氢氟酸、含氟盐（氟化钾、氟化钠、氟化铵)、苛性碱（氢氧化钾、氢氧化钠)等，应保存在塑料瓶或涂有石蜡的玻璃瓶中。

(2) 见光会逐渐分解的试剂。如过氧化氢（$H_2O_2$)、硝酸银、焦性没食子酸、高锰酸钾、草酸、铋酸钠等，与空气接触易逐步被氧化的试剂，如氯化亚锡、硫酸亚铁、亚硫酸钠等，以及易挥发的试剂，如溴、氨水及乙醇等，应放在棕色瓶内置冷暗处。

(3) 吸水性强的试剂。如无水碳酸盐、苛性钠、过氧化钠等应严格密封（应该蜡封)。

(4) 相互易作用的试剂。如挥发性的酸与氨，氧化剂与还原剂，应分开存放。易燃的试剂如乙醇、乙醚、苯、丙酮与易爆炸的试剂如高氯酸、过氧化氢、硝基化合物，应分开贮存在阴凉通风、不受阳光直接照射的地方。

(5) 剧毒试剂。如氰化钾、氰化钠、氢氟酸、二氯化汞、三氧化二砷（砒霜）等，应特别妥善保管，经一定手续取用，以免发生事故。

## 十、有效数字

### 1. 有效数字的定义

有效数字是指在分析工作中实际能够测量到的数字。所谓能够测量到的是包括最后一位估计的、不确定的数字。我们把通过直读获得的准确数字叫做可靠数字；把通过估读得到的那部分数字叫做存疑数字。把测量结果中能够反映被测量大小的带有一位存疑数字的全部数字叫有效数字。例如用台秤称葡萄糖得到的结果是 4.3g，前面的“4”是准确数字，后面的“3”是估计值，因为台秤只能称准到 0.1g，所以该物质量可以表示为 4.3±0.1，这个数据是 2 位有效数字。若用分析天平称量得到 5.4321g，前面的“5.432”是准确数字，后面的“1”是估计值，因为分析天平能准确到 0.0001g，所以该物质可表示为 5.4321g±0.0001g，这个数据是 5 位有效数字；又如，用 10mL 量筒量液体体积为 7.5mL，有 2 位有效数字，而用 50mL 的滴定管量同样的液体体积则为 7.53mL，有 3 位有效数字，因为量筒的精度为±0.1mL，而滴定管的精度为±0.01mL。7.5mL 中的 0.5mL 及 7.53mL 中的 0.03mL 都是用肉眼估计的。

有效数字与仪器的准确程度有关，其最后一位数字是估计的（可疑数字），其他的数字都是准确的。所以在记录测量数据时，任何超过或低于仪器准确程度的有效位数的数字都是不恰当的，如果在上面的例子中，用台秤称得 4.3g 葡萄糖，不可记录为 4.3000g；用分析天平称量得某物质量恰为 4.3000g，也不可记录为 4.3g，因为前者夸大了仪器的准确度，后者缩小了仪器的精确度。

数字 1～9 都可以作为有效数字，而“0”有些特殊。如果在小数点前，除 0 以外无其他数字，则小数点后其他数字之前的都不是有效数字，如0.0024，“0”只起到定位作用，这个数据只有2位有效数字；如果0在数字中间或数字末端都是有效数字，如0.5020，这个数有4位有效数字。

2. 有效数字的修约规则

修约：当数据与数据之间发生运算关系时，常需要将某些数据按一定的规则确定有效数字的位数后，弃去多余的尾数。

具体修约规则有以下几个方面：

(1) 四舍六入五留双。即测量数值中被修约的那个数。

① 若≤4时，该数须舍去。

② 若≥6时，则进位。

③ 若=5时，条件一：5后面无数或为0时，若5前面是偶数，则舍去；若5前面是奇数，则进1；条件二：5后面还有不为0的任何数时，无论5前面是偶数还是奇数，则一律进1。

如将下组数据保留一位小数。

45.77≈45.8。　43.03≈43.0。　0.26647≈0.3。　10.3500≈10.4。

38.25≈38.2。　47.15≈47.2。　25.6500≈25.6。　20.6512≈20.7。

(2) 一次修约。对原测量值要一次修约到所需位数，不能分次修约。

将4.3149修约为3位数，不能先修约成4.315，再修约成4.32，而只能一次修约为4.31。

(3) 多算1位。由于9与10的相对误差接近，当9处于数据的首位时，可以把9视为2位有效数字；有时也将8作为2位有效数字处理，所以，对原测量值中的数据若大于等于8，修约时有效数字的位数要多算1位。(依据是8以上的数据的相对误差与10相适应)。

| 例如：原测量值 | 理论位数 | 实际位数（多算1位） |
|---|---|---|
| 8.4 | 2 | 3 |
| 9.8 | 2 | 3 |

(4) 对数运算。化学计算中还会遇到pH、p$K_a$、lg$K$等对数运算，真数有效数字的位数与对数的尾数的位数相同，而与首数无关，首数是供定位用的，不是有效数字。所以说对数整数不能看作有效数字，所得运算结果的有效数字位数，应与小数部分有效数字的位数相同。

例如，pH=2.73，则[$H^+$]=$1.9\times10^{-3}$mol/L，有2位有效数字(73)。

再如，lg15.36=1.1864是4位有效数字，不能写成lg15.36=1.186或lg15.36=1.18639。

(5) 无限多位。分数、倍数及某些常数（如π，e等）为非测量所得值，可视为无限多位有效数字，在运算时可根据需要取适当的位数。例如：$6H_2O$，$1/2KMnO_4$。

(6) 表示准确度或精密度时，多数情况下，只取1位有效数字即可，最多取2位数。例如，在滴定管读取数据时，必须记录到小数点后2位，如溶液体积为22mL时，要写成 22.00mL。

3. 有效数字的运算

（1）加减法。以小数点后位数最少的数据为基准，其他数据修约至与其相同，再进行加减计算，最终计算结果保留最少的位数。

例如，计算 50.1＋1.45＋0.5812＝？

修约为：50.1＋1.4＋0.6＝52.1

（2）乘除法。以有效数字最少的数据为基准，其他有效数修约至相同，再进行乘除运算，计算结果仍保留最少的有效数字。

例如，计算 0.0121×25.64×1.05728＝？

修约为：0.0121×25.6×1.06＝？

计算后结果为：0.3283456，结果仍保留为 3 位有效数字。

记录为：0.0121×25.6×1.06＝0.328

例如，计算 2.5046×2.005×1.52＝？

修约为：2.50×2.00×1.52＝7.60

当把 $1.13532\times10^{10}$ 保留 3 个有效数字时，结果为 $1.14\times10^{10}$。

运算中若有 π、e 等常数以及 $\sqrt{2}$、1/2 等系数，其有效数字可视为无限，不影响结果有效数字的确定。

（3）乘方。乘方的有效数字和底数相同。

例如，$(0.341)^2=1.16\times10^2$

## 十一、化学实验中不可忽视的数据

（1）取用液体药品，未说明用量时，一般应取 1～3mL，这样可以减少浪费。

（2）取用固体药品，未说明原因时，一般应取铺满试管底部为宜（≤2g）。

（3）往试管中加入固体粉末试剂时，可用药勺，或将取出的药品放在纸槽上，伸进试管的 2/3 处倒入，加入块状固体试剂时，应将试管倾斜使固体颗粒慢慢滑入试管底部，以防止打破管底。

（4）使用胶头滴管滴加试剂时，尖嘴须离容器口 1cm 左右，以防止容器内的液体通过滴管而被带入试剂瓶，污染试剂。

（5）酒精灯内酒精不能超过酒精灯容积的 2/3，否则受热时因体积膨胀而使酒精溢出，造成火险；也不能小于容积的 1/3，以防止酒精汽化而引起爆炸。

酒精灯连续使用时间不能太长，以免酒精灯热后，使灯内酒精大量气化而发生危险。酒精灯的灯芯不宜过短，一般浸入酒精后还要余留 4～5cm，以保证能充分接触酒精。

（6）钢瓶中的气体不能全部用完，一定要保留 0.5kg 以上的残留压力（表压），可燃性气体如乙炔应剩余 2～3kg，以防止重新灌气时发生危险。

（7）钢瓶划伤深度，肩部超过 1mm，瓶身超过 2mm 时，此钢瓶便不能使用，以防止发生危险。

(8) 试管夹应夹在距管口 1/3 处，一方面防止加热时将木夹和绒垫烧焦；另一方面能使试管平稳，便于振荡、加热及观察现象。

(9) 加热试管中的液体时，试管应与桌面呈 45°，以增大受热面积。其中试管中的液体体积一般不能多于试管容积的 1/3，目的是防止液体局部沸腾飞溅，也利于加热和振荡。

(10) 水浴加热时水浴锅内盛水量不超过其容量的 2/3，且操作时应随时补充少量水，以维持水量在其容量的 2/3 左右。若容量过多则会使水溢出，水量少则会减少受热面积且会使受热不均。

(11) 当用烧杯盛液体时，其液体不能超过烧杯容积的 2/3，以利于搅拌和加热。

(12) 过滤时滤纸的边缘应比漏斗口稍低大约 0.5cm，其漏斗内液面应低于滤纸边缘 0.5cm 左右，以防止液体流出及液体从滤纸与漏斗间通过。

(13) 水槽的盛水量不能超过其容量的 2/3，既防止水外溢，又便于搅拌。

(14) 固定烧瓶时，铁夹需夹在烧瓶颈部距烧瓶口 1/4～1/3 处，以便于固定和加热。

(15) 干燥器内的干燥剂应占其底部容积的 2/3 左右，不能触及多孔瓷板，以防止干燥剂与干燥物质接触发生化学反应。

(16) 制蒸馏水时，可用开始收集的 2～3mL 蒸馏水洗涤试管壁，防止管壁内有其他杂质影响蒸馏水的纯度。

(17) 蒸馏时，烧杯内液体体积不能超过其容积的 2/3，目的是为了增大受热面积，也不能少于其容积的 1/3，以防止烧瓶破裂。

(18) 在蒸馏冷凝装置中，插入尾接管中的冷凝的直管部分应露出胶塞 2～3cm，以防馏出液被胶塞污染。

(19) 使溶液浓缩或结晶时，若用蒸发皿，液体体积不能超过蒸发皿容积的 2/3cm，以防止沸腾时液体溢出、飞溅。

(20) 吸取溶液时，应将移液管插入溶液约 1cm 处。若插得太浅会产生吸空，插得太深会使管外黏附溶液过多，转移时会流入接受器，影响量取溶液的准确性。

(21) 用移液管放液后应等待 15s 左右，再将移液管取出，以保证溶液全部转移。

(22) 给胶塞打孔时，当钻至塞子 1/3～1/2 时，应将打孔器逆时针旋转并拔出，再从塞子另一端对准原来的钻孔位置垂直钻入，便可得良好的钻孔。

(23) 塞子塞入瓶口的部分不能少于本身高度 1/2，也不能多于 2/3。如太浅则塞不紧，太深则塞子不易拔出。

(24) 导管插入塞子或橡皮管时，要握住靠近塞孔或橡皮管一端 2～3cm 处且旋转插入，以免玻璃管被折断。

(25) 滴定管装标准溶液前应用洗液、自来水、蒸馏水洗涤后，再用标准液荡洗 2～3次。装标准液时使液面超过刻度“0”以上为 2～3cm。滴定夹应夹在距管口 1/3 处，下端伸入锥形瓶内 1cm 处，以便于操作和观察。滴定中读数前应等 1～2min，使附着在内壁上的溶液尽可能地流下来，否则读数不准。

(26) 用排气法收集气体时，导管应插入集气瓶瓶底 1～2cm 处，以便于排除瓶内空气，提高所收集气体纯度。

(27) 指示剂一般用量为在每 25～50mL 样品的溶液中加 1～2 滴，以减少损耗。

(28) 配制王水时，浓硝酸和浓盐酸的体积比为 1∶3。

(29) 制取 $CH_4$ 时，无水醋酸钠与碱石灰的大致体积比为 1∶3。

(30) 制取乙烯时，酒精与浓盐酸的体积比为 3∶1。

(31) 制取氧气时，氯酸钾与二氧化锰的质量比为 3∶1。

(32) 普通滴管每 20 滴约 1mL，毛细滴管每 50 滴约 1mL。

# 第二部分

# 化学实验技术(Ⅰ)

# 第二章 化学实验技术（Ⅰ）的基本操作

## 一、加热

### （一）加热装置

实验室中常用的加热方式有直接加热和间接加热。直接加热常用的装置有酒精灯、喷灯、煤气灯、电炉、马福炉等；间接加热的装置有水浴、油浴、砂浴、盐浴等。

#### 1. 酒精灯

加热温度不高（400～500℃）时可用酒精灯。使用酒精灯时应注意：壶内酒精容量不能少于容积的1/2，多于2/3；添加酒精时要先熄灭火焰，稍冷后通过漏斗加入；点燃酒精灯只能用火燃点，决不允许酒精灯之间相互燃点；灯罩要竖立放在桌上；熄灭灯焰应用灯罩盖熄，切不可用嘴吹熄，如图2-1所示。

夏天或长期未用的酒精灯，开罩后将灯盖上下提放几次，以放出灯壶内的酒精蒸气，然后再点燃，不用时必须盖好灯罩，以免酒精挥发。

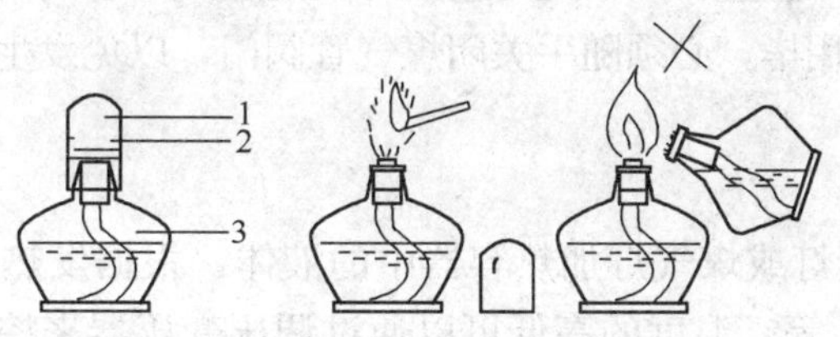


图2-1 酒精灯及正确点燃方法

1. 灯罩；2. 灯芯；3. 灯壶

#### 2. 酒精喷灯

需700～1000℃的高温加热时可用酒精喷灯。酒精喷灯的型式较多，有座式、挂式、沸腾式等，一般由铜或其他金属制成。常用的座式和挂式喷灯的结构原理相同，都是先将酒精气化后与空气混合再燃烧，因此酒精燃烧速度快、单位时间发热多温度高。它们的区别仅在于座式灯的酒精贮存在下面的空心灯座内，挂式灯贮存在悬挂于高处制定罐内，如图2-2所示。

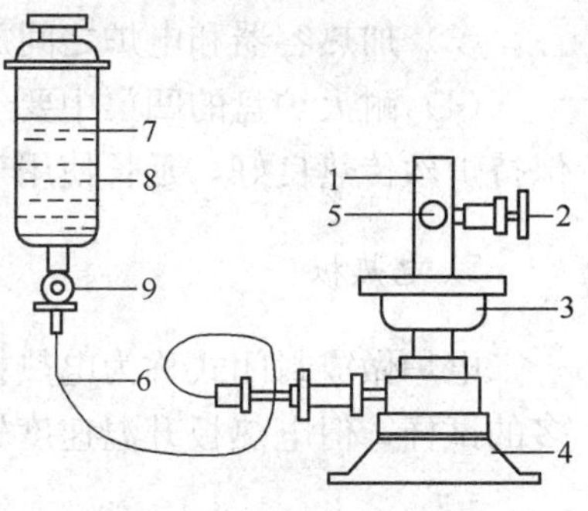


图2-2 酒精喷灯的构造

1. 灯管；2. 酒精喷灯开关；3. 预热盆；4. 灯座；5. 气孔；6. 橡皮管；7. 酒精；8. 贮罐；9. 酒精贮罐开关

使用时首先在预热盆中贮满酒精并点燃，使灯管温度足够高时，开启灯管处的火力调节器，让酒精蒸气与来自喷火孔的空气混合并由管口喷出，点燃酒精蒸气，火焰温度可由上下移动火力调节器来控制。使用完毕，座式喷灯用金属片或木板盖住灯管口，挂式喷灯关闭贮罐开关，火焰熄灭。

必须注意：座式喷灯酒精贮量只能是贮器容量的 1/3～1/2，连续使用的时间一般不超过 0.5h，若需要更长时间的加热则中途需添加酒精，此时应先熄灭火焰，稍冷后再加酒精，重新燃点；挂式喷灯要在保证灯管充分灼热后才开启酒精贮罐开关并点燃酒精蒸气，此时应控制酒精的流入量，不要太多，等火焰正常后再调大酒精流量，否则酒精在灯管内不能完全气化，有液态酒精从管口载出，从而形成“火雨”甚至引起火灾。

### 3. 煤气灯

煤气灯以可燃气体为燃料，燃烧速度快，火焰温度高且稳定。煤气灯的构造是由灯管和灯座两部分组成。灯管下部有几个进入空气的圆孔并带有螺口，灯管和灯座以螺口相连，旋转灯管调节灯管的高低，可控制空气的进入量，直至完全关闭。

使用时先将灯管向下旋转，以关闭空气入口，然后把针阀向外旋转以开放煤气入口，再慢慢打开煤气开关，用火柴在灯管口点燃煤气，将灯管向上旋转，逐渐增大空气进入量，使煤气完全燃烧，产生不明亮的蓝色火焰，温度可达 1200～1380℃。如果空气和煤气的进入量比例不合适，会产生不正常火焰；若空气和煤气的量都大，会使火焰离开灯管口，称为临空火焰，此时火焰不稳或者熄灭；若空气量多而煤气量少，此时燃烧在灯管内进行，火焰大部分在灯管内，灯管口火焰消失或者只见一细长的绿色火焰，称为侵入火焰，灯管烧得很烫且有“嘘嘘”声，此时应立即关闭煤气灯管阀门，重新调节和点燃。煤气易燃且有毒，煤气灯用毕，必须随手关闭煤气管阀门，以免发生意外事故。

### 4. 电炉

电炉可以代替酒精灯或煤气灯加热容器中的液体，根据发热量不同有不同规格，如 500W、800W、1000W 等，温度的高低可以通过调压变压器来控制，使用时应注意：

(1) 电源电压与电炉本身规定电压要相符。

(2) 连续使用时间不宜过长，否则会缩短电炉寿命。

(3) 加热容器和电炉之间放一块石棉网，以使加热均匀。

(4) 耐火炉盘的凹渠中要经常保持清洁，及时清除烧灼焦煳杂物（断电操作），以保持炉丝传热良好，延长使用寿命。

### 5. 电热板

电炉做成封闭式称为电热板。其加热面积比电炉大，多用于加热体积较大或数量较多的试样，但电热板升温速度较慢，且加热是平面的，不适合加热圆底容器。

### 6. 电加热套（电热包）

电加热套是专为加热圆底容器而设计，电热面为凹的半球面的电加热设备。可取代油浴、砂浴对圆底容器加热，有 50mL、100mL、250mL 等各种规格。使用时应根据圆底容器的大小选用合适的型号。受热容器应悬置在加热套的中央，不能接触包的内壁。

电加热套相当于一个均匀加热的空气浴。为有效地保温，可在包口和容器之间用玻璃布围住。最高温度可达 450～500℃。

7. 管式炉

管式炉有一管状炉膛，利用电热丝或硅碳棒加热，温度可达 1000℃以上，炉膛中插入一根瓷管或石英管，管内放入盛有反应物的反应舟。反应物可在空气或其他气氛中加热反应。一般用来焙烧少量物质或对气氛有一定要求的试样。

8. 箱式炉（或马福炉）

箱式炉有一个长方形护膛，与管式炉一样，也用电阻丝或硅碳棒加热，打开炉门就可放入各种要加热的器皿和样品。

管式炉和马福炉的炉温由高温计测量，由一对热电偶和一只毫伏表组成温度控制装置，可以自动调温和控温。

使用时应注意：

（1）查明高温炉所接电源电压是否与电炉所需电压相符。热电偶是否与测量温度相符，热电偶正负极是否接反。

（2）调节温度控制器的定温调节螺丝使定温指针指示所需温度处。打开电源开关升温，当温度升至所需温度时即能恒温。

（3）灼烧结束，先关电源，不要立即打开炉门，以免炉膛骤冷碎裂。一般温度降至200℃以下方可打开炉门，用坩埚钳取出样品。

（4）高温炉应置于水泥桌面上，不可放置在木质桌面上，以免过热引起火灾。

（5）炉膛内应保持清洁，炉周围不要放置易燃物品，也不要放精密仪器。

（二）加热方法

实验中常用来加热的玻璃器皿有试管、烧杯、烧瓶、锥形瓶，其他还有蒸发皿，各种坩埚等。表面皿、集气瓶、细口瓶、量器（量筒、量杯、容量瓶、移液管、滴定管等）不能作为加热器皿。几种加热方法如图 2-3 所示。

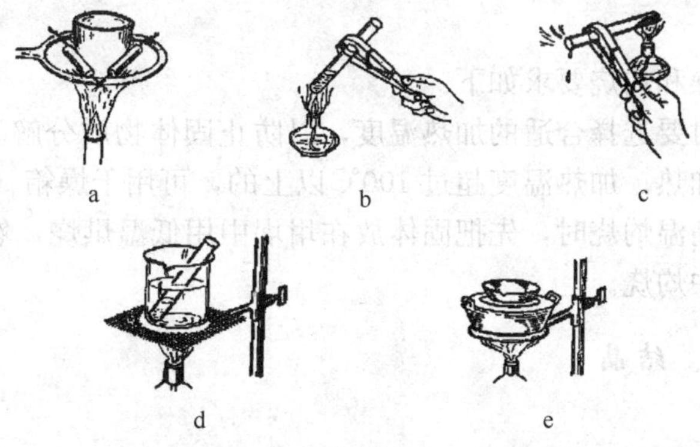


图 2-3　几种加热方法

a. 坩埚灼烧；b. 试管加热液体；c. 试管加热湿固体；d. 水浴加热；e. 蒸汽浴加热

### 1. 直接加热

对于在较高温度时没有燃烧危险的液体或固体加热，可用灯或电热设备直接加热。加热时应注意：

（1）用试管、烧杯、烧瓶等玻璃器皿加热物质前，应将容器表面的水擦干。

（2）除试管可直接在火焰上加热外，其余的玻璃器皿都要垫上石棉网，使其受热均匀。

（3）加热后的器皿不能立即放在湿的或过冷的地方，以免玻璃因膨胀不均匀而破裂。

（4）加热试管时要用试管夹夹持在离管口 1/3 处，先预热试管体的中下部，再集中加热物品所在位置。

（5）用玻璃器皿加热液体时，液体量不能超过容器容积的一半，对试管中的液体加热时，液体沸腾后要不时地离开火源以防爆沸，管口不要向着有人的地方。

（6）在试管中加热固体药品时管口应稍向下倾斜，以防止凝结在管壁的水倒流入试管的底部引起试管炸裂。

蒸发皿因其表面积大而常用于溶液的浓缩或结晶。使用时盛液体的量不宜超过容积的 2/3，留于外壁的水应擦干，逐渐升温至液体沸腾并保持沸腾状态，以蒸发溶剂，浓缩溶液。如果需结晶时，一般浓缩到溶液表面有晶膜时再冷却，即析出晶体。

### 2. 间接加热

当被加热的物体要求受热均匀而且要保持在一定的温度范围内时，可用各种浴间接加热。若需 100℃以下温度的加热，可用水浴；100℃以上可用油浴、砂浴或盐浴。

（1）液浴：将水或油盛入水浴锅中，液体量约为浴锅容积的 2/3，以灯焰或电炉加热浴中的液体至所需温度。水浴锅是一种有可移动的同心圆盖的铝制容器，也可以用烧杯代替。加热时保持受热容器底部有最大的受热面积（用热液或蒸气使其加热），但容器不能接触浴锅的底部。油浴温度可达 250℃左右，使用时应注意油着火，一旦着火，首先要撤去热源，立即用木盖盖住油浴，断绝空气而灭火。

（2）砂浴：温度较高时可使用砂浴。以干燥洁净的细砂平铺在铁盘内，受热容器的下部埋在砂中，用煤气灯加热铁盘和砂，测量温度时须将温度计的水银球部分埋在靠近受热容器的砂中。

固体物质的干燥和灼烧要求如下：

干燥固体物质时要选择合适的加热温度，以防止固体物质分解。加热温度在 100℃以下的，可用水浴加热。加热温度超过 100℃以上的，可用干燥箱（烘箱）加热干燥。

固体物质需要高温灼烧时，先把固体放在坩埚中用低温烘烧，然后用氧化焰灼烧或在马福炉或管式炉中灼烧。

## 二、溶解、蒸发、结晶

### 1. 溶解与熔融

将固体物质转化为液体，通常采用溶解与熔融两种方法。

（1）溶解。把固体物质溶于水、酸、碱等溶剂中制备成溶液称溶解。因此固体溶解时，要根据固体物质的性质选择适当的溶剂，并用加热、搅拌等方法促使溶解。

（2）熔融。将固体物质与某种固体熔剂混合，在高温下加热，使固体物质转化为可溶于水或酸的化合物叫熔融。根据所用熔剂性质不同可分为酸熔法和碱熔法。酸熔法是用酸性熔剂分解碱性物质；碱熔法是用碱性熔剂分解酸性物质。熔融一般在高温下进行，根据熔剂的性质和温度选择合适的坩埚（如铁坩埚、镍坩埚、白金坩埚、刚玉坩埚等），将固体物质与熔剂在坩埚中混匀后，送入高温炉中灼烧熔融，冷却后用水或酸浸取溶解。

2. 蒸发与浓缩

当溶液很稀或物质的溶解度较大时，为了能从中析出该物质的晶体或增大物质的浓度，需对溶液进行蒸发、浓缩。水溶液的蒸发一般用蒸发皿，蒸发有机溶剂则在锥形瓶中进行。

在无机物制备中，蒸发、浓缩一般在水浴上进行。若溶液很稀，物质对热的稳定性又较好时，可先放在低温电炉上或在石棉网上用酒精灯直接加热蒸发，然后再放在水浴上加热蒸发。蒸发皿内所盛放的液体不应超过其容量的 2/3。当水分不断蒸发，溶液就不断浓缩，蒸发到一定程度后冷却，就可析出晶体。

有机溶剂的蒸发应在通风橱中进行，视溶剂的沸点和易燃性，注意选用合适的温度，最常用的是水浴，切不可用煤气灯直接加热有机溶剂。蒸发时须用沸石，以防止暴沸。

3. 结晶与重结晶

晶体析出的过程称为结晶。当溶液蒸发到一定浓度后冷却，即有晶体析出。结晶时要求物质溶液的浓度达到饱和程度。晶体的大小与溶质的溶解度、溶液的浓度、冷却速度等因素有关。如果第一次结晶所得物质的纯度不符合要求时，可进行重结晶。其方法是在加热情况下使初步纯化的物质溶于尽可能少的水中，形成饱和溶液，并趁热过滤，除去不溶性杂质，然后使滤液冷却，使被纯化物质结晶出来。若一次重结晶还达不到要求，可以再次重结晶。

## 三、固、液分离

固体与溶液分离的方法通常有 3 种：倾析法、过滤法、离心分离法。

1. 倾析法

当沉淀的相对密度较大或结晶的颗粒较大时，将其静置后能很快沉降至容器底部，可用倾析法进行分离和洗涤。

其操作方法是待沉淀（或晶体）沉降至容器底部后，小心地把上层清液沿玻璃棒倾入另一容器中。洗涤沉淀时，可往盛着沉淀的容器内加入少量洗涤液（如蒸馏水），充分搅拌后，静置、沉降，倾去洗涤液。如此重复操作 3 遍以上，即可把沉淀洗净。

2. 过滤法

分离固体和液体最常用的方法是过滤法。过滤时，应先用倾析法把上层清液转入铺有滤纸的漏斗中，待溶液流净后再转移沉淀，这样，就不会因为沉淀堵塞滤纸孔的孔隙而减慢过滤速度。

常用的过滤方法有常压过滤、减压过滤和热过滤。

(1) 常压过滤。常压过滤是使用圆锥形带颈的玻璃漏斗和滤纸过滤。当沉淀物为胶状或微细晶体时，常压过滤效果好，如图 2-4 所示。

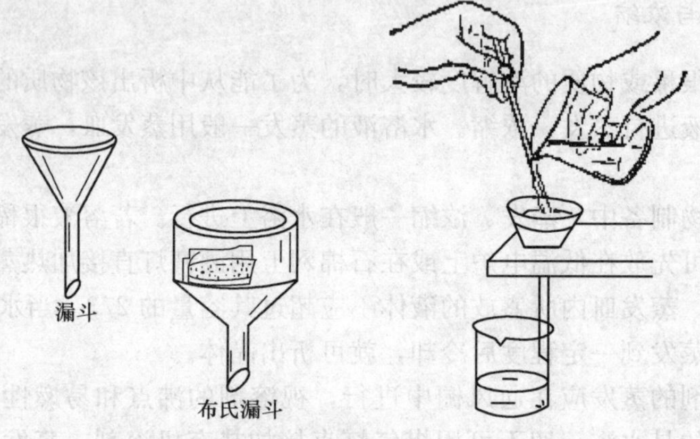


图 2-4 常压过滤操作示意图

粗晶状的沉淀也可以在滤纸上进行洗涤，洗涤时遵照“少量多次”的原则，先冲涤滤纸上方，然后螺旋向下移动，要等第一次洗涤液流尽，再进行第二次洗涤，以提高涤涤效率。

(2) 减压过滤（或称抽吸过滤，简称抽滤）。减压可以加快过滤速度，还可以把沉淀吸得比较干，当过滤较大量的液体且其中的沉淀颗粒较大时，常采用减压过滤。胶态沉淀在有压力差的情况下更易透过滤纸，不能用此法过滤。颗粒很细的沉淀会因减压抽吸而在滤纸上形成一层密实的沉淀，使溶液不易透过，反而达不到加速过滤的目的，也不宜减压过滤法。

减压过滤用的仪器有布氏漏斗（或称瓷孔漏斗）、瓷质平底漏斗，平瓷底上面有很多小孔，漏斗下端颈部装有橡皮塞，借助和吸滤瓶相连；吸滤瓶是用来盛装滤液，瓶侧有支管与抽气系统相连。

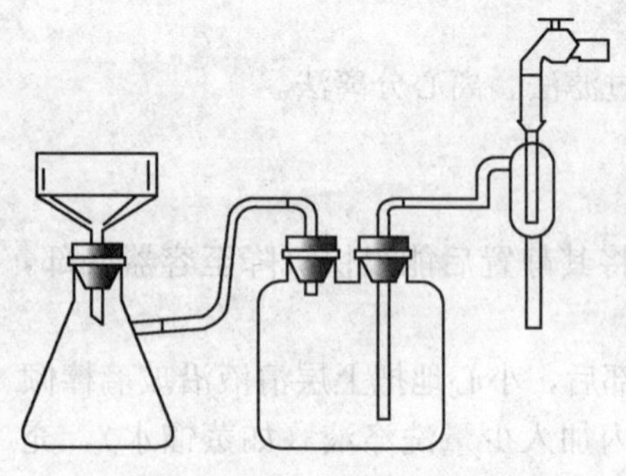

图 2-5 减压过滤装置

安全瓶减压过滤操作做完而关闭水龙头时，或者水的流量突然加大后又变小时，都会由于吸滤瓶内的压力低于外界压力，使自来水压入吸滤瓶内，把瓶内滤液冲稀或混入杂质（这一现象称为反吸），所以过滤时要在吸滤瓶和水泵之间装一个安全瓶，起缓冲作用，如图 2-5 所示。过滤完毕，应先拔掉连接吸滤瓶的橡皮管，再关水龙头，以防反吸。

水喷射泵（简称水泵）用做降低系统压力，在泵内有一个逐渐收缩的喷嘴，水在此处高速喷出时，与水泵相连系统的气体则由此吸出并和水一起排出，从而使系统内压力减小。

减压过滤的操作方法：所用的滤纸应比布氏漏斗的内径略小，但又能把瓷孔全部覆盖。操作时，把滤纸平铺在漏斗平瓷底上，用少量蒸馏水润湿滤纸，将漏斗装在吸滤瓶上，使漏斗颈部的斜口对着吸滤瓶支管，以避免减压时，滤液被吸入吸滤瓶；微启水龙头，使滤纸贴紧（此时可观察系统是否漏气）漏斗平瓷底。再使溶液沿着搅棒流入漏斗中，注意加入溶液的量不要超过漏斗容积的 2/3；逐渐开大水龙头，等滤液全部流完后，把沉淀向滤纸中间部位转移（不要把沉淀转移在滤纸的边缘，否则沉淀易渗漏到滤液中，且使取下滤纸和沉淀的操作较为困难）；继续抽滤，待滤渣抽吸得比较干时，最后洗涤滤渣。

过滤完毕，先拔掉连接吸滤瓶的橡皮管，后关水龙头，再用药匙轻轻揭起滤纸边，或取下布氏漏斗倒扣在表面皿上，轻轻拍打漏斗，以取下滤纸和沉淀。倾倒滤液时，注意使吸滤瓶的支管朝上，以免滤液由此流出，支管用作连接减压装置的。

洗涤滤渣的方法与常压过滤时相同。在漏斗上洗涤滤渣时，不要使洗涤液流得太快（可适当关小水龙头），以免滤渣洗不干净。

(3) 热过滤。有些溶质在温度下降时很易析出，而我们又不希望它在过滤过程中析出而留在滤纸上，这时就需要趁热过滤。热过滤时，过滤前可从漏斗上方小口注入热水，如果为了保持一定温度，过滤时还可在侧管处加热。要随时注意使液面不低于侧管，以免烧坏漏斗。此时所用的玻璃漏斗，颈部以短的为好，以免过滤时滤液在漏斗颈内停留过久，散热降温，析出晶体而发生堵塞。也可以在过滤前，把普通漏斗放在水浴上用水蒸气加热，然后使用。

3. 离心分离法

当被分离的沉淀的量很少时，可用离心分离法。本法分离速度快，利于迅速判断沉淀是否完全。实验室常用的电动离心机，其工作原理是利用离心力的作用使沉淀聚集在试管底尖端，上部是澄清的溶液。

使用离心机时，应在它的套管底部垫点棉花，以防玻璃管破粹。为了使离心机旋转时保持平衡，离心管要放在对称的位置上，如果只有一份试样，则在对称的位置放一支离心管，管内装等量的水。各离心管的规格应相同，加入离心管内液体的量，不得超过其体积的一半，各管溶液的高度应相同。

电动离心机转动速度极快，要特别注意安全。放好离心管后，把盖盖好后旋转。开始时，应把变速旋钮旋到最低挡，以后逐渐加速。离心约 1min 后，将旋钮反时针旋到停止位置，任离心机自行停止，绝不可用外力强制它停止旋转。

电动离心机如有噪声或机身振动时，应立即切断电源，查明和排除故障后再使用。

离心沉降后，可用吸出法分离溶液和沉淀。此法先用手挤压滴管上的橡皮帽，排除滴管中的空气，再将滴管尖端伸入离心管清液层上段，慢慢减小对橡皮帽的挤压力，清液就被吸入滴管，随着离心管中清液液面的下降，滴管应逐渐下移，当滴管尖端接近沉淀时，操作要特别小心，勿使它接触沉淀；最后取出滴管，将清液放入接受容器内。

如果要得到纯净的沉淀，必须经过洗涤。为此，往盛有沉淀的离心管中加入适量的蒸馏水或其他洗涤液，用细搅棒充分搅拌后，再进行离心沉降，用滴管吸出洗涤液，如此重复操作，直至洗净。

## 四、试纸的使用

在化学实验中常用试纸来定性检验一些溶液的酸碱性或某些物质（气体）是否存在，操作简单，使用方便。

试纸的种类很多，实验中常用的有：石蕊试纸、pH 试纸、醋酸铅试纸和碘化钾淀粉试纸等。

### 1. 石蕊试纸

石蕊试纸用于检验溶液的酸碱性，有红色石蕊试纸和蓝色石蕊试纸两种。红色石蕊试纸用于检验碱性溶液或气体（遇碱时变蓝），蓝色石蕊试纸用于检验酸性溶液或气体（遇酸时变红）。

使用方法：用镊子取一小块试纸放在干燥清洁的点滴板或表面皿上，用沾有待测液的玻璃棒点试纸的中部，观察被润湿试纸颜色的变化。如果检验的是气体，则先将试纸用去离子水润湿，再用镊子夹持横放在试管口上方，观察试纸颜色的变化。

### 2. pH 试纸

pH 试纸用以检验溶液的 pH。pH 试纸分两类。一类是广泛 pH 试纸，变色范围为 pH 1～14，用来粗略检验溶液的 pH。另一类是精密 pH 试纸，这种试纸在溶液 pH 变化较小时就有颜色变化，因而可较精确地估计溶液的 pH。根据其颜色变化可分为多种，如变色范围为 pH2.7～4.7、3.8～5.4、5.4～7.0、6.9～8.4、8.2～10.0、9.5～13.0 等。可根据待测溶液的酸碱性，选用某一变色范围的试纸。

使用方法：与石蕊试纸使用方法基本方法相同。不同之处在于 pH 试纸变色后要和标准色板进行比较，方能得出 pH 或 pH 范围。

### 3. 醋酸铅试纸

用于定性检验反应中是否有 $H_2S$ 气体产生（即溶液中是否有 $S^{2-}$ 存在）。

制备方法：将滤纸浸入 3% $Pb(Ac)_2$ 溶液中，取出后在无 $H_2S$ 处晾干，裁剪成条。

使用方法：将滤纸用去离子水润湿，加酸于待测液中，将试纸横置于试管口上方，如有 $H_2S$ 逸出，遇润湿 $Pb(Ac)_2$ 试纸后，即有黑色（亮灰色）PbS 沉淀生成，使试纸呈黑褐色并有金属光泽。

$$Pb(Ac)_2 + H_2S \xlongequal{} PbS\text{（黑色）} + 2HAc$$

4. 碘化钾-淀粉试纸

用于定性检验氧化性气体产生（如 $Cl_2$、$Br_2$ 等）。其原理是：

$$2I^- + Cl_2(Br_2) \xlongequal{} I_2 + 2Cl^-(Br^-)$$

$I_2$ 和淀粉作用呈蓝色。如气体氧化性很强，且浓度较大，还可将 $I_2$ 氧化成 $IO_3^-$（无色），使蓝色退去。

$$I_2 + 5Cl_2 + 6H_2O \xlongequal{} 2HIO_3 + 10HCl$$

制备方法：将 3g 淀粉与 25mL 水搅匀，倾入 225mL 沸水中，加 1g KI 及 1g $Na_2CO_3 \cdot 10H_2O$，用水稀释至 500mL，将滤纸浸入，取出晾干，裁成纸条即可。

使用方法：将滤纸用去离子水润湿，将试纸横置于试管口上方，如有氧化性气体（$Cl_2$、$Br_2$）则试纸变蓝。

使用试纸时，要注意节约，除将试纸剪成小条外，用时不要多取，用多少取多少，取用后，马上盖好瓶盖，以免试纸被污染变质。用后的试纸要放在废液缸（或桶）内，不要丢到水槽内，以免堵塞下水道。

## 五、称量及台秤的使用

实验室常用的称量仪器是台秤和分析天平，台秤能迅速称量物质的质量，但精确度不高，一般只能准确到 0.1g；分析天平则能达到 0.0001g。

台秤又称托盘天平，使用前先调整台秤的零点，将游码拨到游码标尺左端的“0”位上，观察台秤的指针是否停在刻度盘的中间位置，否则可旋转平衡调节螺丝，使指针在刻度盘上左右摆动几乎相等，最后将停留在中间位置，此即零点。

称量时，左盘放称量物，右盘放砝码，对于不同规格的台秤，10g 或 5g 以下的质量，可借助移动游码来称量，10g 或 5g 以上的砝码在砝码盒内，可用手取用（最好用镊子，以防砝码锈蚀）。当砝码调整到使秤盘两边达到平衡时，指针将停留在某一位置，称为停点。停点和零点之间允许偏差在 1 小格以内，这时砝码所示质量即为称量物质的质量。

称量时须注意以下几点：

(1) 不能称量热的物品。

(2) 称量物不能直接放在秤盘上，根据情况可放在洁净光滑的纸上、表面皿或烧杯中，称量物及盛器的总质量不能超过台秤的最大载量。

(3) 称量完毕，将砝码放回盒内原处，游码退回到“0”位，使台秤各部分恢复原状。

(4) 保持清洁，不慎散落在秤盘上的药品应立即除去并擦净。

## 六、分析天平的使用

分析天平是分析化学实验中最重要、最常用的仪器之一。常用的分析天平有半自动电光天平、全自动电光天平、单盘电光天平和电子天平等。

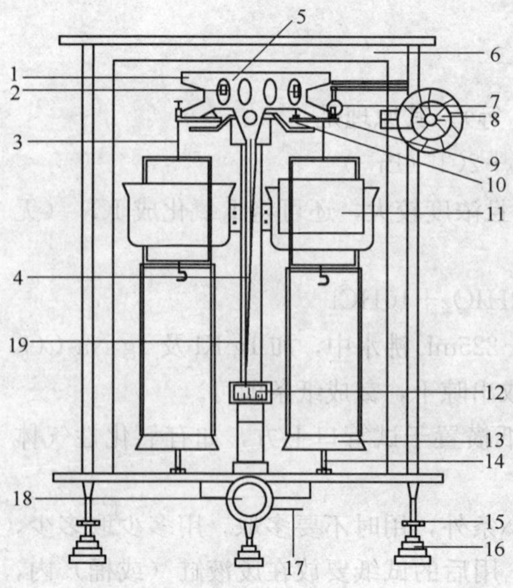


图 2-6　半机械加码双盘电光分析天平结构

1. 横梁；2. 平衡螺丝；3. 吊耳；4. 指针；5. 支点刀；6. 天平箱；7. 圈形砝码；8. 指数盘；9. 支刀销；10. 折叶；11. 阻尼器；12. 投影屏；13. 称盘；14. 托盘；15. 螺旋脚；16. 垫脚；17. 调零杆；18. 升降旋钮；19. 立柱

（一）半机械加码双盘电光分析天平的称量

1. 半机械加码双盘电光分析天平的结构

半机械加码双盘电光分析天平的结构如图 2-6 所示。

(1) 横梁。它是天平的主要部件。多用质轻坚固、膨胀系数小的铝铜合金制成，起平衡和承载物体的作用。梁上装有 3 个棱形的玛瑙刀，其中一个装在正中的称为中刀或支点刀，刀口向下，另外两个与中刀等距离地分别安装在梁的两端，称为边刀或承重刀，刀口向上，3 个刀口必须完全平行位于同一水平面上。在两端的两个边刀上分别挂有吊耳，下面挂有称盘。通常在左盘放称量物，右盘放砝码。称盘和吊耳之间装有空气阻尼器，阻尼器的内筒稍小，正好套入外筒，并保持两者间隙均匀，不发生摩擦。当天平摆动时，筒内外空气运动的摩擦阻力使横梁在摆动 1～2 个周期后迅速停下来，便于读数。

在天平横梁中央上方装有重心调节螺丝，用它上下移动可改变横梁重心位置，用于调整天平的灵敏度。重心在天平出厂时就已调整好了，使用时不应随便移动。横梁左右两边对称孔内装有平衡螺丝，用以调节天平空载时的平衡位置（即零点）。

(2) 立柱。位于天平正中，柱的上方嵌有玛瑙平板（刀承），用于称量时支持梁的中刀。称量时，轻轻打开升降钮（向右旋转），此时天平梁和吊耳下降，三棱玛瑙刀与刀承相接触，同时托盘（位于天平盘的下面，装在天平底板上）下降，天平梁自由摆动。当关闭升降旋钮时（向左旋转），天平梁及吊耳上升，玛瑙刀和刀承离开，同时托盘上升托住称盘，使天平处于休止状态。天平两端负荷未达到平衡时，不可全开天平，因为那样天平横梁倾斜太大，吊耳易脱落，使刀子受损。

玛瑙刀口的锋刃程度直接影响天平的质量，所以在使用天平时应特别注意保护刀口。在不使用或取放称物、加减砝码时，必须关闭升降旋钮，使天平梁托起，刀口和刀承分开，以免磨损刀口。立柱后上方装有水平泡，借底板下前两个水平调整螺丝脚使天平放置水平。

(3) 天平箱。为了保护天平免受灰尘、热源、水蒸气、气流、人的呼吸等因素的影响，将天平安装在木框镶玻璃的箱内。天平箱左门供取放称物，右门供取放砝码，前门是为安装维修和清洁天平用。箱下装 3 只脚，前面两只是供调整天平水平位置的螺旋脚，3 只脚都放在垫脚中。箱座下还装有调屏拉杆，用以微调零点。在天平箱的右上方是圈码指数盘，转动时可往梁上加 10～990mg 的砝码。指数盘上刻有圈码质量的数值，分内、外两圈。内圈由 10～90mg 组合，外圈由 100～900mg 组合。

天平达平衡时，可由内外圈对准刻线的数字读出圈码的质量（图 2-7）。

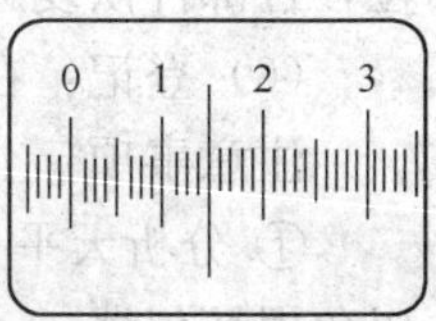


图 2-7　圈码指数盘

2. 直接称量法练习

（1）检查天平：横梁、吊耳、秤盘、砝码是否脱落，砝码指数盘是否在“0”位。

（2）调节水平：观察支柱上水平仪的气泡是否在圆圈中心，若不在中心，应调节天平脚的高低使气泡回到中心。

（3）调整零点：接通电源，慢慢开启升降枢纽，在不载重情况下，观察投影屏上的刻线与缩微标尺的“0”刻度是否重合。若不重合可调节显示屏下的微动调节梗，使刻线与“0”刻度重合。若相差较大则可调整横梁上左右 2 个平衡螺丝使其重合（初学者应在指导教师辅导下进行）。零点的读数应估计到小数点后一位。

（4）调整灵敏度：在天平上增加 10mg 砝码，开启升降枢，观察投影屏上的刻线与缩微标尺的刻度重合处，显示读数应在 10mg±0.3mg 范围内。如果超出该范围，则应调解重心螺丝，直至符合要求（该操作由指导教师完成）。

（5）预称：由干燥器内取出称量瓶，在台秤上称重，了解样品的粗略重量，供称量时加减砝码作参考。

（6）称量：将称量瓶放在称盘中央，按照从大到小的顺序加减砝码，每次加减砝码应缓缓半开升降枢纽，观察标尺的偏移趋势，直至天平标尺的移动趋于缓慢。最后缓缓开启升降枢纽，观察投影屏上的刻度与缩微标尺上的刻度重合处，读取称量值，记录数据。

3. 减量称量法练习

（1）按直接称量法练习的步骤检查天平、调节水平并调整零点及灵敏度。

（2）预称：由干燥器内取出称量瓶，在台秤上称重，然后加入需称量的试样，再称重（试样量应略多于试验总的需要量）。

（3）将上述装有试样的称量瓶放入分析天平的秤盘上，调整砝码，读取称量值，记录数据 $m_1$(g)。

（4）在砝码旋钮上减去需要称取的试样量，用纸条夹住称量瓶，放在三角烧瓶的上方，将称量瓶倾斜，瓶底略高于瓶口，用干净纸条包着称量瓶盖子的顶部，轻轻敲动瓶口上方使试样落入三角烧瓶中，注意不要使试样撒落到容器外。估计试样量接近要求时，将称量瓶慢慢竖起，用瓶盖敲动称量瓶瓶口，使粘在瓶口上的试样落入瓶中。再将称量瓶放入分析天平秤盘中，调整砝码，半开升降枢纽，观察显示屏标尺偏移趋势，如果向正方向偏移，说明倒出的样品量偏少，应再重复前面的操作，直至符合要求。在记录本上记录读数 $m_2$(g)。前后 2 次称量的重量之差 $m_3=m_1-m_2$(g) 即为倒出的试样重量。

（5）结束工作：关闭升降枢纽，取出称量瓶，关好天平门，砝码指数盘旋至“0”

位，各部件恢复原位，关闭电源。

（6）登记：在分析天平使用登记本上登记日期、姓名、天平器号及使用情况。

注意事项：

① 分析天平是称量样品的精密仪器，必须严格按照规定的操作步骤进行称量练习，以免损坏仪器。

② 升降枢纽是保护天平支点刀口的重要部件，必须掌握正确使用。在天平上加减砝码或取放物品时，必须注意关闭升降枢纽。

③ 为了避免污染被称物品，操作时应戴手套或用纸条取放称量瓶。

### （二）电子天平的称量

电子天平是最新一代的天平，是根据电磁力平衡原理，直接称量，全量程不需砝码，放上被称物后，在几秒内即达到平衡，显示读数，称量速度快、精度高。电子天平具有自动校正、自动去皮、超载指示、事故报警等功能以及具有质量电信号输出功能，可与打印机、计算机联用，进一步扩展功能。电子天平的价格尽管高，但也越来越广泛的取代机械天平应用在各个领域。

电子天平按结构分为上皿式和下皿式电子天平。目前广泛使用的是上皿式电子天平。下面简单介绍电子天平的使用。

#### 1. 天平使用方法

（1）将天平放在稳定的工作台上，避免振动，气流、阳光直射和剧烈的温度波动。

（2）水平调节，调整水平调节脚，使水泡位于水准器中心。

（3）预热，接通电源预热 1h 后，开启显示器进行操作。称量完毕一般不切断电源，若短时间内暂不使用天平（如 2h），再用时可省去预热时间。

（4）天平基本模式选定，天平通常为“通常情况”模式，并具有断电记忆功能。使用时若改其他模式，可按 OFF 键，返回“通常情况”模式。

（5）校准，天平安装后第一次使用前或存放时间较长、位置移动、环境变化或为获得精确测量，需校准。

（6）称量，按 TAR 键，显示为零后，置被测物于秤盘上，待数字稳定即显示器左下角的“。”消失后，该数字即为被称物的质量值。

（7）去皮称量，按 TAR 键，显示为零后，置容器于秤盘上，天平显示容器质量，再按 TAR 键，显示为零，即去皮重。

#### 2. 称量方法

（1）直接称量法：用于称量某一物体的质量，例如小烧杯、容量瓶、坩埚等。

（2）固定质量称量法：用于称量某一固定质量的试剂（如基准物质）或试样。特点是称量速度慢；试样不易吸潮、在空气中稳定；粉末或小颗粒样品。

（3）递减称量法：用于称量一定质量范围的样品或试剂。因称取试样的质量是由两次称量之差求得，又称差减法。

3. 具体称量步骤

（1）从干燥器中取出称量瓶（注：手指避免直接接触称瓶和瓶盖）。

（2）用小纸片夹住打开瓶盖，用药匙加入适量试样，盖上瓶盖。

（3）称量出称量瓶加试样的准确质量 $m_1$。

（4）取出称量瓶，在接收器的上方，倾斜瓶身，用瓶盖轻敲瓶口上部，使试剂慢慢落入容器，在接近所需量时，边敲瓶口边将瓶身竖直，使粘在瓶口的试剂落下，再盖好瓶盖。

（5）再次称量出称量瓶＋试样的准确质量 $m_2$。

（6）试剂质量 $m=m_1-m_2$，按上述方法连续递减，直到 $m$ 落在要求的质量范围内。

4. 电子天平使用的注意事项

（1）开、关天平，放、取被称物，开、关侧门动作都要轻、缓，不可用力过猛过快造成天平部件脱位或损坏。

（2）调零、读数要关门。

（3）被称物应在室温，不在室温的（过冷或过热）在干燥器内放至室温。

（4）严禁超重。

（5）保持天平，天平台，天平室的安全，整洁和干燥。

（6）如发现天平不正常，应及时报告老师或工作人员，不要自行处理。

## 七、滴定管、容量瓶、移液管与吸量管的使用

（一）滴定分析容量、仪器的洗涤方法

滴定分析所用的仪器，使用前必须按规定认真洗干净，洗净的器皿应是内壁能被水均匀润湿而不黏附水珠。

烧杯、锥形瓶、试剂瓶等一般器皿，可用毛刷蘸取肥皂水或合成洗涤剂直接刷洗其内外表面，用自来水冲洗干净后，再用少量蒸馏水荡洗 2～3 次即可。若器皿有油污，可用温热铬酸钾洗液浸泡数分钟，再用自来水、蒸馏水冲洗干净。

移液管、吸量管可先用自来水净洗一次，再用铬酸洗液洗涤。洗涤时，用左手持洗耳球，右手的拇指和中指拿住移液管或吸量管标线以上部分，其余手指辅助拿住移液管，将洗耳球的尖端对准移液管口，管尖贴在小滤纸片上，用洗耳球压气，吹去移液管中残留水分。再将管尖伸入洗瓶中，挤去洗耳球内空气，将洗耳球尖端对准移液管管口，吸入洗液至移液管球部约 1/4 处或吸量管的 1/4 处，移开洗耳球，同时用右手食指堵住管口，将管略横放，左手扶住管下端，松开食指，边转动边使管口降低，使洗液布满全管。然后，从管的尖端将洗液放回原瓶。再用洗耳球吸取自来水、蒸馏水各 2～3 次润洗整个管的内壁，最后用洗瓶吹洗管的外壁。

滴定管若无油污，可用自来水冲洗。若有油污，可用滴定管刷蘸肥皂液或合成洗

涤液洗刷，如仍未洗净，可用铬酸洗液洗涤。此时，可将 5～10mL 洗液加到酸式滴定管内，转动滴定管，使洗液布满全管内壁，放置数分钟，必要时，可将铬酸洗液加满滴定管浸泡一段时间。对于碱式滴定管的洗涤，铬酸洗液不能接触橡皮管，可将橡皮管取下，用塑料乳头堵住碱管下口进行洗涤。如需要用铬酸洗液浸泡，可将碱管倒立于装有洗液的瓶中，将橡皮管连接抽气泵，打开水龙头，轻捏玻璃珠，待洗液徐徐上升淹没刻度部分为止。浸泡几分钟后，手捏玻璃珠，让洗液流回原瓶，然后用自来水冲洗碱管，再用蒸馏水润洗几次，洗净的滴定管内壁应完全被水均匀润湿而不挂水珠。

（二）滴定管、移液管和容量瓶的体积校准

滴定管、移液管和容量瓶是滴定分析中量取溶液体积的三种准确量器。然而，由于温度的变化、试剂的侵蚀以及出厂的质量等原因，其容积与它所标示的体积并非完全一致，甚至误差可能超过分析所允许的误差范围。因此，在准确度要求很高的分析工作中，必须针对 3 种量器进行校正，表 2-1 是几种国产玻璃量器允许的误差范围。

**表 2-1 几种国产玻璃量器允许的误差范围**

| 名称 | 容量瓶 | | 滴定管 | 移液管 |
|---|---|---|---|---|
| 容积/mL | 100 | 250 | 50 | 25 |
| 一级/mL | ±0.10 | ±0.10 | ±0.05 | ±0.04 |
| 二级/mL | ±0.20 | ±0.20 | ±0.10 | ±0.10 |

（1）绝对校准法。测定容器实际容积的方法称为绝对校准法。具体方法是：在分析天平上称出标准容器容纳或放出纯水的质量，除以测定温度下水的密度，即得实际容积。

（2）移液管和容量瓶的相对校正。用 25.00mL 移液管与 250mL 容量瓶相对校正。将洗净晾干的容量瓶，用 25.00mL 移液管移取 10 次蒸馏水放入容量瓶中。观察容量瓶液面与标度刻线相切的位置。如与标线一致，则合乎要求；如不符合，则应在瓶颈上另作一新记号为标线。此容量瓶与此移液管的量即为 1∶10 的相对关系。

（三）滴定分析仪器的使用

1. 滴定管

滴定管是滴定时用来准确测量流出的操作溶液体积的量器。常量分析最常用的是容积为 50mL 的滴定管，其最小刻度是 0.1mL，因此，读数可达小数点后第二位，一般读数误差为±0.01mL。另外，还有容积为 10、5、2、1mL 的微量滴定管。

滴定管一般分为 2 种：一种是下端带有玻璃旋塞的酸式滴定管，用于盛放酸类溶液或氧化性溶液，另一种是碱式滴定管，其下端连接一段医用乳胶管，内放一玻璃珠，以控制溶液的流速，橡皮管下端再连接一个尖咀玻璃管，碱式滴定管用于盛放碱类溶液。

一般而言，酸式滴定管不能盛放碱类溶液，因其磨口玻璃旋塞会被碱类溶液腐蚀，放置久了，旋塞打不开。而碱式滴定管也不能盛放氧化性溶液，如 $KMnO_4$、$I_2$ 等。当然，酸式滴定管是最常用的滴定管，在平常的滴定分析中（而不是久置溶液），除了强碱溶液外，一般均可以采用酸式滴定管进行滴定。

(1) 滴定前的准备。

① 洗涤。

② 玻璃活塞涂凡士林。

为了使玻璃活塞转动灵活并防止漏水现象，需将活塞涂上凡士林。先用滤纸将活塞和活塞套擦干，然后采用下列方法之一涂凡士林：一是用手指将少量凡士林涂润活塞的大头，再用玻璃棒将少量凡士林涂润在滴定管活塞套内壁部分；另一种方法是用手指蘸上少量凡士林后，均匀地在活塞两部分涂上薄薄一层（注意不要堵塞活塞孔），将涂好凡士林的活塞小心地插入活塞套中，朝同一方向旋转，直至活塞呈全部透明为止。最后将橡皮圈套在活塞小头部分的沟槽上，以防止滴定过程中活塞脱出。

如不慎将凡士林掉进管口尖，产生管口堵塞现象时，可将它插入热水中温热片刻，打开活塞使管内水突然流下，将软化凡士林排出。或做一根直径小于管口的细铁丝，从管尖处插入凡士林中，转动后取出包裹有凡士林的铁丝，然后将管尖插入四氯化碳中，此时附在壁内的凡士林随即溶解，片刻后用自来水洗净。涂好凡士林的活塞应呈均匀透明状态，旋转灵活自如。

③ 检漏。用水充满滴定管，置于滴定架上直立 2min，观察有无漏水现象，然后再将活塞旋转 180°，再静置 2min，观察有无漏水现象。对碱式滴定管，应检查一下橡皮管是否老化，玻璃珠大小是否恰当，玻璃珠过大，操作不方便，溶液流出速度太慢；玻璃珠过小，则会漏水。如玻璃珠不合要求，应及时更换。

④ 标准溶液的装入。为避免标准溶液装入后被稀释，应先用待装入的标准溶液 5～10mL 洗涤滴定管 2～3 次（第一次 10mL，第二、三次各 5mL），具体操作方法如下：左手前三指持滴定管上部无刻度处，略倾斜，右手拿住试剂瓶，往滴定管中倒入 5～10mL 标准液，然后两手平端滴定管，慢慢转动，使标准液润洗全部内壁，第一次润洗后，大部分溶液可由上口放出，第二、三次润洗后，应将出口活塞打开放出溶液，且尽量排出残留液。对于碱式滴定管的洗涤，应注意橡皮管部分的洗涤。

在装入标准液时，应直接倒入，不可借助于其他任何器皿，以免改变标准溶液浓度或造成污染。装好标准溶液后，注意检查下端管口部分是否完全充满溶液，不能留有气泡，否则，滴定过程中，气泡逸出会影响溶液体积的准确测量，对于酸式滴定管，右手拿住滴定管上部没有刻度处，左手托住活塞，将滴定管倾斜 30°角，用左手迅速打开活塞；使溶液很快冲出，将气泡赶出去，使下端管口充满溶液。对于碱式滴定管，气泡易滞留在橡皮管部位，可把橡皮管向上弯曲，使管口斜向上，两手指挤压玻璃珠两边，使溶液从管口喷出，随之把气泡带出管口。

气泡排除后，加入标准溶液（操作液），使之在“0”刻度以上，再调节液面在“0.00”mL 刻度处，如液面不在“0.00”mL 处，应记住初读数。

(2) 滴定管的操作。使用滴定管时，一般将酸式滴定管夹在滴定架右边，碱式滴定管夹在左边。酸式滴定管的使用方法如下：左手控制滴定管活塞，大拇指在前，食指与中指在后，手指均略弯曲，轻轻向内扣住活塞，无名指与小指轻轻顶住与管端相交的直角。注意：切勿用手心顶住活塞小头部分，否则造成活塞松动、漏水。

使用碱式滴定管时，用左手大拇指和食指捏挤橡皮管中玻璃珠所在部位稍上一点的地方，其余三指辅助夹住出口管，使出口管垂直而不摆动。注意：切勿捏挤玻璃珠以下部分，否则放开手时，乳胶管管尖部分会产生气泡。

① 滴定。滴定操作可在锥形瓶或烧杯中进行。在锥形瓶中进行时，左手按操作法控制滴定管活塞，右手的大拇指、食指和中指夹住锥形瓶瓶口，其余两指辅助在下侧，使锥形瓶底离滴定台高2～3cm，滴定管下端伸入瓶口内约1cm，左手按前述方法滴加溶液，右手持锥形瓶运用腕力以同一方向做圆形摇动，摇瓶时速度不可太慢，以免影响化学反应速度。

一般来说，开始滴定速度可稍快，但应呈“见滴成线”状，接近终点时，指示剂的作用使溶液局部变色，但锥形瓶转动1～2次后，颜色完全消失。此时应改为加1滴摇一摇，等到必须摇2～3次颜色才能消失时，表示终点已接近，此时用洗瓶冲洗锥形瓶内壁，将转动时留在壁上的溶液洗下，然后左手微微转动活塞，使标准溶液流出半滴悬挂在出口管咀上，用洗瓶把这半滴标准溶液洗落在溶液中，摇动锥形瓶，如此重复，直到溶液刚刚呈现终点颜色而不消失为止。

进行滴定操作时应注意：每次滴定最好从“0.00”mL开始，或接近“0”的任一刻度开始，这样可减少滴定误差。滴定时，要观察落点周围溶液颜色变化，切不可只观察滴定管上部溶液体积变化而不顾滴定反应的进行。

使用带磨口玻璃塞的碘量瓶进行滴定时，玻璃塞应夹在右手的中指和无名指之间。

使用烧杯滴定时，滴定管下端伸入烧杯内约1cm，并处在烧杯中心的左后方处，不要离杯壁过近，右手持玻璃棒搅拌溶液，左手操纵滴定管，使溶液逐滴滴下，搅棒应作圆周搅动，不要碰到烧杯壁和底部，近终点时，冲洗杯壁，再加半滴标准溶液。此时，可用玻璃棒下端轻触悬挂的液滴下部（注意，搅棒不能触及管尖），将液滴引下后再将玻棒伸入溶液中搅动，必要时多次重复，直到终点为止。

② 读数方法。由于滴定管读数不准确而引入的误差，常为定量分析误差来源之一。因此正确的读数方法是：将滴定管从滴定架上取下，用右手大拇指和食指捏住滴定管上部无刻度处，其他手指从旁辅助，使滴定管保持垂直进行读数，对无色溶液，应读取弯月面下层最低点，即视线与弯月面下层实线的最低点在一水平面上。对于有色溶液，其弯月不够清晰，读数时，视线应与液面两侧的高点相切。

为了能正确读数，一般应遵守下列原则：注入溶液或放出溶液后，需等1～2min，使附着在内壁上的溶液流下后才能读数，如果放出溶液的速度较慢（例如，接近化学计量点附近），那么等0.5～1min后即可读数，读数必须读到小数点后第二位，即要估计到0.01mL，滴定管上两刻度中间为0.1mL。分析工作者必须经过严格训练，才能估计出0.1mL的1/10值，一般可这样估计：当液面在两刻度中间为0.05mL；在两刻度的1/3处为0.03mL或0.07mL；当液面在两刻度1/5处为0.02mL。

使用“蓝带”滴定管时，液面呈现三角交叉点，应读取交点与刻度相交之点的读数。

初学者练习读数时，可借助读数卡练习准确读数，读数卡是用贴有黑纸或涂有黑色长方形（约 3cm×1.5cm）的白纸板制成。

读数时将读数卡放于滴定管后面，使黑色部分在弯月面下约 1mm 左右，此时可看到弯月面反射成为黑色，读取弯月面下缘的最低点。对于有色溶液，可用读数卡的白纸部分附在滴定管背后，读出液面两侧最高点的读数。

### 2. 容量瓶

容量瓶是用于配制标准溶液或稀释一定量溶液到一定体积的器皿，常用于测量容纳液体的体积。它是一种细颈梨形的平底玻璃瓶，带有玻璃塞，其颈上有一标线，在指定温度下，当溶液充满至弯月液面与标线相切时，所容纳的溶液体积等于瓶上所示的体积。

(1) 容量瓶的准备。使用容量瓶前必须检查容量瓶是否漏水或标线位置距离瓶口是否太近，漏水或标线离瓶口太近（不便混匀溶液）的容量瓶不能使用。

检查是否漏水的方法如下：将自来水加入瓶内至标度刻线，塞紧磨口塞，右手手指托住瓶底，左手食指按住塞子，其余手指拿住瓶颈标线以上部分，将瓶倒立 2min，观察有无渗水现象。如不漏水，再将瓶直立，转动瓶塞 180°后倒立 2min，如仍不漏水，即可使用。用橡皮筋或细绳将瓶塞系在瓶颈上。

容量瓶应洗涤干净，洗涤方法同前。

(2) 操作方法。如果是用固体物质配制标准溶液或分析试液时，先将准确称取的物质置于小烧杯中溶解后，再将溶液定量转入容量瓶中，定量转移方法如下：右手拿玻璃棒，左手拿烧杯，使烧杯嘴紧靠玻璃棒，而玻璃棒则悬空伸入容量瓶口中，棒的下端靠住瓶颈内壁，慢慢倾斜烧杯，使溶液沿着玻璃棒流下，倾完溶液后，将烧杯嘴沿玻璃棒慢慢上移，同时将烧杯直立，然后将玻璃棒放回烧杯中。用洗瓶吹出少量蒸馏水冲洗玻璃棒和烧杯内壁，依上法将洗出液定量转入容量瓶中，如此吹洗、定量转移 5 次以上，以确保转移完全。然后加水至容量瓶 2/3 容积处（如不进行初步混匀，而是用水调至刻度，那么当浓溶液与水在最后摇匀混合时，会发生收缩或膨胀，弯月面不能再落在刻度上），将干的瓶塞塞好，以同一方向旋摇容量瓶，使溶液初步混匀。但此时切不可倒转容量瓶，继续加水至距离刻线 1cm 处后，等 1～2min，使附在瓶颈内壁的溶液流下，用滴管滴加水至弯月下缘与标线相切，盖上瓶塞，以左手食指压住瓶塞，其余手指拿住标度刻线上瓶颈部分，右手全部指尖托住瓶底边缘，将瓶倒转，使气泡上升到顶部，摇荡溶液，再将瓶直立，如此倒转让气泡上升到顶部、摇荡溶液……如此反复 10 余次后，将瓶直立，由于瓶塞部分的溶液未完全混匀，因此打开瓶塞使瓶塞附近溶液流下，重新塞好塞子，再倒转，摇荡 3～5 次，以使溶液全部混匀。

如果把浓溶液定量稀释，则用移液管吸取一定体积的浓溶液移入瓶中，按上述方法稀释至刻线，摇匀。

使用容量瓶应注意下列事项：

不可将其玻璃磨口塞随便取下放在桌面上，以免玷污或搞错，可用右手的食指和中指夹住瓶塞的扁头部分，当须用两手操作不能用手指夹住瓶塞时，可用橡皮筋或细绳将瓶塞系在瓶颈上。

不可用容量瓶长期存放溶液，应转移到试剂瓶中保存，试剂瓶应先用配好的溶液荡洗 2～3 次后，才可盛放配好的溶液。热溶液应冷却至室温后，才能定量转移到容量瓶中，容量瓶不可在烘箱中烘烤，也不可在电炉等加热器上加热，如需使用干燥的容量瓶，可用乙醇等有机物荡洗晾干或用电吹风的冷风吹干。

如长期不用容量瓶，应将磨口塞部分擦干并用小纸片将磨口隔开。

### 3. 移液管与吸量管

移液管与吸量管都是准确移取一定量溶液的量器。

移液管是一根细长而中间膨大的玻璃管，管颈的上端有一环形标线，膨大部分标有它的容积和标定时的温度。在标定温度下，使溶液的弯月面与移液管标线相切，让溶液按一定的方式自由流出，则流出的体积与管上标示的体积相同。

吸量管是具有分刻度的玻璃管。它一般只用于量取小体积的溶液，吸量管的准确度不及移液管。一种吸量管的刻度是一直刻到管口，使用这种吸量管时，必须把所有的溶液放出，体积才符合标示数值；另一种的刻度只刻到距离管口尚差 1～2cm 处，使用时，只需将液体放至液面落到所需刻度即可。

移液管的操作方法：

移取溶液前，用小滤纸片将管尖端内外的水吸净，然后用待移取的溶液将移液管润洗 2～3 次，以保证待移取的溶液浓度不变。

移液管经润洗后移取溶液时，一般用右手大拇指和中指拿住管颈标线上方，将管直接插入待移液体液面 1～2cm 深处。管尖不要插入液面太浅，以免液面下降时造成空吸，也不应伸入太深，以免移液管外壁附有过多的溶液。左手握住洗耳球，排除球内空气，将球尖端对准移液管管口，慢慢松开洗耳球，溶液被吸入管内。吸液时，应注意管尖与液面的位置，应使管尖随液面下降而下伸，当管内液面上升到刻线以上时，移去洗耳球，迅速用右手食指堵住管口。左手改拿盛待移液的容器，将其倾斜成约 45°，把移液管提离液面，管的末端靠在容器的内壁上（移液管应直立），略松食指，用拇指和中指来回捻动移液管，使管内液面慢慢下降，直至溶液的弯月面和标线相切时，立即用食指压紧管口，取出移液管。左手拿盛接溶液的器皿并略倾斜，使内壁与插入的移液管管尖呈 40°左右。此时移液管应垂直，松开食指，让管内溶液自然地全部沿管壁流下。待液面下降到管尖后，等 15s 左右，取出移液管，应注意，切勿把残留在管尖部分的溶液吹出，因为工厂生产检定移液管时已考虑了末端保留溶液的体积（如果移液管上标明“吹”字，则应将末端保留溶液吹出）。但应注意，由于一些管口尖端做得不很圆滑，因而管尖部分不同方位靠着容器内壁时残留在管尖部分体积稍有差异，为此，可等 15s 后，将管身往左右旋动一下，这样，管尖部分每次存留的体积仍基本相同，不会导致平行测定时的过大误差。

吸量管的操作方法与移液管相同，用吸量管时，总是使液面从某一分度（通常是最高线）落到另一分度，使两分度间的体积刚好等于所需体积。因此，很少把溶液直接放到吸量管的底部。同一实验中，尽量使用吸量管的同一管，且尽量使用上部分而不采用末端收缩部分，以减少误差。

移液管与吸量管使用后，应洗净放在移液管架上。

## 基本操作训练

# 实验一　分析天平的称量练习

## 一、实验目的

（1）了解分析天平的构造。

（2）学会分析天平的使用方法。

（3）培养准确、简明地记录实验原始数据的习惯。

## 二、实验原理

分析天平结构和基本操作（见视频材料）。

## 三、仪器和试剂

台秤，分析天平，干燥器，称量瓶，小烧杯，$CuSO_4 \cdot 5H_2O$ 固体粉末（仅供称量练习用）。

## 四、实验步骤

1. 直接称样法

从干燥器中取出盛有 $CuSO_4 \cdot 5H_2O$ 粉末的称量瓶和干燥的小烧杯，先在台称上粗称其质量，记在记录本上，然后按粗称质量在分析天平上加好克重砝码，只要调节指数盘就可准确称出（称量瓶＋试样）的质量和空烧杯的质量（准确至 0.1mg）记录（称量瓶＋试样）的质量 $m_1$、空烧杯质量 $m_0$。

2. 减量称样法

将称量瓶中的试样慢慢倾入按上法已准确称出质量的空烧杯中。倾样时，由于初次称量，缺乏经验，很难一次倾准，因此要试称，即第一次倾出少些，粗称此量，根据此质量估计不足的量（为倾出量的份数），继续倾出此量，然后再准确称量，设为 $m_2$，则（$m_1-m_2$）为倾出试样的质量。称出（小烧杯＋试样）的质量，记为 $m_3$。检查 $m_1-m_2$ 是否等于小烧杯增加的质量（$m_3-m_0$），如不相等，求出差值，要求每份试样质量在 0.2～0.4$g$，称量的绝对差值小于 0.5mg。如不符合要求，分析原因并继续再称。

3. 指定重量称样法

对于在空气中稳定的试样如金属、矿石样，常称取某一固定质量的试样。可先在天平两边托盘上放等重量的 2 块洁净的表面皿，重新“调零”后，在右盘上增加固定质量的砝码，用药匙将试样加在左盘表面皿中央，开始时加入少量试样，然后慢慢将试样敲入表面皿中，每次敲入后打开天平升降枢观察，直至天平停点与称量“调零”时相一致（误差 0.2mg）。

经称量练习后，如果实验结果已符合要求，再做一次计时称量练习，以检验自己称量操作的熟练程度。

参照表 2-2 记录格式记录实验数据并计算实验结果。

**表 2-2　称量练习记录格式示例**

| 项目 \ 次数 | 1 | 2 |
|---|---|---|
| （称量瓶＋试样）的质量（倾出前）$m_1$/g | 17.6389 | 17.6563 |
| （称量瓶＋试样）的质量（倾出后）$m_2$/g | 17.3211 | 17.3233 |
| 倾出试样的质量（$m_1-m_2$）/g | 0.3178 | 0.3330 |
| （烧杯＋倾出试样）的质量 $m_3$/g | 24.3967 | 24.5326 |
| 空烧杯的质量 $m_0$/g | 24.0791 | 24.1992 |
| 称得试样的质量（$m_3-m_0$）/g | 0.3176 | 0.3334 |
| 偏差/mg | 0.2 | 0.4 |

## 五、思考题

（1）为什么在天平梁没有托住的情况下绝对不允许把任何东西放在盘上或从盘上取下？

（2）电光分析天平称量前一般要调好零点，如偏离零点标线几小格，能否进行称量？

（3）指定质量称样法和减量称样法各宜在何种情况下采用？

# 实验二　滴定分析的操作练习

## 一、实验目的

（1）初步掌握滴定管、移液管的使用方法。

（2）练习滴定分析的基本操作。

（3）通过甲基橙和酚酞指示剂的使用，初步熟悉判断滴定终点的方法。

## 二、实验原理

一定浓度的 HCl 溶液和 NaOH 溶液相互滴定，到达终点时，所消耗的两种溶液体积之比应是一定的，因此，通过滴定分析的练习，可以检验滴定操作技术及判断滴定终点的能力。

滴定终点的判断是否正确，是影响滴定分析准确度的重要因素，滴定终点是根据指示剂变色来判断的，绝大多数指示剂变色是可逆的，这有利于练习判断终点，本实验选用的指示剂甲基橙的变色范围是 pH 3.1（红色）～4.4（黄色），pH 4.0 附近为橙色。用 NaOH 溶液滴定 HCl 溶液时，终点颜色的变化为由橙色转变为黄色，而用

HCl 溶液滴定 NaOH 溶液时，则由黄色转变为橙色，酚酞指示剂的变色范围是 pH 8.0（无色）～10.0（红色），用 NaOH 溶液滴定 HCl 溶液时，终点颜色由无色转变为微红色，并保持 30s 内不退色。

## 三、仪器和试剂

HCl 溶液（0.1mol/L），NaOH 溶液（0.1mol/L），甲基橙指示剂 0.2%，酚酞指示剂。

## 四、实验步骤

1. 酸式滴定管的准备

取 50mL 酸式滴定管一支，其旋塞涂以凡士林，检漏、洗净后，用所配的 HCl 溶液将滴定管洗涤 3 次（每次用药 10mL），再将 HCl 溶液直接由试剂瓶倒入管内至刻度“0”以上，排除出口管内气泡，调节管内液面至 0.00mL 处。

2. 碱式滴定管的准备

碱式滴定管经安装橡皮管和玻璃珠、检漏、洗净后，用所配的 NaOH 溶液洗涤 3 次（每次用药 10mL），再将 NaOH 溶液直接由试剂瓶倒入管内至刻度“0”以上，排除橡皮管内和出口管内气泡，调节管内液面至 0.00mL 处。

3. 移液管的准备

移液管洗净后，以待吸溶液洗涤 3 次待用。

4. 以甲基橙为指示剂，用 HCl 溶液滴定 NaOH 溶液

由碱式滴定管放出 20～25mL（读至 0.01mL）NaOH 溶液于 250mL 锥形瓶中，放出速度为 10mL/min，加甲基橙指示剂 2～3 滴，用 HCl 溶液滴定至溶液刚好由黄色转变为橙色，即为终点，平行滴定 3 次，要求测定的相对平均偏差在 0.2%以内。

5. 以酚酞为指示剂，用 NaOH 溶液滴定 HCl 溶液

用移液管移取 HCl 溶液 25.00mL 于 250mL 锥形瓶中，加酚酞指示剂 2～3 滴，用 NaOH 溶液滴定至呈微红色，并保持 30s 内不退色，即为终点。平行测定 3 次，要求测定的相对平均偏差在 0.2%以内。

# 实验三　物质的量浓度的溶液配制

1. 一般溶液的配制

（1）由硫酸铜晶体（$CuSO_4 \cdot 5H_2O$）配制 25mL 0.5mol/L 的硫酸铜溶液。先算出配制 25mL 0.5 mol/L 的硫酸铜溶液所需要的 $CuSO_4 \cdot 5H_2O$。用台秤称取所需 $CuSO_4 \cdot 5H_2O$ 固体，放在烧杯中，再用量筒量取所需蒸馏水加到烧杯中，搅拌使之溶解，加水稀释至刻度线，即得 25mL 0.5mol/L 的硫酸铜溶液。配好后的溶液倒入回收瓶中，备用。

（2）配制 50mL 6mol/L 的硫酸溶液。先计算出所需浓 $H_2SO_4$（相对密度 1.84，浓度 98%）和水的用量，用量筒将所需蒸馏水的大部分加到烧杯中，再用小量筒量取所

需的浓 $H_2SO_4$，然后将浓 $H_2SO_4$ 慢慢加到水中，边加边搅拌，再用剩余的水分次洗涤量筒，一并倒入烧杯中。冷却后，将配成的溶液倒入量筒中（观察混合后体积发生什么变化）。然后用滴管加水至 50mL 的刻度即成。将溶液倒入回收瓶，备用。

2. 准确浓度溶液的配制

（1）准确配制 250mL 0.1000mol/L 草酸溶液（留作酸碱滴定时用）。用减量法准确称取一定量 $H_2C_2O_4 \cdot 2H_2O$（分析纯）试样于 100mL 烧杯中，用适量蒸馏水溶解后，按基本操作所述将草酸定量转入 250mL 容量瓶中，最后用滴管慢慢滴加蒸馏水至刻线，摇匀。然后倒入试剂瓶中。计算出该标准溶液的浓度，贴好标签备用。

（2）用稀释法配制 0.2000mol/L 的 HAc 溶液。用移液管吸取已知浓度的 2.00mol/L 的 HAc 溶液 25mL，放入 250mL 的容量瓶中，用蒸馏水稀释至刻度，摇匀后倒入试剂瓶中，贴好标签备用。

# 第三章　化学实验技术（Ⅰ）的分析鉴别实验

所有的化合物都来源于自然界和人工合成。不论是从动、植物体内分离出来的天然产物，还是通过化学反应合成的新化合物或生成的副产物都需要利用化学和物理方法对其进行定性鉴定，以推断它们的分子结构，从而了解它们的性能和用途。

近年来，波谱技术广泛用于分离和分析，使化学的实验方法发生了重要的变化。但传统的化学分析法，特别是在试管中进行的化学分析，由于其具有简单易行、操作方便、准确度高和经济实用等特点，仍然被普遍应用于实验室中，也是每个从事化学、化工专业的学生必须掌握的一项操作技术。

实验一至实验六为化合物的性质鉴别实验，实验七至实验十一为化合物的分析鉴别实验。

## 实验一　卤素元素的性质鉴别

### 一、实验目的

（1）掌握卤素的氧化性和卤离子的还原性递变规律。

（2）掌握卤素含氧酸及其盐的性质。

（3）学习分离和鉴定卤素离子的方法。

### 二、实验原理

氟、氯、溴碘是周期系ⅦA 族元素，它们在化合物中的常见氧化态是－1。除氟外，氯、溴、碘也能生成氧化态为＋1、＋3、＋5、＋7 的化合物。

卤素单质均有氧化性。从氟到碘，由于原子半径增大，氧化能力减弱。例如在氯、溴、碘序列中，前面的卤素单质可以把后面的卤素离子氧化成相应的单质。

$$2Br^- + Cl_2 \longrightarrow 2Cl^- + Br_2$$

$$2I^- + Cl_2 \longrightarrow 2Cl^- + I_2$$

$$2I^- + Br_2 \longrightarrow 2Br^- + I_2$$

$I_2$ 溶于 $CCl_4$ 溶液呈紫红色；$Br_2$ 溶于 $CCl_4$ 溶液，浓度高时呈橙红色，浓度低时呈橙黄色。据此，可以鉴定 $I^-$ 和 $Br^-$。但在鉴定 $I^-$ 时，氯水不能过量，因为过量的氯能将 $I_2$ 进一步氧化：

$$I_2 + 5Cl_2 + 6H_2O \longrightarrow 2IO_3^- + 10Cl^- + 12H^+$$

$$I_2 + Cl_2 + 2Cl^- \longrightarrow 2ICl_2^-$$

氧化态为－1 的卤素离子具有还原性，从 $I^-$ 到 $F^-$，由于离子半径减小。还原能力减弱。$F^-$ 不为任何化学试剂所氧化。

$I^-$溶液在长期放置时易被空气中的氧所氧化，生成的 $I_3^-$ 使溶液变成棕色（浓度低时呈浅黄色），在酸性介质中更甚：

$$4I^- + O_2 + 4H^+ \longrightarrow 2I_2 + 2H_2O$$

$$I_2 + I^- \longrightarrow I_3^-$$

浓硫酸不能氧化 HCl，但能氧化 HBr 和 HI：

$$2HBr + H_2SO_4(浓) \longrightarrow Br_2 + SO_2\uparrow + 2H_2O$$

$$8HI + H_2SO_4(浓) \longrightarrow 4I_2 + H_2S\uparrow + 4H_2O$$

卤素的含氧酸盐均有较强的氧化性。氯气溶于 NaOH 冷溶液时所产生 NaClO 具有强氧化性和漂白性。例如，

$$ClO^- + Cl^- + 2H^+ \longrightarrow Cl_2\uparrow + H_2O$$

$KClO_3$ 是常用的氧化剂，它在中性介质中没有明显的氧化性，在酸性介质中其氧化性大增，可以将 $I^-$ 氧化成 $I_2$ 甚至 $IO_3^-$：

$$ClO_3^- + 6I^- + 6H^+ \longrightarrow Cl^- + 3I_2 + 3H_2O$$

$$2ClO_3^- + I_2 \longrightarrow 2IO_3^- + Cl_2$$

除 AgF 以外，卤化银均难溶于水，且不溶于稀 $HNO_3$。氯化银易溶于氨水或 $(NH_4)_2CO_3$ 溶液中：

$$AgCl + 2NH_3 \longrightarrow [Ag(NH_3)_2]^+ + Cl^-$$

溴化银仅微溶于氨水，而碘化银难溶于氨水。且后二者在 $(NH_4)_2CO_3$ 溶液或 $AgNO_3$-$NH_3$溶液中几乎不溶，利用这个性质可以将 AgCl 和 AgBr、AgI 分离，在分离后的溶液中，用 $HNO_3$ 酸化，AgCl 重新沉淀出来。

$$[Ag(NH_3)_2]^+ + Cl^- + 2H^+ \longrightarrow AgCl\downarrow + 2NH_4^+$$

AgI 可用锌粉还原 $I^-$ 进入溶液：

$$2AgI + Zn \longrightarrow Zn^{2+} + 2I^- + Ag\downarrow$$

## 三、仪器和试剂

$H_2SO_4$（1.1∶1 浓），$HNO_3$（2mol/L），HCl（2mol/L，浓），NaOH（2mol/L），氨水（6mol/L），KI（0.1mol/L），KBr（0.1mol/L），$AgNO_3$（0.1mol/L），Pb(Ac)$_2$（0.1mol/L），$Na_2S_2O_3$（0.1mol/L），$KaClO_3$（饱和），$CCl_4$，饱和溴水，$(NH_4)_2CO_3$（12%），饱和氨水，淀粉（1%），品红（0.1%），NaCl（s），KBr（s），KI（s），锌粉，碘，pH 试纸，滤纸条。

## 四、实验步骤

1. 溴和碘的溶解

（1）在试管中加入 5 滴溴水，沿试管壁加入 10 滴 $CCl_4$ 观察水层和 $CCl_4$ 层的颜色。振荡试管，静置后，水层和 $CCl_4$ 层颜色有何变化，比较溴在水中和 $CCl_4$ 中的溶解度。

（2）取一小粒碘晶体放在试管中，加入 2mL 蒸馏水，振荡试管，观察溶液的颜色变化。再加入几滴 0.1mol/L KI 溶液，摇匀，发生什么现象？为什么？

（3）用（2）所得溶液仿(1)试验碘在水和 $CCl_4$ 中的溶解度。

2. 卤素的氧化性

（1）氯与溴的对比。在试管中加入 5 滴 0.1mol/L KBr 溶液，再加入 10 滴氯水，观察颜色的变化，再往试管中加入 10 滴 $CCl_4$，充分振荡试管，静置，观察水层和 $CCl_4$ 层的颜色，解释现象并得出结论。

（2）氯与碘的对比。仿（1）进行试验，（氯水应逐滴加入），观察现象得出结论。

（3）溴与碘的对比。往盛有数滴 0.1mol/L KI 溶液中滴加溴水，检验碘的生成。

综合以上实验结果，比较氯、溴、碘的氧化性，并说明变化规律。

3. 卤素离子的还原性（在通风橱中进行）

（1）往盛有少量 NaCl 固体的干燥试管中加入 10 滴浓 $H_2SO_4$，微热，用玻璃棒蘸取浓氨水，移近试管口检验生成的气体，说明现象。

（2）用少量 KBr 固体代替 NaCl 仿（1）进行实验，观察反应产物的颜色和状态。把湿润的淀粉-碘化钾试纸移至管口检验气体。此反应与实验（1）有何不同。

（3）少量 KI 固体代替 NaCl 仿（1）进行实验，观察现象，用湿润的 $Pb(Ac)_2$ 试纸移至试管口检验气体。试说明（2）、（3）为什么与（1）现象不同。

（4）往两支试管中分别加入 10 滴 0.1mol/L KI 和 10 滴 0.1moL/L KBr 溶液，然后各加 2 滴 0.1mol/L $FeCl_3$ 溶液和 10 滴 $CCl_4$，充分振荡，观察两试管中 $CCl_4$ 层的颜色变化。

综合上述四个实验，比较 $Cl^-$、$Br^-$、$I^-$ 的还原性并说明变化规律。

4. 氯的含氧酸及其盐的制备及性质

（1）次氯酸盐的制备及性质。

取 2mL 氯水于试管中，逐滴加入 2mol/L NaOH 溶液至溶液呈微碱性（pH8～9，为什么?）将所得溶液分盛于 3 支试管中，分别进行下列实验：

① 加入数滴 2mol/L HCl 用湿润 KI-淀粉试纸检验放出的气体。

② 加入数滴 0.1mol/L KI 溶液，并加入 1%淀粉溶液，观察现象。

③ 加入 1～2 滴 0.1%的中性品红溶液，观察颜色变化。

根据以上实验说明 NaClO 的主要化学性质。

（2）氯酸盐的性质：加 10 滴饱和 $KClO_3$ 溶液于试管中，加入 5 滴浓 HCl，微热，设法证明有氯气生成。

取 2～3 滴 KI 溶液，加入 3～4 滴饱和 $KClO_3$ 溶液，观察现象。再逐滴加入 1∶1 $H_2SO_4$，并不断振荡试管，观察溶液先呈黄色（$I_3^-$），后变为紫黑色（$I_2$），最后变为无色（$IO_3^-$）。根据实验现象，说明介质对 $KClO_3$ 氧化性的影响。

在上述实验中，根据介质条件、反应物浓度及实验现象，比较：HClO 与 NaClO、HClO 与 $HClO_3$、NaClO 与 $KClO_3$、$HClO_3$ 与 $KClO_3$ 氧化性的相对强弱。并归纳两组氯的含氧酸及其盐的氧化性递变规律。

5. 卤化银的性质

（1）在 3 支离心试管中各加入几滴 0.1mol/L NaCl 溶液，再加入 2mol/L $AaNO_3$ 溶液至 AgCl 沉淀完全，离心分离后，弃去清液，分别试验 AgCl 是否溶于 2mol/L $HNO_3$、2mol/L $NH_3 \cdot H_2O$、0.5mol/L $Na_2S_2O_3$ 溶液，并加以解释。

(2) 用 0.1mol/L KBr 溶液和 0.1mol/L KI 溶液代替 NaCl 溶液进行同样的实验。

6. $Cl^-$、$Br^-$、$I^-$ 的分离和鉴定

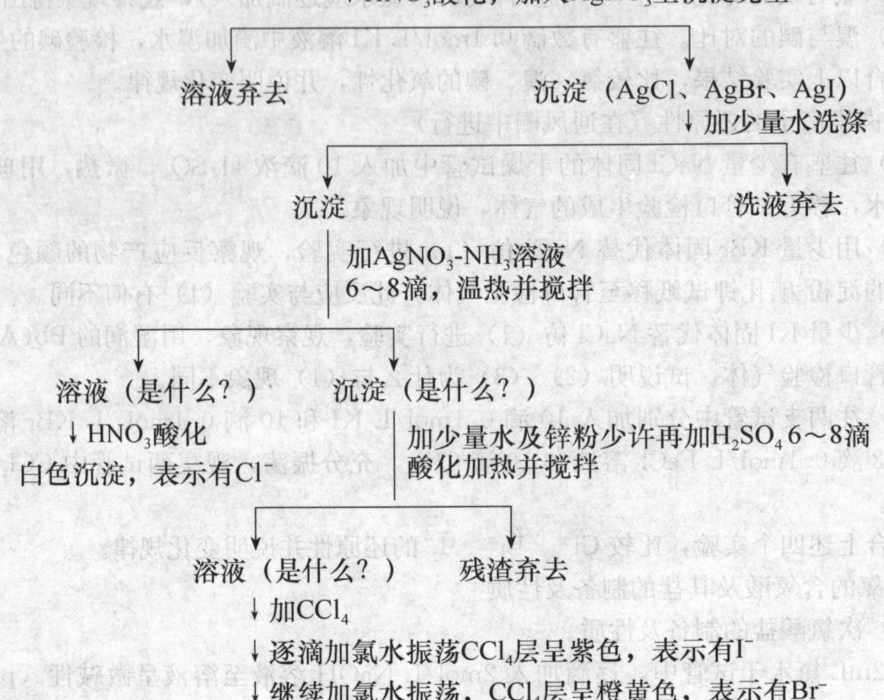


## 五、思考题

(1) 在 $Br^-$、$I^-$ 混合液中，逐滴加入氯水时，在 $CCl_4$ 层中，先出现紫色，后呈橙黄色，如何解释这一现象？

(2) 在 $Cl^-$、$Br^-$、$I^-$ 混合离子的分离和鉴定的手续中，用锌粉与 AgBr、AgI 沉淀反应时，为什么要加入 1mol/L 的 $H_2SO_4$？

# 实验二　氧、硫、氮、磷元素的性质鉴别

## 一、实验目的

(1) 掌握过氧化氢的主要性质。

(2) 掌握硫化氢、亚硫酸、硫代硫酸盐的性质。

(3) 掌握亚硝酸及其盐的重要性质。

(4) 了解磷酸盐的主要性质。

(5) 学会 $H_2O_2$、$S^-$、$SO_3^{2-}$、$S_2O_3^{2-}$、$NH_4^+$、$NO_2^-$、$NO_3^-$、$PO_4^{3-}$ 等的鉴定方法。

## 二、实验原理

（1）$H_2O_2$ 既具氧化性，又显还原性，当它作氧化剂时还原产物是 $H_2O$ 或 $OH^-$，作为还原剂时氧化产物是氧气。

（2）$H_2S$ 是强还原性，氧化产物一般为单质硫，而遇强氧化剂如 $KMnO_4$，有时也可将 $H_2S$ 氧化为 $SO_4^{2-}$：

$$5H_2S+2KMnO_4+3H_2SO_4 \longrightarrow 5S\downarrow+2MnSO_4+K_2SO_4+8H_2O$$

除碱金属（包括 $NH_4^+$）的硫化物外，大多数硫化物难溶于水，并具有特征的颜色。根据硫化物在酸中溶解情况可分为四类：ZnS、MnS、FeS 等溶于稀盐酸；CdS、PbS 等难溶于稀盐酸，易溶于较浓的盐酸：CuS、$Ag_2S$ 难溶于浓、稀盐酸，易溶于硝酸；HgS 在硝酸中也难溶，而溶于王水。

（3）$SO_2$ 溶于水生成亚硫酸，亚硫酸及其盐常用作还原剂，但遇强还原剂时，也起氧化剂作用。$SO_2$ 具有漂白性，能和某些有色有机物生成无色加成物，这种加成物受热易分解。

硫代硫酸钠（$Na_2S_2O_3$）是常用的还原剂，其氧化产物取决于氧化剂的强弱。当氧化剂较弱时（如 $I_2$），$S_2O_3^{2-}$ 被氧化为 $S_4O_6^{2-}$：当氧化剂较强时（$Cl_2$），$S_2O_3^{2-}$ 被氧化为 $SO_4^{2-}$。$Na_2S_2O_3$ 在酸性介质中生成 $H_2S_2O_3$，但 $H_2S_2O_3$ 极不稳定，易分解为 S 和 $SO_2$。

$$2Na_2S_2O_3+I_2 \longrightarrow Na_2S_4O_6+2NaI$$

$$Na_2S_2O_3+4Cl_2+5H_2O \longrightarrow Na_2SO_4+H_2SO_4+8HCl$$

$$H_2S_2O_3 \longrightarrow H_2O+S\downarrow+SO_2\uparrow$$

（4）亚硝酸是稍强于醋酸的弱酸，它极不稳定，仅存在于冷的稀溶液中，加热或浓缩便发生分解：

$$2HNO_2 \longrightarrow H_2O+N_2O_3 \qquad \text{（浅蓝色）}$$

$$N_2O_3 \longrightarrow NO+NO_2$$

亚硝酸盐在溶液中尚稳定，它是极毒、致癌物质，其中氮的氧化态为+3；在酸性介质中作氧化剂，一般被还原为 NO；与强氧化剂作用时，本身被氧化成硝酸盐。

（5）磷酸盐和磷酸一氢盐中，只有碱金属（锂除外）和铵的盐类易溶于水，其他磷酸盐都难溶。大多数磷酸二氢盐易溶于水。

## 三、仪器和试剂

$NH_4Cl$（0.1mol/L），NaOH（2.0mol/L），$NaNO_2$（0.1mol/L，1.0mol/L），$H_2SO_4$（0.1mol/L，6.0mol/L，浓），KI（0.02mol/L，0.1mol/L），$KMnO_4$（0.01mol/L），$KNO_3$（0.1mol/L），$FeSO_4\cdot7H_2O$（s），HAc（2.0mol/L），$Na_3PO_4$（0.1mol/L），$Na_2HPO_4$（0.1mol/L），$NaH_2PO_4$（0.1mol/L），$CaCl_2$（0.1mol/L），$HNO_3$（2.0mol/L，浓），$AgNO_3$（0.1mol/L），$H_2O_2$（3%），$H_2S$ 溶液（饱和），$FeCl_3$（0.01mol/L），$ZnSO_4$（0.1mol/L，饱和），$CdSO_4$（0.1mol/L），$CuSO_4$（0.1mol/L），$Hg(NO_3)_2$（0.1mol/L），HCl（2.0mol/L，6.0mol/L，浓），$Na_2S$（0.1mol/L），$Na_2[Fe(CN)_5NO]$（1%），

$K_4[Fe(CN)_6]$（0.1mol/L），$Na_2SO_3$（0.1mol/L），$Na_2S_2O_3$（0.1mol/L），$BaCl_2$（1.0mol/L），碘水（0.01mol/L，饱和），$SO_2$（饱和），氯水（饱和），淀粉试剂，奈斯特试剂，钼酸铵试剂，品红溶液，$CCl_4$，红色石蕊试纸，蓝色石蕊试纸，$Pb(Ac)_2$试纸，pH 试纸，滤纸条。

## 四、实验步骤

1. 过氧化氢的性质

（1）在试管中加入 0.5mLKI 溶液（0.1mol/L），酸化后加 5 滴 $H_2O_2$溶液（3%）和 10 滴 $CCl_4$，充分振荡，比较溶液颜色。

（2）取 0.5mL$KMnO_4$溶液（0.01mol/L），以 $H_2SO_4$酸化后滴加 $H_2O_2$溶液（3%），观察现象。

2. 硫化氢和硫化物的性质

（1）取 1mL$H_2S$ 饱和溶液，滴加 $KMnO_4$溶液（0.01mol/L）后再酸化，观察有何变化。

（2）试验 $FeCl_3$溶液（0.01mol/L）与 $H_2S$ 溶液（饱和）的反应，观察现象。

（3）在 4 支试管中分别加入下列溶液（0.01mol/L）各 5 滴：$ZnSO_4$、$CdSO_4$、$CuSO_4$、$Hg(NO_3)_2$ 然后各加 1mL$H_2S$ 溶液（饱和），观察是否都有沉淀析出，记录各种沉淀的颜色；离心分离，弃去清液，在沉淀中分别加入数滴 HCl（2.0mol/L），观察沉淀是否溶解；将不溶解的沉淀离心分离，弃去清液，加 HCl（6.0mol/L），观察沉淀是否溶解；将仍不溶解的沉淀离心分离出来，用少量去离子水洗涤沉淀 1～2 次，加数滴 $HNO_3$（浓）并微热，沉淀是否溶解；如不溶解，再加数滴浓 HCl，使 HCl 与 $HNO_3$的体积比约为 3∶1，并微热使沉淀全部溶解。

根据实验结果，比较上述金属硫化物的溶解性，并记住它们的颜色。

（4）在点滴板上加 1 滴 $Na_2S$ 溶液（0.1mol/L），再加 1 滴 $Na_2[Fe(CN)_5NO]$（1%），出现紫红色表示有 $S^{2-}$。

（5）在试管中加数滴 $Na_2S$ 溶液（0.1mol/L）和 HCl（6.0mol/L），微热之，在管口用湿润的 $Pb(Ac)_2$ 试纸检验逸出的气体。

3. 亚硫酸的性质

（1）取 5 滴饱和碘水，加 1 滴淀粉试液，再加数滴 $SO_2$溶液(饱和)。

（2）在 5 滴 $H_2S$ 溶液(饱和）中滴加 $SO_2$溶液(饱和)。

（3）取 3mL 品红溶液，加 1～2 滴 $SO_2$溶液（饱和），摇荡后静置片刻观察溶液颜色的变化，微热后又有何变化?

记录以上实验现象，总结 $H_2SO_3$的化学性质。

（4）在点滴板上加 $ZnSO_4$溶液（饱和）和 $K_4[Fe(CN)_6]$（0.1mol/L）各 1 滴，再加 1 滴 $Na_2[Fe(CN)_5NO]$（1%），最后加 1 滴含 $SO_3^{2-}$ 的溶液，用玻璃棒搅动，出现红色表示有 $SO_3^{2-}$。

4. 硫代硫酸及盐的性质

（1）在试管中加入 $Na_2S_2O_3$（0.1mol/L）和 HCl（2.0mol/L）数滴，摇荡片刻观察现象，用湿润的蓝色石蕊试纸检查逸出的气体。

（2）取5滴碘水（0.01mol/L），加1滴淀粉试液，逐滴加入$Na_2S_2O_3$（0.1mol/L），观察颜色有何变化。

（3）取5滴饱和氯水，滴加$Na_2S_2O_3$（0.1mol/L），用$BaCl_2$（0.1mol/L）检查是否有$SO_4^{2-}$。

（4）在点滴板上加2滴$Na_2S_2O_3$（0.1mol/L），再加$AgNO_3$（0.1mol/L）至产生白色沉淀，利用沉淀物分解时颜色的变化，确认$S_2O_3^{2-}$的存在。

5. $NH_4^+$ 的鉴定

（1）在试管中加$NH_4Cl$（0.1mol/L）和NaOH（2.0mol/L）各10滴，微热，用湿润的红色石蕊试纸在管口检查逸出气体。

（2）在滤纸条上加1滴奈斯特试剂，代替红色石蕊试纸重复上面实验，观察、记录现象。

6. 亚硝酸和亚硝酸盐的性质

（1）在试管中加5滴$NaNO_2$（0.1mol/L），若室温较高，应将试管放在冷水中冷却之，然后滴加$H_2SO_4$（6.0mol/L），观察液相和气相中的颜色，解释现象。

（2）在0.5mL$NaNO_2$（0.1mol/L）中加1滴KI（0.02mol/L），有无变化？加$H_2SO_4$（0.1mol/L）酸化，再加淀粉试液，有何变化？

（3）取0.5mL$NaNO_2$（0.1mol/L），加1滴$KM_nO_4$溶液（0.01mol/L），用$H_2SO_4$酸化，比较酸化前后溶液的颜色。

7. $NO_3^-$、$NO_2^-$ 的鉴定

（1）取2滴$KNO_3$（0.1mol/L），用水稀释至1mL，加少量$FeSO_4 \cdot 7H_2O$（s），振荡溶解后，斜持试管，沿管壁滴加20～25滴$H_2SO_4$（浓），静置片刻，观察2种液体的接界面处的棕色环。

（2）取2滴$NaNO_2$（0.1mol/L）稀释至1mL，加少量$FeSO_4 \cdot 7H_2O$（s）振荡溶解，用HAc（2.0mol/L）代替$H_2SO_4$（浓）重复上述实验。

8. 磷酸盐的性质

（1）用pH试纸分别测定下列溶液的pH：$Na_3PO_4$（0.1mol/L），$Na_2HPO_4$（0.1mol/L），$NaH_2PO_4$（0.1mol/L）。

（2）在3支试管中各加入10滴$CaCl_2$（0.1mol/L），然后分别加入等量的$Na_3PO_4$，$Na_2HPO_4$和$NaH_2PO_4$溶液，观察各试管中是否有沉淀生成。

9. $PO_4^{3-}$ 的鉴定

（1）取5滴$Na_3PO_4$（0.1mol/L），加10滴浓$HNO_3$再加20滴钼酸铵试剂，在水浴上微热到40～45℃，观察黄色沉淀的产生。

（2）取10滴$Na_3PO_4$（0.1mol/L），加1滴$HNO_3$（2.0mol/L），使溶液接近中性，再滴加$AgNO_3$（0.1mol/L），观察黄色沉淀的产生。

## 五、思考题

（1）长期放置的$H_2S$、$Na_2S$、$Na_2SO_3$溶液会发生什么变化？为什么？

（2）在鉴定$S_2O_3^{2-}$时，如果$Na_2SO_3$比$AgNO_3$的量多，将会出现什么情况？为什么？

（3）如果用 $Na_2SO_3$ 代替 KI 来证明 $NaNO_2$ 具有氧化性，应该怎样进行实验？

# 实验三　化学反应速率

## 一、实验目的

（1）验证影响反应速率的因素。

（2）测反应级数。

（3）测反应速率常数。

## 二、实验原理

（1）影响反应速率的因素有浓度、温度、压力（因不易改变，在此不作验证）、催化剂，改变影响反应速率的因素，定性的验证速率的变化，增加反应物的浓度反应速率加快；升高温度反应速率明显加快；催化剂的存在可剧烈改变反应速率。

（2）质量作用定律给出了浓度与反应速率的定量关系称为速率方程。若反应 $aA+bB \rightarrow$ 产物为基元反应，则速率方程为 $v=k\ \{c_A\}^a \cdot \{c_B\}^b$：其反应级数为 $a+b$。

如上述反应为非基元反应，则其速率方程为：$v=k\ \{c_A\}^x \cdot \{c_B\}^y$，则反应级数为 $x+y$。

测定方法为在恒定的温度下，固定 A 的浓度，改变 B 的浓度，即可得反应对 A 的级数 $x$；同理，固定 B 的浓度，改变 A 的浓度，即可得反应对 B 的级数 $y$。

速率常数的测定是在恒温下，给定反应物的浓度，测出速率，即可算出速率常数。

$$v=k\{cA\}^x \cdot \{cB\}^y \qquad k=v/\{cA\}^x \cdot \{cB\}^y$$

本实验测定反应 $2KIO_3+5NaHSO_3 = Na_2SO_4+3NaHSO_4+K_2SO_4+I_2+H_2O$ 的反应级数和室温下的速率常数。反应中生成的碘可使淀粉变为蓝色。如果在溶液中预先加入淀粉作指示剂，则淀粉变蓝所需的时间 $t$ 即可用来表示反应速率的快慢。

## 三、仪器和试剂

仪器：秒表 1 只，温度计（100℃）2 只，烧杯（200mL、400mL）各 2 只，量筒（50mL）2 只。

固体药品：$MnO_2$。

溶液：0.05mol/L $KIO_3$（称取 10.7g 分析纯 $KIO_3$ 晶体溶于 1L 水中），0.05mol/L $NaHSO_3$（称取 5.2g 分析纯 $NaHSO_3$ 和可溶性淀粉，配制成 1L 溶液。配制时先加入少量水将 5g 淀粉调成糊状，然后倒入 100～200mL 沸水中，煮沸，冷却后加入 $NaHSO_3$ 溶液，然后加水稀释至 1L），3% $H_2O_2$。

## 四、实验步骤

1. 浓度对反应速率的影响

在室温下，按表 3-1 实验顺序及数据，用 50mL 量筒准确量取 $NaHSO_3$ 溶液和蒸馏水倒入 100mL 烧杯中，混合均匀。用 50mL 量筒准确量取 $KIO_3$溶液，准备好秒表和玻棒，将量筒中的 $KIO_3$溶液迅速倒入盛有 $NaHSO_3$溶液的小烧杯中，同时看表并搅拌，记录溶液变蓝的时间，填入表 3-1 中。

**表 3-1　浓度时反应速率的影响**

| 实验号数 | 1 | 2 | 3 | 4 | 5 |
|---|---|---|---|---|---|
| $NaHSO_3$的体积/mL | 25 | 20 | 15 | 15 | 15 |
| $H_2O$ 的体积/mL | 10 | 15 | 20 | 15 | 10 |
| $KIO_3$的体积/mL | 15 | 15 | 15 | 20 | 20 |
| 溶液变蓝时间 $t$/s | | | | | |
| $NaHSO_3$溶液的浓度/（mol/L） | | | | | |
| $KIO_3$溶液的浓度/（mol/L） | | | | | |
| $k$ | | | | | |

根据以上数据，计算反应的级数和速率常数。

2. 温度对反应速率的影响

在一只 100mL 烧杯中加入 10mL $NaHSO_3$溶液和 35mL 蒸馏水，用量筒量取 5mL $KIO_3$溶液加入一试管中，将小烧杯和试管同时放在热水浴中，加热到比室温高 10℃左右，取出，将 $KIO_3$溶液倒入 $NaHSO_3$溶液中，同时计时，记录淀粉变蓝时间。将温度再升高 10℃，重复上述过程（表 3-2）。

**表 3-2　温度对反应速率的影响**

| 实验号数 | $NaHSO_3$的体积/mL | $H_2O$ 的体积/mL | $KIO_3$的体积/mL | 实验温度/℃ | 溶液变蓝时间/s |
|---|---|---|---|---|---|
| 1 | | | | | |
| 2 | | | | | |

水浴可用 400mL 烧杯加水，用小火加热，控制温度高出要测定的温度 10℃左右，不宜过高。

根据实验结果，做出温度对反应速率影响的结论。

3. 催化剂对反应速率的影响

溶液在常温下可分解放出氧，但分解很慢，如果加入催化剂（活性炭、二氧化锰等），则反应速率立刻加快。在试管中加入 3mL3％$H_2O_2$的溶液，观察是否有气泡产生。用药匙的小端加入少量催化剂，观察气泡发生的情况，试证明放出的气体是氧气。

## 五、思考题

（1）何谓反应速率？

（2）影响化学反应速率的因素有哪些？

（3）本实验如何试验浓度、温度、催化剂对反应速率的影响？

# 实验四　电解质溶液

## 一、实验目的

(1) 验证强、弱电解质的区别，巩固 pH 的概念。

(2) 验证同离子效应对弱电解质电离平衡的影响，并验证缓冲溶液的缓冲性能。

(3) 熟悉盐类的水解及其影响因素。

(4) 了解溶度积规则及沉淀平衡的移动。

## 二、实验原理

强电解质在水中可以完全电离，而弱电解质在水中部分电离。

溶液的酸碱性可以用 pH 表示，pH 越大碱性越强；pH 越小酸性越强。

在弱电解质的溶液中加入与弱电解质具有相同离子的强电解质时，弱电解质的电离度降低，此效应为同离子效应。

弱碱及其盐或弱酸及其盐的混合溶液，当将其稀释或在其中加入少量酸或碱时，溶液的 pH 变化很小，这种溶液称为缓冲溶液。盐类的水解是中和反应的逆反应，水解后溶液的酸碱性确定于盐的类型。由于水解是吸热反应，并有平衡存在，因此升高温度、稀释溶液都有利于水解的进行。如果盐类的水解产物的溶解度很小，则它们水解后会产生沉淀，如：$SnCl_2 + H_2O \longrightarrow SnOCl\downarrow + HCl$，加入 HCl 可使上述平衡向左移动，防止沉淀的产生。两种都能水解的盐，如果一种水解后溶液呈酸性，另一种呈碱性，当这两种盐溶液相混合时，彼此可加剧水解。如 $Al_2(SO_4)_3$ 溶液和 $NaHCO_3$ 溶液混合前：$Al^{3+} + 3H_2O \longrightarrow Al(OH)_3 + 3H^+$；$3HCO_3^- + 3H_2O \longrightarrow 3H_2CO_3 + 3OH^-$，混合后，由于 $H^+$ 和 $OH^-$ 结合生成难电离的 $H_2O$，因此上述两平衡均被破坏，产生 $Al(OH)_3$ 沉淀和 $CO_2$ 气体：$2Al^{3+} + 3HCO_3^- + 3H_2O \longrightarrow 2Al(OH)_3\downarrow + 3H_2CO_3$；$H_2CO_3 \longrightarrow CO_2\uparrow + H_2O$。

难溶电解质的饱和溶液中，未电离的难溶电解质与溶液中相应的离子间建立多相离子平衡。如 PbI (s) $\longrightarrow Pb^{2+} + 2I^-$。

其平衡常数称为溶度积常数 $K_{sp}^{\ominus} = \{c'_{Pb^{2+}}\}\{c'_{I^-}\}^2$，若：

(1) $\{c'_{Pb^{2+}}\}\{c'_{I^-}\}^2 > K_{sp}^{\ominus}$溶液过饱和，有沉淀析出。

(2) $\{c'_{Pb^{2+}}\}\{c'_{I^-}\}^2 = K_{sp}^{\ominus}$溶液饱和。

(3) $\{c'_{Pb^{2+}}\}\{c'_{I^-}\}^2 < K_{sp}^{\ominus}$溶液未饱和，无沉淀析出。

则以上称为溶度积规则，利用此规则可以判断沉淀的生成或溶解。

## 三、仪器和试剂

仪器：水浴锅、点滴板、试管、离心机。

固体药品：$NH_4Cl$、$CaCO_3$、NaAc、Zn 粒。

酸：0.1mol/L $H_2SO_4$，2mol/L $H_2SO_4$，2mol/L HAc，0.1mol/L HAc，2mol/L HCl。

碱：2mol/L NaOH，0.1mol/L NaOH，0.1mol/L $NH_3 \cdot H_2O$。

盐：0.1mol/L NaAc，0.1mol/L $NH_4Cl$，0.1mol/L $Pb(NO_3)_2$，0.1mol/L $MgCl_2$，0.1mol/L $K_2CrO_4$，0.1mol/L $AgNO_3$，0.1mol/L $Al_2(SO_4)_3$，0.1mol/L KI，0.1mol/L NaCl，饱和 $Na_2CO_3$。

指示剂：甲基橙、酚酞、广泛 pH 试纸。

## 四、实验步骤

1. 比较 $H_2SO_4$ 和 HAc 的酸性

在 2 只试管中分别加入 1mL 2mol/L 的 $H_2SO_4$、1mL 2mol/L 的 HAc；再各加入 1 滴甲基橙试液，比较 2 只试管中溶液的颜色有何区别（若不明显可在试管中加入 1mL 蒸馏水再观察）。再向 2 只试管中加入 Zn 粒，观察现象，写出反应式。

2. 用 pH 试纸定性比较溶液的酸碱性

在点滴板上分别滴入 0.1mol/L NaOH、$NH_3 \cdot H_2O$、NaAc、$NH_4Cl$、HAc、$H_2SO_4$，再分别投入一片 pH 试纸，观察试纸的颜色变化，排出上述溶液的酸碱性顺序。

3. 同离子效应与缓冲溶液

(1) 在试管中加入 2mL 0.1mol/L 的 $NH_3 \cdot H_2O$，再加入 1 滴酚酞，观察溶液的颜色。再加入少量固体 $NH_4Cl$，摇动试管，观察溶液的颜色有何变化，并说明理由。在此溶液中加 1 滴 2mol/L NaOH，观察现象，并解释之。

(2) 在试管中加入 2mL 0.1mol/L 的 HAc，再加入 1 滴甲基橙，观察溶液的颜色。再加入少量固体 NaAc，观察溶液的颜色有何变化，并说明理由。将此溶液分为 3 份，一份加 2 滴 0.1mol/L NaOH；一份加 2 滴 0.1mol/L $H_2SO_4$；观察比较溶液颜色变化，并解释之。

(3) 在试管中加入 2mL 0.1mol/L $MgCl_2$ 溶液，逐滴加入 0.1mol/L $NH_3 \cdot H_2O$，观察有什么现象发生？再向试管中加入少许 $NH_4Cl$ 固体，观察有什么现象发生，为什么？

4. 盐类的水解

(1) 在试管中加入 0.1mol/L NaAc 溶液和 1 滴酚酞试液，观察溶液的颜色，再将试管在水浴中加热，观察溶液颜色的变化，并说明原因。

(2) 在一只大试管中先后加入 2mL 0.1mol/L 的 $Al_2(SO_4)_3$ 和饱和 $Na_2CO_3$ 溶液，观察现象，写出化学反应方程式。加入少许 0.1mol/L NaOH 溶液后，观察试管中有何现象发生，解释之，并写出化学反应方程式。

5. 沉淀-溶解平衡

(1) 在一只试管中，加入 1mL 0.1mol/L $Pb(NO_3)_2$ 溶液，再加入 1mL 0.1mol/L KI 溶液，有什么现象发生？加入 10mL 蒸馏水稀释，转入离心试管中进行离心分离，取出上层清液 3mL，滴加 0.1mol/L KI 溶液有何现象？解释之。

(2) 在试管中加入少许固体 $CaCO_3$，加入约 2mL 蒸馏水，是否溶解？再向其中滴加 2mol/L HCl 溶液，振动试管，观察现象，写出化学反应方程式。

(3) 在试管中加入 1mL 0.1mol/L $K_2CrO_4$溶液，再加入 2 滴 0.1mol/L $AgNO_3$溶液，观察沉淀的颜色。然后再加入 0.1mol/L NaCl 溶液，用玻璃棒搅动沉淀，观察溶液和沉淀颜色的变化，解释所发生的现象，写出化学反应式。

## 五、思考题

(1) 如何计算弱电解质溶液的 pH？

(2) 何谓同离子效应？在氨水中加入 $NH_4Cl$ 将产生什么效应？

(3) 盐类水解是怎样产生的？怎样可使水解平衡移动？如何防止盐类水解？

(4) 何谓缓冲溶液？缓冲溶液能起到缓冲作用吗？

(5) 沉淀生成的条件是什么？

(6) 沉淀转化的条件是什么？

(7) 使沉淀溶解有哪些方法？

# 实验五　氧化还原反应和氧化还原平衡

## 一、实验目的

学会装配原电池。掌握电极的本性、电对的氧化型或还原型物质的浓度、介质的酸度等因素对电极电势、氧化还原反应的方向、产物、速率的影响。通过实验了解化学电池电动势。

(1) 酸度对 $Cl_2/Cl^-$、$Br_2/Br^-$、$I_2/I^-$、$Fe^{3+}/Fe^{2+}$、$Cu^{2+}/Cu$、$Zn^{2+}/Zn$ 电对的电极电势有无影响？为什么？

(2) 为什么 $H_2O_2$既具有氧化性，又具有还原性？试从电极电势予以说明。

## 二、仪器和试剂

仪器：试管（离心、10mL），烧杯（100mL，250mL），伏特计（或酸度计），表面皿，U 形管。

固体药品：琼脂，氟化铵。

液体药品：HCl(浓)，$HNO_3$(2mol/L)，HAc(6mol/L)，$H_2SO_4$(1mol/L)，NaOH(6mol/L，40%)，$NH_3 \cdot H_2O$(浓)，$ZnSO_4$(1mol/L)，$CuSO_4$(0.01mol/L，1mol/L)，KI(0.1mol/L)，KBr(0.1mol/L)，$FeCl_3$(0.1mol/L)，$Fe_2(SO_4)_3$ (0.1mol/L)，氯水(饱和)，KCl(饱和)，$CCl_4$，酚酞指示剂，淀粉溶液（0.4%）。

材料：电极（锌片，铜片），回形针，红色石蕊试纸（或酚酞试纸），导线，砂纸，滤纸。

## 三、实验步骤

1. 氧化还原反应和电极电势

(1) 在试管中加入 0.5mL 0.1mol/L KI 溶液和 2 滴 0.1mol/L $FeCl_3$溶液，摇匀后

加入 0.5mL $CCl_4$，充分振荡，观察 $CCl_4$ 层颜色有无变化。

（2）用 0.1mol/L KBr 溶液代替 KI 溶液进行同样实验，观察现象。

（3）往 2 支试管中分别加入 3 滴碘水、溴水，然后加入约 0.5mL 0.1mol/L $FeSO_4$ 溶液，摇匀后，注入 0.5mL $CCl_4$，充分振荡，观察 $CCl_4$ 层有无变化。根据以上实验结果，定性地比较 $Br_2/Br^-$、$I_2/I^-$ 和 $Fe^{3+}/Fe^{2+}$ 3 个电对的电极电势。

2. 浓度对电极电势的影响

（1）往一只小烧杯中加入约 30mL 1mol/L $ZnSO_4$ 溶液，在其中插入锌片；往另一只小烧杯中加入约 30mL 1mol/L $CuSO_4$ 溶液，在其中插入铜片。用盐桥将二烧杯相连，组成一个原电池。用导线将锌片和铜片分别与伏特计（或酸度计）的负极和正极相接，测量两极之间的电压。

在 $CuSO_4$ 溶液中注入浓氨水至生成的沉淀溶解为止，形成深蓝色的溶液：

$$Cu^{2+} + 4NH_3 \rightleftharpoons [Cu(NH_3)_4]^{2+}$$

测量电压，观察有何变化。

再于 $ZnSO_4$ 溶液中加入浓氨水至生成的沉淀完全溶液为止：

$$Zn^{2+} + 4NH_3 \rightleftharpoons [Zn(NH_3)_4]^{2+}$$

测量电压，观察又有什么变化。利用 Nernst 方程式来解释实验现象。

（2）自行设计并测定下列浓差电池电动势，将实验值与计算值比较。

$$Cu \mid CuSO_4\ (0.01mol/L) \parallel CuSO_4\ (1mol/L) \mid Cu$$

在浓差电池的两极各连一个回形针，然后在表面皿上放一小块滤纸，滴加 1mol/L $Na_2SO_4$ 溶液，使滤纸完全湿润，再加入酚酞 2 滴。将两极的回形针压在纸上，使其相距约 1mm，稍等片刻，观察所压处，哪一端出现红色。

3. 酸度和浓度对氧化还原反应的影响

（1）酸度的影响。

① 在 3 支均盛有 0.5mL 0.1mol/L $Na_2SO_3$ 溶液的试管中，分别加入 0.5mL 1mol/L $H_2SO_4$ 溶液及 0.5mL 蒸馏水和 0.5mL6mol/L NaOH 溶液，混合均匀后，再各滴入 2 滴 0.01mol/L $KMnO_4$ 溶液，观察颜色的变化有何不同，写出反应式。

② 在试管中加入 0.5mL 0.1mol/L KI 溶液和 2 滴 0.1mol/L $KIO_3$ 溶液，再加几滴淀粉溶液，混合后观察溶液颜色有无变化。然后加 2～3 滴 1mol/L $H_2SO_4$ 溶液酸化混合液，观察有什么变化，最后滴加 2～3 滴 6mol/L NaOH 使混合液显碱性，又有什么变化。写出有关反应式。

（2）浓度的影响。

① 往盛有 $H_2O$、$CCl_4$ 和 0.1mol/L $Fe_2(SO_4)_3$ 各 0.5mL 的试管中加入 0.5mL 0.1mol/L KI 溶液，振荡后观察 $CCl_4$ 层的颜色。

② 往盛有 $CCl_4$、1mol/L $FeSO_4$ 和 0.1mol/L $Fe_2(SO_4)_3$ 各 0.5mL 的试管中，加入 0.5mL 0.1mol/L KI 溶液，振荡后观察 $CCl_4$ 层的颜色。与上一实验中 $CCl_4$ 层颜色有何区别？

③ 在实验（1）的试管中，加入少许 $NH_4F$ 固体，振荡，观察 $CCl_4$ 层颜色的变化。说明浓度对氧化还原反应的影响。

4. 酸度对氧化还原反应速率的影响

在 2 支各盛 0.5mL 0.1mol/L KBr 溶液的试管中，分别加入 0.5mL 1mol/L $H_2SO_4$ 和 6mol/L HAc 溶液，然后各加入 2 滴 0.01mol/L $KMnO_4$溶液，观察 2 支试管中紫红色退去的速度。分别写出有关反应方程式。

5. 氧化数居中的物质的氧化还原性

（1）在试管中加入 0.5mL 0.1mol/L KI 和 2～3 滴 1mol/L $H_2SO_4$，再加入1～2滴 3%$H_2O_2$，观察试管中溶液颜色的变化。

（2）在试管中加入 2 滴 0.01mol/L $KMnO_4$溶液，再加入 3 滴 1mol/L $H_2SO_4$溶液，摇匀后滴加 2 滴 3%$H_2O_2$，观察溶液颜色的变化。

6. 实验注意事项

（1）在 $Fe^{3+}$ 与 $I^-$ 反应生成 $I_2$后加入 $CCl_4$的实验中，为使 $I_2$由水溶液尽快地转移至 $CCl_4$中，应充分振荡。

（2）上述实验中，$CCl_4$的量不能少加，否则上层水溶液中 $I_2$产生的棕黄色映入下层 $CCl_4$后溶液呈红色或桃红色，而非 $I_2$在 $CCl_4$中应显出的紫红色。

（3）在进行原电池的电动势的测定前，应将电极锌片、铜片用砂纸擦干净，以免增大电阻。由于是多组同学同用一支盐桥，故应固定盐桥两端，使一端始终插入 $CuSO_4$ 溶液（第二次及以后使用时该端琼脂呈 $CuSO_4$ 的蓝色），另一端插入 $ZnSO_4$溶液（该端琼脂仍呈琼脂的乳白色）。在测定浓差电池电动势时，两极俱应使用铜电极，并另用一支新的盐桥进行实验。

（4）在进行 $MnO^{4-}$ 与 $SO_3^{2-}$ 的反应时，在中性（或弱酸、弱碱性）溶液中，应仔细观察反应后液体的情况，最好用白纸衬底，因 $MnO^{4-}$ 紫红色退去后刚生成的棕黄色的 $MnO_2$沉淀，既少又小并悬浮在液体中，不仔细观察则会错认为无沉淀生成。也可在反应试管静置一段时间后观察试管底部沉降的沉淀。在强碱溶液中，反应生成绿色的 $MnO_4^{2-}$ 溶液。

## 四、思考题

（1）从实验结果讨论氧化还原反应和哪些因素有关？

（2）电解硫酸钠溶液为什么得不到金属钠？

（3）什么叫浓差电池？写出 2（2）电池符号，电池反应式，并计算电池电动势？

（4）介质对 $KMnO_4$的氧化性有何影响？用本实验事实及电极电势予以说明。

# 实验六　配位化合物的形成和性质

## 一、实验目的

（1）了解配离子的生成、组成和离解。

（2）了解配离子、简单离子及复盐的区别。

（3）熟悉配位平衡的移动。

（4）了解配位平衡与氧化还原反应的关系。

## 二、实验原理

配合物分子是由中心原子与组成内配位层的配位体及组成外配位层的其他离子所构成的。

配合物与复盐不同，在水溶液中电离出来的配离子很稳定，只有一部分离解成简单离子，而复盐则全部电离为简单离子。如

配合物：$[Cu(NH_3)_4]SO_4 \longrightarrow [Cu(NH_3)_4]^{2+} + SO_4^{2-}$

$[Cu(NH_3)_4]^{2+} \rightleftharpoons Cu^{2+} + 4NH_3$

复盐：$NH_4Fe(SO_4)_2 \longrightarrow NH_4^+ + Fe^{3+} + 2SO_4^{2-}$

中心原子与配位体组成配离子后，中心原子原有的性质会发生变化，如颜色、溶解度、氧化还原性等。如 $Ag^+$ 与 $NH_3$ 形成配离子 $[Ag(NH_3)_2]^+$ 后，不再与 $Cl^-$ 形成 AgCl 沉淀。

## 三、仪器和试剂

仪器：试管、10mL。

酸：2mol/L $H_2SO_4$。

碱：0.1mol/L NaOH，6mol/L $NH_3 \cdot H_2O$。

盐：0.1mol/L $BaCl_2$，0.1mol/L $FeCl_3$，0.1mol/L KI，0.1mol/L $HgCl_2$，0.1mol/L $CuSO_4$，0.1mol/L $K_3[Fe(CN)_6]$，0.1mol/L KSCN，0.1mol/L $NH_4Fe(SO_4)_2$，0.1mol/L NaF。

其他：$CCl_4$。

## 四、实验步骤

1. 配离子的形成和组成

（1）在试管中加入 3 滴 0.1mol/L $HgCl_2$ 溶液，逐滴加入 0.1mol/L KI 溶液，观察沉淀的生成及颜色，继续滴加 KI 溶液，观察沉淀的溶解及溶液的颜色，写出反应方程式。

（2）在试管中加 1mL0.1mol/L $CuSO_4$ 溶液，逐滴加入 6mol/L $NH_3 \cdot H_2O$，并振荡试管，观察浅蓝色沉淀的生成，继续滴加 $NH_3 \cdot H_2O$，观察沉淀的溶解及溶液的颜色，写出反应方程式。

将上述配离子溶液均分为 2 份，一份滴加 0.1mol/L NaOH 溶液，另一份滴加 0.1mol/L $BaCl_2$ 溶液，观察现象，说明配离子的组成，写出化学方程式。

2. 简单离子与配离子的区别

取 2 支试管，分别加入 1mL0.1mol/L $K_3[Fe(CN)_6]$ 溶液和 1mL0.1mol/L $FeCl_3$ 溶液，然后分别滴加 0.1mol/L KSCN 溶液，观察现象，说明原因。

3. 配离子与复盐的区别

取 2 支试管，均加入 0.1mol/L $NH_4Fe(SO_4)_2$ 溶液，分别滴加 0.1mol/L KSCN 溶

液及 0.1mol/L $BaCl_2$溶液，观察现象。根据实验现象说明溶液中存在何种自由离子，与 $K_3[Fe(CN)_6]$ 比较，说明简单离子与复盐的区别。

4. 配位平衡的移动

(1) 在一支大试管中加入 5 滴 0.1mol/L $FeCl_3$溶液再滴加 0.1mol/L KSCN 溶液，将此溶液分成 3 份，一份加 0.1mol/L KSCN 溶液；一份加 0.1mol/L $FeCl_3$溶液，第三份作参比，说明配位平衡的移动。

(2) 在试管中加入 1mL 0.1mol/L $CuSO_4$溶液，逐滴加入 6mol/L 的 $NH_3 \cdot H_2O$，至沉淀刚好溶解，然后分成 2 份，一份用蒸馏水稀释，另一份滴加 2mol/L $H_2SO_4$，观察是否有沉淀生成，继续滴加，又有什么现象？

5. 配位平衡与氧化还原反应

在一支试管中，加入 1mL 0.1mol/L $FeCl_3$溶液，滴加 0.1mol/L KI 溶液至棕色，加入 1mL$CCl_4$，振荡后观察 $CCl_4$层的颜色，写出化学方程式。

在另一支试管中，加入 1mL 0.1mol/L $FeCl_3$溶液，滴加 0.1mol/L NaF 至无色，再滴加 0.1mol/L KI 溶液，加入 1mL$CCl_4$，振荡后观察 $CCl_4$层的颜色。解释现象并写出化学反应方程式。

## 五、思考题

(1) 配合物与简单化合物及复盐在组成、结构、性质上有什么不同？

(2) 怎样根据实验来说明 $[Cu(NH_3)_4]^{2+}$ 的生成、组成和离解？

(3) 如何利用配合物的性质来分离 $Ba^{2+}$、$Cu^{2+}$、$Fe^{3+}$ 的混合溶液？

(4) 影响配位平衡的因素有哪些？

# 实验七　盐酸溶液的配制与标定

## 一、实验目的

(1) 学习碳酸钠作基准物质标定盐酸溶液的原理及方法。

(2) 进一步熟练滴定操作。

## 二、实验原理

浓盐酸有挥发性，因此标准溶液用间接方法配制，配好的溶液只是近似浓度，准确的 HCl 浓度需用基准物质进行标定。通常用来标定 HCl 溶液的基准物质有无水碳酸钠 ($Na_2CO_3$) 和硼砂 ($Na_2B_4O_7 \cdot 10H_2O$)。采用无水碳酸钠为基准物质来标定时，可用甲基红，甲基橙等指示终点，滴定反应为：

$$Na_2CO_3 + 2HCl = 2NaCl + H_2O + CO_2 \uparrow$$

## 三、仪器和试剂

仪器：分析天平，称量瓶，滴定管，锥形瓶。

试剂：HCl 0.1mol/L，无水碳酸钠，0.1%甲基橙指示剂。

## 四、实验步骤

（1）配制 0.1mol/L 盐酸溶液。用洁净量筒取 4.3mL 浓 HCl，稀释至 500mL 后，转入磨口试剂瓶中，盖好瓶塞，充分摇匀，贴好标签备用。

（2）在分析天平上用差减法准确称取无水碳酸钠约 0.20g 3 份，直接倒入 250mL 的三角瓶中，加入约 30mL 蒸馏水，溶解后加 1 滴甲基橙指示剂。

（3）用 0.1mol/L 的 HCl 溶液滴定至由黄色变为橙色，记录所耗 HCl 溶液的体积，HCl 溶液浓度按下式计算。

$$c_{HCl}=\frac{W_{Na_2CO_3}\times 2\times 1000}{M_{Na_2CO_3}\times V_{HCl}}$$

（4）数据处理及表格（表 3-3）。

**表 3-3　实验结果记录表**

| 试样编号 | Ⅰ | Ⅱ | Ⅲ |
|---|---|---|---|
| $m_{前}$（称量瓶＋试样）/g | | | |
| $m_{后}$（称量瓶＋试样）/g | | | |
| $m_{Na_2CO_3}$/g | | | |
| $V_{HCl}$（初）/mL | | | |
| $V_{HCl}$（末）/mL | | | |
| $V_{HCl}$（用量）/mL | | | |
| $c_{HCl}$/(mol/L) | | | |
| $c_{HCl}$的平均值 | | | |
| 相对平均偏差 | | | |

## 五、思考题

（1）用差减法称量 $Na_2CO_3$ 过程中，若称量瓶内的试样吸湿，对盐酸浓度的测定会造成什么影响？若试样倾入锥形瓶内后再吸湿，对盐酸测定是否有影响？为什么？

（2）标定 HCl 溶液可否采用酚酞作指示剂？若可以，请写出标定的计算公式。

（3）当滴定至接近终点时，最好剧烈摇动锥形瓶，这是为什么？

# 实验八　NaOH 溶液的配制与标定

## 一、实验目的

（1）熟悉配制标准溶液和用基准物质标定标准溶液浓度的方法。

（2）基本掌握滴定操作和滴定终点的判断。

## 二、实验原理

氢氧化钠容易吸收空气中的二氧化碳而使配得的溶液中含有少量碳酸钠，经过标定的含碳酸盐的标准碱溶液用来测定酸含量时，若使用与标定时相同的指示剂，则对测定结果无影响；若标定与测定不是用相同的指示剂，则将发生一定的误差。因此，应配制不含碳酸盐的标准碱溶液进行滴定。

配制不含碳酸钠的标准氢氧化钠溶液的方法很多，最常见的是用氢氧化钠饱和水溶液（120：100）配制。碳酸钠在饱和氢氧化钠溶液中不溶解，待碳酸钠沉淀后，量取上层澄清液，再稀释至所需浓度，即得到不含碳酸钠的氢氧化钠溶液。

饱和氢氧化钠溶液含量约为52%（g/g），相对密度约1.56。用来配制氢氧化钠溶液的水应加热煮沸，放冷，除去其中的二氧化碳。

标定碱溶液的基准物质很多，如草酸（$H_2C_2O_4 \cdot 2H_2O$）、苯甲酸（$C_6H_5COOH$）、氨基磺酸（$NH_2SO_3H$）、邻苯二甲酸氢钾（$HOOCC_6H_4COOK$）等，目前常用的是邻苯二甲酸氢钾，其滴定反应为

$$C_6H_4(COOH)(COOK) + NaOH \longrightarrow C_6H_4(COONa)(COOK) + H_2O$$

计量点时由于弱酸盐的水解，溶液呈微碱性，应采用酚酞为指示剂。

## 三、仪器与试剂

仪器：分析天平，称量瓶，滴定管，容量瓶，锥形瓶，烧杯等。

试剂：氢氧化钠（AR或CP），邻苯二甲酸氢钾（基准试剂，于105～110℃干燥至恒重），酚酞指示液（1%乙醇溶液）。

## 四、实验步骤

1. 氢氧化钠饱和水溶液的配制

用台秤称取氢氧化钠约120g，加蒸馏水100mL，振摇使溶解，成饱和溶液，冷却后置塑料瓶中。静置数日，澄清后作贮备液。

2. 配制0.1mol/L氢氧化钠溶液

量取饱和氢氧化钠水溶液5.6mL，加新煮沸过的冷蒸馏水至1000mL，摇匀。或直接称取4.4g氢氧化钠，加新煮沸过的冷蒸馏水溶解，并稀释至1000mL，摇匀。

3. 0.1mol/L氢氧化钠溶液的标定

（1）邻苯二甲酸氢钾溶液的配制。精密称取在105～110℃干燥至恒重的基准邻苯二甲酸氢钾4.5～5.0g，置150mL烧杯中溶解后定量转移至250mL容量瓶，稀释至刻度，摇匀。

（2）氢氧化钠溶液的标定。精密移取25mL邻苯二甲酸氢钾溶液，置250mL锥形瓶中，加25mL水，酚酞指示液2滴，用0.1mol/L的氢氧化钠溶液滴定至溶液呈淡粉

红色保持 30s 不退即为终点。记录所耗用的氢氧化钠溶液的体积，做 3 次平行测定。

4. 数据处理及表格（表 3-4）

**表 3-4　实验结果分析表**

| 项　目 | 1 | 2 | 3 |
|---|---|---|---|
| $KHC_8H_4O_4$ 质量/g | | | |
| $V_{NaOH}$（初）/mL | | | |
| $V_{NaOH}$（终）/mL | | | |
| $V_{NaOH}$/mL | | | |
| $c_{NaOH}$/(mol/L) | | | |
| 平均 $c_{NaOH}$/(mol/L) | | | |
| 相对平均偏差 | | | |

## 五、注意事项

配制 0.1mol/L 氢氧化钠溶液时，要用较干燥的 10mL 量筒量取饱和氢氧化钠水溶液，并立即倒入水中，随即盖紧，以防吸收二氧化碳。

## 六、思考题

（1）配制标准碱溶液时，用台秤称取固体氢氧化钠是否会影响溶液浓度的准确度？能否用纸称取固体氢氧化钠？为什么？

（2）本实验中氢氧化钠和邻苯二甲酸氢钾两种标准溶液的配制方法有何不同？为什么？

（3）本实验中哪些数据需精确测定？各用什么仪器？

# 实验九　高锰酸钾溶液的配制与标定

## 一、实验目的

（1）掌握高锰酸钾溶液的配制和标定过程。

（2）对自动催化反应有所了解。

（3）对高锰酸钾自身指示剂的特点有所体会。

## 二、实验原理

$$2MnO_4^- + 5C_2O_4 + 16H^+ = 2Mn^{2+} + 10CO_2\uparrow + 8H_2O$$

因为高锰酸钾是紫红色，$Mn^{2+}$ 几乎无色，所以高锰酸钾自身可作指示剂。

氧化还原反应速度慢，可提高酸度、升高温度 80～90℃，也可以加入 $Mn^{2+}$ 催化。

注：加热注意控温，因为草酸钠加热会分解成二氧化碳、一氧化碳和水，使结果偏高。

## 三、仪器和试剂

仪器：分析天平，称量瓶，滴定管，容量瓶，锥形瓶，烧杯等。

试剂：高锰酸钾，草酸钠（基准试剂）。

## 四、实验步骤

（1）高锰酸钾溶液的配制（0.02mol/L）提前1周配制。称1.6g高锰酸钾固体溶于水中（650～700mL）加热煮沸1h，剩余溶液体积约为50mL，冷却后用玻璃三角漏斗和玻璃棉过滤，滤液贮存于棕色试剂瓶中。

（2）高锰酸钾溶液的标定。准确称取基准物质草酸钠0.16～0.18g，置于锥形瓶中，加入50mL蒸馏水溶解，加入3mol/L硫酸10mL，用煤气灯上垫石棉网加热到80～90℃，乘热用高锰酸钾溶液滴定，开始滴定的速度要慢，待有$Mn^{2+}$生成后，可适当加快滴定速度，滴至溶液呈微红色，0.5min不退色即为终点，记录消耗的高锰酸钾溶液的体积。平行实验3次。

## 五、数据处理

草酸钠相对分子质量为134.0（表3-5）。

**表3-5 数据记录表**

| 项目 | 1 | 2 | 3 |
|---|---|---|---|
| 称量瓶＋草酸钠 $m_1$/g | | | |
| 称量瓶＋草酸钠 $m_2$/g | | | |
| 草酸钠 $m$/g | | | |
| 高锰酸钾 $V$（初始）/mL | | | |
| 高锰酸钾 $V$（终点）/mL | | | |
| 高锰酸钾 $V$（消耗）mL | | | |
| 高锰酸钾 $c$/(mol/L) | | | |
| 平均高锰酸钾 $c$/(mol/L) | | | |
| 相对平均偏差 | | | |

# 实验十　硫代硫酸钠溶液的配制与标定

## 一、实验目的

（1）掌握硫代硫酸钠溶液的配制与标定要点。

（2）了解淀粉指示剂的作用原理。

## 二、实验原理

$$Cr_2O_7^{2-}+6I^-+14H^+ = 2Cr^{3+}+3I_2+7H_2O$$

$$I_2 + 2S_2O_3^{2-} = 2I^- + S_4O_6^{2-}$$

$I_2$遇淀粉变蓝，可用淀粉作指示剂。

## 三、仪器和试剂

仪器：与前相同。

试剂：硫代硫酸钠，重铬酸钾，淀粉指示剂（基准试剂）。

## 四、实验步骤

（1）硫代硫酸钠溶液溶液的配制（提前1周配制）。将750mL的蒸馏水煮沸冷却，台秤称取12.5g的硫代硫酸钠固体（含5个结晶水），用煮沸冷却的蒸馏水溶解稀释到500mL，贮存于1L的棕色瓶中，加入0.1g的$Na_2CO_3$固体。

（2）重铬酸钾溶液的配制。准确称取基准物质重铬酸钾1.2g左右，在小烧杯中溶解，定量转移至250mL的容量瓶中，稀释定容摇匀备用。

（3）准确移取25.00mL的重铬酸钾标液于碘量瓶中，加入6mL硫酸（3mol/L），加入碘化钾1g，溶解后置于暗室中5min，取出用蒸馏水淋洗碘量瓶的盖子和内壁，加水约50mL，用硫代硫酸钠溶液滴定至草绿色（蓝色＋黄色），加入1mL淀粉指示剂（0.5%），继续滴定至蓝紫色消失为止，溶液最后清亮浅蓝绿色。平行实验3次。

## 五、数据处理（表3-6）

**表3-6　数据分析表**

| 项　目 | 1 | 2 | 3 |
|---|---|---|---|
| 称量瓶＋重铬酸钾 $m_1$/g | | | |
| 称量瓶＋重铬酸钾 $m_2$/g | | | |
| 重铬酸钾 $m$/g | | | |
| 重铬酸钾 $c$/（mol/L） | | | |
| 硫代硫酸钠 $V$（初始）/mL | | | |
| 硫代硫酸钠 $V$（终点）/mL | | | |
| 硫代硫酸钠 $V$（消耗）/mL | | | |
| 硫代硫酸钠 $c$/(mol/L) | | | |
| 硫代硫酸钠平均 $c$/(mol/L) | | | |
| 相对平均偏差 | | | |

# 实验十一　EDTA的配制与标定

## 一、实验目的

(1) 掌握EDTA标准溶液配制和标定的方法。

(2) 了解金属指示剂变色原理及使用注意事项。

## 二、实验原理

EDTA标准溶液常用乙二胺四乙酸二钠盐（EDTA-2Na·$2H_2O$＝372.24）配制。EDTA-2Na·$2H_2O$为白色结晶粉末，因不易制得纯品，标准溶液常用间接法配制，以氧化锌为基准物质标定其浓度。滴定条件：pH 10，以铬黑T为指示剂，终点由紫红色变为纯蓝色。滴定过程中的反应为

$$\text{滴定前：}Zn^{2+}+HIn^{2-} \xlongequal{} \underset{\text{紫红色}}{ZnIn^{-}}+H^{+}$$

$$\text{终点时：}ZnIn^{-}+H_2Y^{2-} \xlongequal{} ZnY^{2-}+\underset{\text{纯蓝色}}{HIn^{2-}}+H^{+}$$

## 三、仪器和试剂

仪器：分析天平，称量瓶，台秤，滴定管，锥形瓶，试剂瓶等。

试剂：乙二胺四乙酸二钠（EDTA-2Na·$2H_2O$，AR），氧化锌（基准试剂，800℃灼烧至恒重）。

氨试液：取浓氨溶液400mL，加水使成1000mL。

氨-氯化铵缓冲溶液（pH 10）：取20g氯化铵溶于少量水中，加入100mL浓氨水，用水稀释至1000mL。

铬黑T指示剂：常用两种配制方法：

(1) 取铬黑T 0.1g与研细的干燥氯化钠10g混匀，配成固体混合剂保存在干燥器中，用时挑取少许即可。

(2) 铬黑T指示剂（0.5%）：铬黑T 0.2g溶于三乙醇胺15mL，待完全溶解后，加无水乙醇5mL。此溶液可保存数月。

## 四、实验步骤

1. 0.05mol/L的EDTA溶液的配制

取EDTA-2Na·$2H_2O$ 9.5g，加蒸馏水100mL温热使溶解，稀释到500mL，摇匀，长期放置时，应贮存于聚乙烯瓶中。

2. 0.05mol/L的EDTA溶液的标定

精密称取已在800℃灼烧至恒重的基准物氧化锌约0.12g，加稀盐酸3mL使溶解，加蒸馏水25mL，和甲基红的乙醇溶液（0.025→100）1滴，滴加氨试液至溶

液呈微黄色。再加蒸馏水 25mL，氨-氯化铵缓冲液 10mL 和铬黑 T 指示剂适量，用 EDTA 标准溶液滴定至该溶液自紫红色转变为纯蓝色，即为终点。做 3 次平行测定。

3. 数据记录与结果计算（表 3-7）

**表 3-7　数据分析表**

| 项　目 | 1 | 2 | 3 |
|---|---|---|---|
| $V$（初始）/mL | | | |
| $V$（终点）/mL | | | |
| $\Delta V$/mL | | | |
| $c_{EDTA}$/(mol/L) | | | |
| 平均 $c_{EDTA}$/(mol/L) | | | |

## 五、注意事项

（1）贮存 EDTA 溶液应选用聚乙烯瓶或硬质玻璃瓶，以免 EDTA 与玻璃中的金属离子作用。

（2）甲基红的乙醇溶液只需加 1 滴，如多加了几滴，在滴加氨试液后溶液呈较深的黄色，致使终点颜色发绿。

（3）滴加氨试液至溶液呈微黄色，应边加边摇，若多加会出现 $Zn(OH)_2\downarrow$，遇此情况，可用稀盐酸调回，使沉淀溶解。

（4）配合反应为分子反应，反应速度不如离子反应快，近终点时，滴定速度不宜太快。

## 六、思考题

（1）酸度对配位滴定有何影响？为什么要加氨-氯化铵缓冲溶液？

（2）选择金属指示剂的原则是什么？为什么我们常将铬黑 T 配成固体混合剂，而不用铬黑 T 水溶液？

# 第四章　化学实验技术（Ⅰ）的综合实训操作

综合性实验是把物质的制备（或天然产物的提取）、分离、提纯、有关物理常数及杂质含量的测定、物质的化学性质、物质组成的确定等内容归纳在一起的实验。这些是在完成定量的基本操作实验后，在教师的指导下，由学生独立完成。通过综合实验的实践，使学生进一步巩固和加强化学实验基础和技能，拓宽学生的知识面，培养学生综合运用化学实验技能去查阅文献资料、使用现代仪器、处理实验数据、解决实际问题的能力，使其实验素养达到一个更高的层次，为自己设计实验和从事科学研究打下良好的基础。

化合物的制备与提纯见综合实训一至五；化合物的含量测定见综合实训六至综合实训十三。

## 综合实训一　玻 璃 加 工

### 一、实训目的

（1）学习使用酒精喷灯。

（2）学习玻璃管（棒）加工的基本操作。

（3）试制几种简单的玻璃仪器。

### 二、玻璃管（棒）加工常用的工具和材料

玻璃管加工常用的工具如图 4-1 所示。

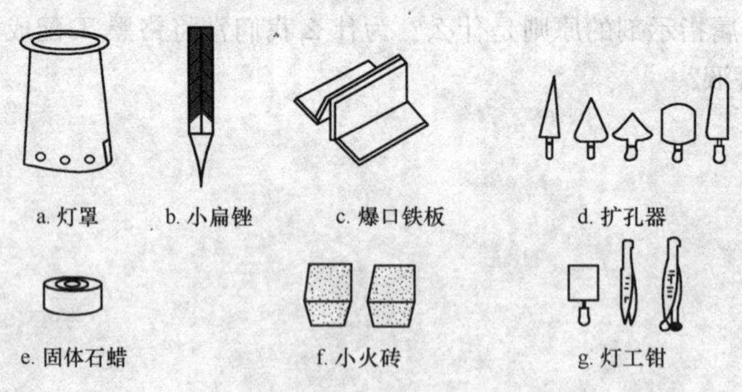


图 4-1　玻璃加工常用工具

尺：用于量玻璃管（棒）的长度；

灯工钳：用于钳取烧熔玻璃；

小火砖：用于夹扁喷灯火焰；

小扁锉：用于切割玻璃管（棒）；

扩孔器：用于扩孔；

小方板：用于平口；

油缸：放有浸有植物油棉花的盆，用于润滑灯工钳，也可用固体石蜡代替；

灯罩：用厚铁皮制成，套在喷灯上防风，罩上可放小火砖和爆口铁板；

爆口铁板：将角铁加热整形到105°左右而制成，用于玻璃管热爆。

此外，还需用石棉布和石棉板等。

## 三、玻璃加工场所的安全注意事项

（1）注意酒精喷灯是否漏酒精，以防着火。

（2）如出现着火，立即用湿布覆盖灭火。

（3）点燃酒精喷灯是先让灯座内酒精燃烧使酒精在管内充分气化，并点燃喷灯，灭火时关闭酒精贮罐下的开关，让其自行熄灭。

（4）热玻璃器件应放在石棉板上，凉、热玻璃应分开放置，以防烫伤。

（5）加工室内应备有足够的灭火器材。

## 四、玻璃管（棒）加工的基本操作

1. 截玻璃管（棒）

（1）冷制。直径为25mm以下的玻璃管一般可采用冷割截断（图4-2）。将玻璃管（棒）放在工作台上，用左手扶住，右手持锉刀，在需要截断的地方划一细痕，并用水沾一下划痕，两手握住玻璃管（棒），划痕向内，迅速向两边和下侧用力拉折（七分拉、三分掰）即断。操作时注意用力方向和均匀性，否则不易获得平整的截面。

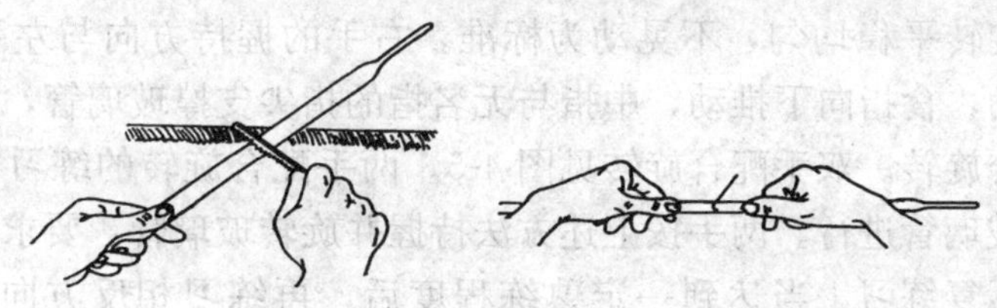

图4-2　冷制

（2）热爆。热爆适用于直径在25mm以上、玻璃管壁较厚、切割长度较短的玻璃管（棒）的截断（图4-3）。

两铁板平放在灯罩上，间隙约2mm，使氧化火焰尖端窜出铁板约2mm，并呈扁狭形。在玻璃管（棒）需要截割的地方用锉刀划痕（1周），然后将划痕在铁夹板上对准火焰均匀旋转，即可爆裂。注意：火焰不可过大，加热时间不要过长（20～30mm直径的玻璃管（棒）在火焰中旋转4周）。在火焰中不能爆裂的硬质玻璃管（棒），加热后离开火焰，对准划痕用嘴猛吹即可断裂。

（3）烧玻璃球法。此法用于粗管或靠近管端部分的截断。其方法如图4-4所示。

取一段与需截玻璃管（棒）质地相同的玻璃管（棒），并将它拉细，再在距顶端2～3mm处加热烧成熔球，直接放在需截玻璃管（棒）上距锉痕顶端1mm处，用力

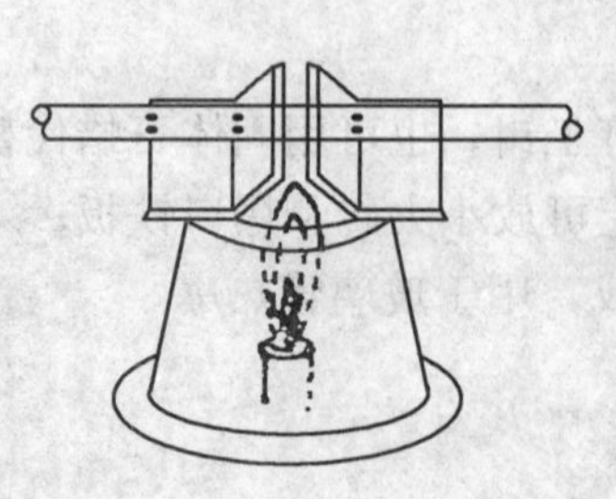

图 4-3　热爆

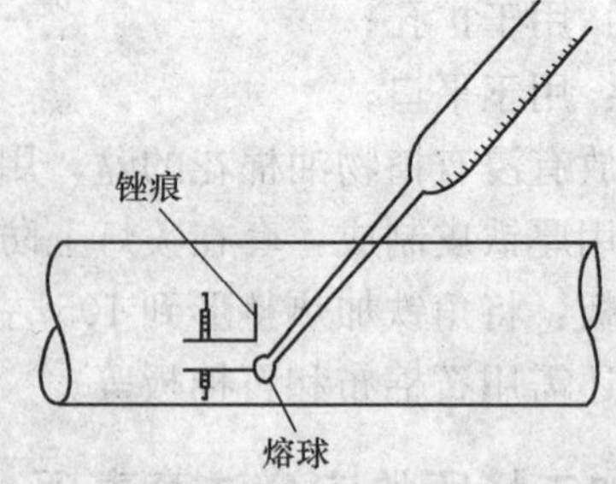

图 4-4　烧玻璃球

以不压碎玻璃管（棒）为度，2～3s 后，就会由锉痕处产生裂痕。

产生裂痕后，缓慢旋转玻璃管（棒）使裂痕延伸。在此过程中，要始终保持熔球在裂痕前 1～2mm 处。如玻璃管旋转太快，致使熔球离裂痕太远，玻璃管（棒）就会发出清脆的炸裂声，裂痕瞬间延伸很长，且弯曲，造成截口不平。当裂痕停止延伸时，再将熔球烧热，继续切割。待裂痕裂开一周，轻轻叩管，就可断开。

用这种方法使裂痕向斜方向延伸时，可将玻璃管（棒）沿斜方向截断。

新截开的管口很锋利，容易造成划伤。必要时，应将截口在喷灯火焰中熔烧至断面光滑，再进行其他操作。

2. 旋转与熔融

在进行热爆、对接、拉丝、吹球、弯曲等操作时，都必须旋转玻璃管。要使玻璃管烧得均匀并吹制成精确的形状，就必须熟练地掌握旋转玻璃管的技术。

（1）单手旋转玻璃管。取玻璃管一段，左手心向下持玻璃管的中部，使玻璃管两端重量相等。拇指向上推动玻璃管，同时食指向下推动玻璃管，小拇指压住玻璃管，使其旋转。要求达到旋转平稳均匀，不晃动为标准。右手的握持方向与左手相反，手心向上，拇指向上推动，食指向下推动，中指与无名指的指尖支撑玻璃管，使之旋转。

（2）双手配合旋转。双手配合旋转见图 4-5。两手配合旋转的练习，可借助两段中间用软布扎紧的玻璃管进行。两手按上述方法持握并旋转玻璃管，要求布段不扭曲、紧缩、歪斜。这样反复练习，当达到一定熟练程度后，再练习相反方向的旋转如图 4-5 所示。

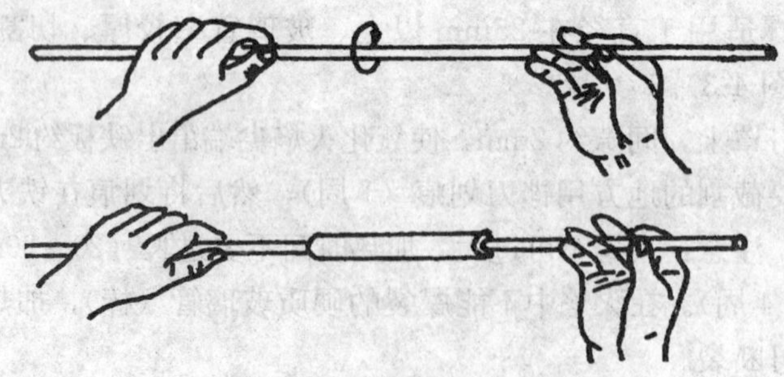
图 4-5　旋转玻璃管

玻璃管在灯焰上烧熔出现下垂趋势时，可加快旋转速度或立即反转。如发现扭曲，要即时调整两手旋转速度使其达到一致。

3. 拉丝

制作滴管、毛细管或粗、长玻璃管的加工，都要进行拉丝操作。

取一段玻璃管，平放于喷灯火焰的火力点上，均匀旋转烧熔（火焰宽度为管径的1.5倍）然后移离火焰，在旋转中向两边拉开（先慢后用力）至需要的长度（图4-6、图4-7)。(一般约为300mm)。丝头可用砂石片划痕截断。拉丝步骤与姿势见图4-6、图4-7（a）～(c)。拉成的丝头必须和原管同心笔直。为此拉丝操作必须注意：

（1）烧熔时，旋转必须均匀不可使玻璃管晃动。

（2）玻璃管烧熔离火时，切勿使玻璃管扭曲，并在旋转中拉开。两手共轴同心旋转直到丝头硬化。

（3）玻璃管必须在火力点上熔烧，以确保玻璃管受热均匀。

（4）切勿在火焰中拉伸。

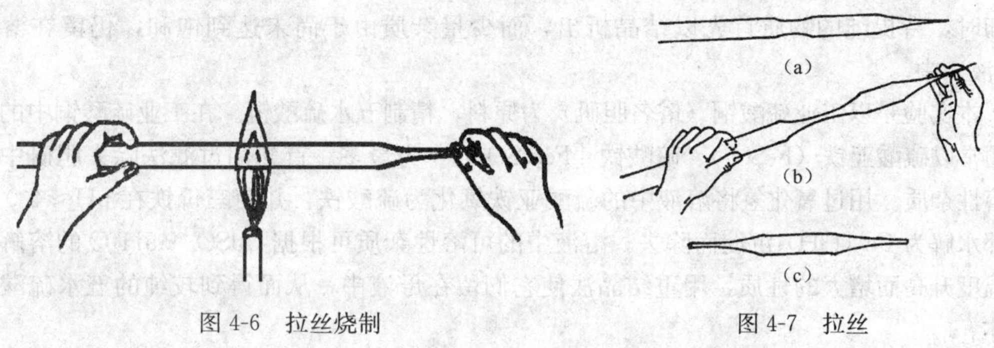


图4-6　拉丝烧制　　图4-7　拉丝

4. 弯管

（1）直角弯管。双手持玻璃管在火焰中旋转加热（一端预先用塞子封闭)，火焰宽度约为玻璃管直径的1.5倍，以取得足够的熔融长度，但火焰宽度不得超过玻璃管直径的2倍，否则弯管的曲率半径太大。

当玻璃管加热到熔融处开始收缩时，停止旋转，让一侧稍微烊一些，立即离火，让稍微烊的一侧处于下方，双手同时向上边弯边拉，并立即从未封的一端吹气，使弯处与原管直径相同，便成直角弯管。

开始做不同角度的弯管时，将玻璃管需要弯曲的部分旋转加热直到玻璃管充分软化(火焰变黄)。一将玻璃管从火焰上方离火，轻轻放在工作台的石棉板上。如果需要，也可预先在石棉板上画出所需要的角度。

弯管时要注意适当的熔烧面积和准确的熔烧程度。玻璃管已弯成而未硬化之前，双手切勿扭动，弯成后，应退火处理。若角度不准可再加热修正。

（2）U形弯管。制作U形弯管时，火焰的宽度应不小于U形管的间距。喷灯火焰宽度不够时，可用两个小火砖夹扁火焰以增加火焰的宽度。熔融程度及弯曲手势基本上与直角弯管相同。

制作U形弯管两口端易出现高低不等的现象。如遇这种情况，可加以纠正。

制作练习内容：由实验教师指定。

# 综合实训二　硫酸铜的提纯

## 一、实训目的

(1) 了解用重结晶法提纯物质的原理。

(2) 学习台秤的使用以及洗涤仪器、加热、溶解、蒸发、结晶等基本操作。

## 二、实训原理

可溶性晶体物质中的杂质可用重结晶法除去。根据物质溶解度的不同，一般可先用溶解、过滤的方法，除去易溶于水的物质中所含难溶于水的杂质；然后再用重结晶法使与少量易溶于水的杂质分离。

重结晶的原理是由于晶体物质的溶解度一般随温度的降低而减小，当热的饱和溶液冷却时，待提纯的物质首先以结晶析出，而少量杂质由于尚未达到饱和，仍留在溶液(母液)中。

本实验是以工业硫酸铜（俗名胆矾）为原料，精制五水硫酸铜。在工业硫酸铜中的杂质通常以硫酸亚铁（$FeSO_4$）、硫酸铁［$Fe_2(SO_4)_3$］为最多。首先用过滤法除去胆矾中的不溶性杂质。用过氧化氢将溶液中的硫酸亚铁氧化为硫酸铁，并使三价铁在 $pH \approx 4.0$ 时全部水解为 $Fe(OH)_3$ 沉淀而除去。溶液中的可溶性杂质可根据 $CuSO_4 \cdot 5H_2O$ 的溶解度随温度升高而增大的性质，用重结晶法使它们留在母液中，从而得到较纯的五水硫酸铜晶体。

$$2Fe^{2+} + H_2O_2 + 2H^+ = 2Fe^{3+} + 2H_2O$$

$$Fe^{3+} + 3H_2O = Fe(OH)_3 \downarrow + 3H^+ \qquad pH \approx 4$$

## 三、仪器和试剂

仪器：台秤（公用），烧杯，量筒，玻璃棒，洗瓶，漏斗架，漏斗，蒸发皿，酒精灯，铁架铁圈，石棉铁丝网，布氏漏斗，滤纸，吸滤瓶，循环水泵，研钵，点滴板，硫酸铜回收瓶（公用）

试剂：硫酸 $H_2SO_4$(1mol/mL)，硫酸铜 $CuSO_4 \cdot 5H_2O$，过氧化氢 $H_2O_2$（3%），氢氧化钠 NaOH(0.5mol/mL)，pH 试纸。

## 四、实训步骤

1. 初步提纯

(1) 称取 8g 粗硫酸铜晶体于烧杯中，加入约 30mL 水，加热、搅拌至完全溶解，减压过滤，以除去不溶物。

(2) 滤液用 0.5mol/mL NaOH 调节至 $pH \approx 4.0$，滴入 3% $H_2O_2$（约 2mL，若 $Fe^{2+}$ 含量高需多加些）。如果溶液的酸度提高，需再次调整 pH，加热溶液至沸腾，数分钟后趁热常压过滤。

（3）将滤液转入蒸发皿中，加入2～3滴2mol/mL $H_2SO_4$使溶液酸化，水浴加热，蒸发浓缩至适量的体积（学生自行计算）。冷至室温，减压过滤，抽干，称重。

2. 重结晶

上述产品放入烧杯中，按每克产品加1.2mL蒸馏水的比例加入蒸馏水。加热，使产品全部溶解。趁热常压过滤。滤液冷至室温，再次减压过滤。用少量乙醇洗涤晶体1～2次。取出晶体，晾干，称重。计算产率。

## 五、思考题

（1）除铁时为什么要把溶液的pH调到4？而在蒸发前又把pH调至1～2？

（2）$Cl_2$(aq)，$Br_2$(aq)，$H_2O_2$(aq)，$KMnO_4$，$K_2Cr_2O_7$，$NaClO_3$等均可将$Fe^{2+}$氧化为$Fe^{3+}$，本实验中选用$H_2O_2$作氧化剂，为什么？

（3）溶解固体时加热和搅拌起什么作用？

（4）用重结晶法提纯硫酸铜，在蒸发滤液时，为什么加热不可过猛？为什么不可将滤液蒸干？

（5）过滤操作中应注意哪些事项？

# 综合实训三　由海盐制备试剂级氯化钠

## 一、实训目的

（1）掌握用化学方法提纯氯化钠的原理及方法。

（2）初步学会无机制备的某些基本操作。

（3）了解中间控制检验和氯化钠纯度检验的方法。

## 二、实训原理

粗食盐中含有不溶性杂质（如泥沙等）和可溶性杂质（主要是$Ca^{2+}$、$Mg^{2+}$和$SO_4^{2-}$等的盐）。不溶性杂质可用溶解、过滤等方法除去，可溶性的杂质可用化学方法除去，其中对于$SO_4^{2-}$，可加入稍过量的$BaCl_2$溶液，生成$BaSO_4$沉淀，再用过滤法除去。即

$$Ba^{2+}+SO_4^{2-}\longrightarrow BaSO_4\downarrow$$

由于不易形成晶形沉淀，所以要加热食盐溶液并在不断搅拌下缓慢滴加$BaCl_2$的稀溶液，沉淀出现后，继续加热并放置一段时间，进行陈化，以利于晶体的生成和长大。

食盐中的$Ca^{2+}$、$Mg^{2+}$以及为沉淀$SO_4^{2-}$而带入的$Ba^{2+}$，在加入NaOH溶液和$Na_2CO_3$溶液后，可生成沉淀再过滤除去。

$$Mg^{2+}+2OH^-\longrightarrow Mg(OH)_2\downarrow$$

$$Ba^{2+}+CO_3^{2-}\longrightarrow BaCO_3\downarrow$$

$$Ca^{2+}+CO_3^{2-}\longrightarrow CaCO_3\downarrow$$

过量的NaOH和$Na_2CO_3$可通过加HCl除去。

对于很少量的可溶性杂质如氯化钾等，在后面的蒸发、浓缩、结晶过程中，绝大部分仍然留在母液之中，从而可与氯化钠分离。

生产上，在物质提纯过程中，为了检查某种杂质是否除尽，常常需要取少量溶液（称为取样），在其中加入适当的试剂，从反应现象来判断某种杂质存在的情况，这种步骤通常称为“中间控制检验”，而对产品纯度和含量的测定，则称为“成品检验”。

## 三、仪器和试剂

仪器：台秤，烧杯，普通漏斗，漏斗架，布氏漏斗，吸滤瓶，真空泵，蒸发皿（100mL），石棉网，酒精灯。

药品：固体　粗食盐。

液体　盐酸（2mol/L），氢氧化钠（1mol/L、2mol/L）。

盐溶液　$BaCl_2$（1mol/L），$Na_2CO_3$（1mol/L），$Na_2SO_4$（2mol/L），$(NH_4)_2C_2O_4$（0.5mol/L）。

其他：镁试剂。

材料：pH 试纸，滤纸。

## 四、实训步骤

1. 粗食盐的提纯

（1）在台秤上称取 8g 粗食盐，放入小烧杯中，加入 30mL 蒸馏水，用玻璃棒搅拌，并加热使其溶解，继续加热至沸时，在不断搅拌下缓慢逐滴加入 1mol/L 的 $BaCl_2$溶液至沉淀完全（约 2mL），陈化 0.5h。

为了检测沉淀是否彻底，可取上层清液少许，加入 1～2 滴 $BaCl_2$溶液，观察是否有浑浊现象。若没有浑浊，说明 $SO_4^{2-}$ 已沉淀完全。反之，则说明 $SO_4^{2-}$ 还存在于溶液中，需再滴加 $BaCl_2$溶液，直到沉淀完全，继续加热保温 5～10min，放置一会儿后用普通漏斗过滤。

（2）在上述滤液中加入 1mL 2mol/L 的 NaOH 溶液和 3mL1mol/L 的 $Na_2CO_3$溶液，加热至沸腾，待沉淀稍沉降后，吸取上层清液约 1mL 进行离心分离，取分离出的清液加入 2mol/L $Na_2SO_4$溶液 1～2 滴，振荡试管，观察有无浑浊产生，若无白色沉淀，表明上面所加过量的 $Ba^{2+}$ 已沉淀完全，弃之试液（为什么不能倒回烧杯中?）。若有白色浑浊现象，则在溶液中再加 0.5～1mL$Na_2CO_3$溶液（视浑浊程度而定），加热至沸，然后再取样检验，直至 $Ba^{2+}$ 沉淀完全，静止片刻，用普通漏斗过滤。

（3）在滤液中逐滴加入 2mol/L HC1，并使滤液呈微酸性（pH 3～4）。

（4）将调好酸度的滤液置于蒸发皿中，用小火加热蒸发，浓缩至稀糊状，但切不可将溶液蒸干。

（5）适当冷却后，用布氏漏斗抽滤，要使结晶尽量抽干，并用少许水洗涤 2 次，每次洗涤也应尽量抽干。

（6）将结晶重新置于干净的蒸发皿中，在石棉网上用小火加热烘干。

（7）称产品质量，并计算产率。

2. 产品纯度的检验

各取少量（1g）提纯前后的粗食盐和精食盐，分别用 5mL 蒸馏水溶解，然后各分装于 3 支试管中，形成 3 个对照组。

（1）$SO_4^{2-}$ 的检验。在第一组的两溶液中分别加入 2 滴 1mol/L $BaCl_2$溶液，比较二者沉淀产生的情况。

（2）$Ca^{2+}$ 的检验。在第二组的两溶液中各加入 2 滴 0.5mol/L 的 $(NH_4)_2C_2O_4$溶液，分别观察有无白色沉淀产生。

（3）$Mg^{2+}$ 的检验。在第三组两溶液中各加入 2～3 滴 1mol/L NaOH 溶液，使溶液呈微碱性（用 pH 试纸），再加入 2～3 滴“镁试剂”，比较两溶液产生蓝色沉淀的情况。

镁试剂是一种有机染料，它在酸性溶液中呈黄色，在碱性溶液中呈红色或紫色，但被 $Mg(OH)_2$沉淀吸附后，则呈蓝色，因此可以用来检验 $Mg^{2+}$ 的存在。

## 五、思考题

（1）中和过量的 NaOH 和 $Na_2CO_3$为什么只选 HC1 溶液，取其他酸是否可以?

（2）如何除去粗食盐中的 $Ca^{2+}$、$Mg^{2+}$、$SO_4^{2-}$、$K^+$ 杂质离子？哪种离子的除去是采用化学法?

（3）怎样检查杂质离子是否沉淀完全?

（4）“陈化”过程是化学法提纯氯化钠所必需的，为什么?

# 综合实训四　用废电池的锌皮制备硫酸锌

## 一、实训目的

（1）学习由废锌皮制备硫酸锌的方法。

（2）熟悉控制 pH 进行沉淀分离—除杂质的方法。

（3）掌握无机制备中的一些基本操作及对比检查。

（4）了解硫酸锌的性质。

## 二、实训原理

锌锰干电池上的锌皮，既是电池的负极，又是电池的壳体。当电池报废后，锌皮一般仍大部分留存，将其回收利用，既能节约资源，又能减少对环境的污染。

锌是两性金属，能溶于酸或碱，在常温下，锌片和碱的反应极慢，而锌与酸的反应则快得多。本实验采用稀硫酸溶解回收的锌皮以制取硫酸锌：

$$Zn + H_2SO_4 \longrightarrow ZnSO_4 + H_2\uparrow$$

此时，锌皮中含有的少量杂质也能同时溶解，生成硫酸亚铁：

$$Fe + H_2SO_4 \longrightarrow FeSO_4 + H_2\uparrow$$

因此，在所得的硫酸锌溶液中，先用过氧化氢将 $Fe^{2+}$ 氧化为 $Fe^{3+}$：

$$2FeSO_4 + H_2O_2 + H_2SO_4 \longrightarrow Fe_2(SO_4)_3 + 2H_2O$$

然后用 NaOH 调节溶液的 pH 为 8，使 $Zn^{2+}$、$Fe^{3+}$ 生成氢氧化物沉淀：

$$2ZnSO_4 + 2NaOH \longrightarrow Zn(OH)_2\downarrow + Na_2SO_4$$

$$Fe_2(SO_4)_3 + 6NaOH \longrightarrow 2Fe(OH)_3\downarrow + 3Na_2SO_4$$

再加入稀硫酸，控制溶液 pH 4.0～4.5，此时氢氧化锌溶解而氢氧化铁不溶解，可过滤除去。最后将滤液酸化、蒸发浓缩、结晶，即得 $ZnSO_4 \cdot 7H_2O$ 晶体。

## 三、仪器和试剂

仪器：台秤，普通漏斗，布氏漏斗，抽滤瓶，蒸发皿。

药品：酸　$H_2SO_4$（2mol/L），$HNO_3$（2mol/L），HCl（2mol/L）。

碱　NaOH（2mol/L）。

盐　$AgNO_3$（0.1mol/L），KSCN（0.5mol/L）。

其他　$H_2O_2$（质量分数为 3%）。

材料：pH 试纸，滤纸。

## 四、实训步骤

1. 锌皮的回收及处理

拆下废电池的锌皮（一个大号废电池，锌皮如无严重腐蚀，可供两人实验），锌皮表面可能有氧化锌、氯化铵及二氧化锰等杂质，应先用水刷洗除去。锌皮上还可能沾有石蜡、沥青等有机物，用水难以洗净，但它们不溶于酸，可在锌皮溶于酸后过滤除去。将锌皮剪成细条状，备用（以上由学生在实验前准备好）。

2. 锌的溶解

称取处理好的锌皮 5g，加入 2mol/L $H_2SO_4$（体积在实验前算好），加热，待反应较快时停止加热。反应完毕，用表面皿盖好，放置过夜或放到下次实验。过滤，滤液盛在 400mL 烧杯中。

3. $Zn(OH)_2$的生成

将滤液加热近沸，加入3% $H_2O_2$溶液 10 滴，在不断搅拌下滴加 2mol/L NaOH 溶液，逐渐有大量白色 $Zn(OH)_2$沉淀生成。当加入 NaOH 溶液约 20mL 时，加水 150mL，充分搅匀。在不断搅拌下，继续滴加 NaOH 至溶液 pH8 为止。用布氏漏斗减压过滤，取后期滤液 2mL，加 2mol/L $HNO_3$溶液 2～3 滴、0.1mol/L $AgNO_3$溶液 2～3 滴，振荡试管，观察现象（用蒸馏水代替滤液作对照实验）。如有混浊，说明沉淀中含有可溶性杂质，需用蒸馏水洗涤（淋洗），直至滤液中不含 $Cl^-$ 为止，弃去滤液。

4. $Zn(OH)_2$的溶解及除铁

将 $Zn(OH)_2$沉淀转移至烧杯中，另取 2mol/L $H_2SO_4$溶液滴加到 $Zn(OH)_2$沉淀中去（不断搅拌），当有溶液出现时，小火加热，并继续滴加硫酸，控制溶液 pH 为 4（注意：后期加酸要缓慢，当溶液 pH4.0～4.5，即使还有少量白色沉淀未溶，也不再加酸，加热、搅拌，沉淀自会逐渐溶解，共约加硫酸 30mL）。

将溶液加热至沸，促使 $Fe^{3+}$ 水解完全，生成 FeO(OH) 沉淀，趁热过滤，弃去沉淀。

5. 蒸发、结晶

在除铁后的滤液中，滴加 2mol/L $H_2SO_4$，使溶液 pH 为 2，将其转入蒸发皿中，在水浴上蒸发、浓缩至液面上出现晶膜。自然冷却后，用布氏漏斗减压过滤，将滤饼放在两层滤纸间吸干，称量并计算产率。

6. 产品检验

产品质量检验的实验现象与实验室提供的试剂（三级品）"标准"进行对比：

称取制得的 $ZnSO_4 \cdot 7H_2O$ 晶体 1g，加水 10mL 使之溶解，将其均分于 2 支试管中，进行下述试验：

(1) $Cl^-$ 的检验。在一支试管中，加入 2mol/L $HNO_3$ 溶液 2 滴和 0.1mol/L $AgNO_3$ 溶液 2 滴，摇匀，观察现象并与"标准"进行比较。

(2) $Fe^{3+}$ 的检验。在另一支试管中，加入 2mol/L HCl 溶液 5 滴和 0.5mol/L KSCN 溶液 2 滴，摇匀，观察现象并与"标准"进行比较。

根据上面检验比较的结果，评定产品中 $Cl^-$、$Fe^{3+}$ 的含量是否达到三级品试剂标准(表 4-1)。

**表 4-1　有关氢氧化物沉淀的 pH**

| 氢氧化物 | 开始沉淀时 pH 初始浓度 1mol/L | 开始沉淀时 pH 初始浓度 0.01mol/L | 沉淀完全时 pH |
|---|---|---|---|
| $Fe(OH)_3$ | 1.5 | 2.2 | 3.2 |
| $Zn(OH)_2$ | 5.5 | 6.5 | 7.8 |
| $Fe(OH)_2$ | 6.5 | 7.5 | 9.0 |

## 五、思考题

(1) 本实验若不经过 $Zn(OH)_2$ 的生成及溶解除铁，而是采用控制加 NaOH 的量进行分步沉淀，一次性制备硫酸锌。该工艺是否可行，为什么？

(2) 设计实验方案从废干电池中回收氯化铵？

(3) 计算溶解需要 2mol/L $H_2SO_4$ 溶液（过量 25%）多少毫升？

(4) 沉淀 $Zn(OH)_2$ 时，为什么要控制 pH 8.0？计算说明。

(5) 在"四、实训步骤 5"中，溶液蒸发前为什么要加 $H_2SO_4$，使 pH 为 2？

# 综合实训五　硫酸亚铁铵的制备

## 一、实训目的

(1) 了解制备硫酸复盐的方法。

(2) 熟悉称量、加热、溶解、过滤、结晶、检验等基本操作。

(3) 练习目比色视法测定离子的浓度。

## 二、实训原理

硫酸亚铁铵［$FeSO_4 \cdot (NH_4)_2SO_4 \cdot 6H_2O$］，俗称摩尔盐，为浅蓝绿色透明晶体，易溶于水，存放时不易被空气中的氧所氧化，故比 $FeSO_4 \cdot 7H_2O$（俗称绿矾）稳定，但仍具有 $Fe^{2+}$ 的还原性，是分析化学中常用的还原剂。

硫酸亚铁铵的制备分两步进行：第一步是制得硫酸亚铁，常用金属铁屑与稀硫酸反应：$Fe+H_2SO_4 \longrightarrow FeSO_4+H_2\uparrow$ 但由于 $FeSO_4$ 在弱酸性溶液中容易发生水解和氧化反应：$4FeSO_4+O_2+2H_2O \longrightarrow 4Fe(OH)SO_4\downarrow$ 所以，在制备过程中应保持较强的酸性。

不纯铁中还可能含有硫、磷、砷等杂质，当与酸作用时能生成有毒的氢化物，它们具有还原性，可用高锰酸钾溶液来处理：

$$5H_2S+2MnO_4^-+6H^+ \longrightarrow 5S+2Mn^{2+}+8H_2O$$

$$5PH+8MnO_4^-+9H^+ \longrightarrow 5PO_4^{3-}+8Mn^{2+}+12H_2O$$

$$5AsH+8MnO_4^-+9H^+ \longrightarrow 5AsO_4^{3-}+8Mn^{2+}+12H_2O$$

第二步是将制得的硫酸亚铁与等物质的量的硫酸铵混合，利用复盐的溶解度比组成它的简单盐小的特性（表 4-2），经蒸发、浓缩、结晶制得硫酸亚铁铵复盐。

**表 4-2　有关物质的溶解度**（g/100g 水）

| 物　质 | 10℃ | 20℃ | 30℃ | 40℃ | 50℃ |
|---|---|---|---|---|---|
| $(NH_4)_2SO_4$ | 73.0 | 75.4 | 78.0 | 81.0 | 84.5 |
| $FeSO_4 \cdot 7H_2O$ | 20.5 | 26.5 | 32.9 | 40.2 | 48.6 |
| $FeSO_4 \cdot (NH_4)_2SO_4 \cdot 6H_2O$ | 17.2 | 21.2 | 24.5 | 33.0 | 40.0 |

$$FeSO_4+(NH_4)_2SO_4+6H_2O \longrightarrow FeSO_4 \cdot (NH_4)_2SO_4 \cdot 6H_2O$$

复盐在溶液中全部电离为简单离子：

$$FeSO_4 \cdot (NH_4)_2SO_4 \longrightarrow Fe^{2+}+2NH_4^++2SO_4^{2-}$$

在含有 $Fe^{2+}$ 的溶液中加入(铁氰化钾)溶液，能生成蓝色配合物沉淀，这个反应可用于 $Fe^{2+}$ 的鉴定。

硫酸亚铁铵产品中的杂质主要是 $Fe^{3+}$，产品质量等级也常以 $Fe^{3+}$ 含量多少来评定，其鉴定方法是，取一定量产品配成一定浓度的溶液，加入 $NH_4SCN$ 后，利用 $Fe^{3+}$ 能与 $SCN^-$ 形成血红色配离子［$Fe(SCN)_n$］$^{3-n}$ 的颜色深浅，与标准溶液进行目视比色，以确定 $Fe^{3+}$ 杂质的含量范围，这种鉴定方法，通常称为限量分析。

## 三、仪器和试剂

仪器：台秤，布氏漏斗，吸滤瓶，比色管（或大试管），250mL 锥形瓶，蒸发皿。

试剂：固体　$(NH_4)_2SO_4$。

酸　$H_2SO_4$（2mol/L）。

盐　$Na_2CO_3$（质量分数为 10%）或化学除油液，$NH_4SCN$（1mol/L），$K_3$［$Fe(CN)_6$］（0.1mol/L），$BaCl_2$（1mol/L），$KMnO_4$（0.01mol/L）。

乙醇（体积分数 95%）。

材料：铁屑，pH 试纸，滤纸，橡皮管，玻璃管。

## 四、实训步骤

1. 铁屑化学除油

(1) 称取制备 20g$FeSO_4 \cdot 7H_2O$所需要的铁屑。

(2) 将所取铁屑放于小烧杯中，加 10%$Na_2CO_3$ 溶液或化学除油液，加热近沸约 10min，去除铁屑表面之油污，冷却，小心用倾析法倒去污液，然后用水洗涤 3～4 次，最后用蒸馏水洗涤一次，干燥后准确称量铁屑质量，备用。

2. 硫酸亚铁的制备

(1) 在 250mL 烧杯中，放入洗净的铁屑，加入 2mol/L $H_2SO_4$（须过量 30%），盖上表面皿，用小火加热（有泡沫溢出时，移开表面皿），至铁屑残留物在溶液中不再冒气泡为止（反应后期用少量蒸馏水淋洗烧杯，并使原溶液体积保持不变）。

(2) 趁热用倾析法以布氏漏斗减压过滤，用少量蒸馏水洗涤一次不溶物，将滤液立即倒入蒸发皿中。

3. 硫酸亚铁铵的制备

(1) 在上面所得硫酸亚铁滤液中，加入根据$FeSO_4$的理论产量，按反应式计算所需质量的硫酸铵固体，搅拌溶解（可小火加热），得到澄清溶液。

(2) 测量混合溶液的 pH，应使溶液的 pH 在 1 左右，如 pH 较大，应滴加 2mol/L $H_2SO_4$溶液调整。

(3) 将溶液在石棉网上小火加热（蒸发过程中不要搅动溶液），蒸发浓缩至液面出现一层晶体为止，让其自然冷却，硫酸亚铁铵结晶即可析出。

(4) 用布氏漏斗减压过滤，尽量抽干，并用 25%乙醇 4～5mL 淋洗晶体，观察晶体的形状和颜色，用滤纸将晶体吸干，称量并计算产率。

4. 产品检验

(1) 试用实验方法证明产品中含有 $NH_4^+$、$Fe^{2+}$ 和 $SO_4^{2-}$。

(2) $Fe^{3+}$ 的限量分析。称取 1.0g 制得的产品置于 25mL 比色管中（或大试管，用量酌减），用 15mL 不含溶解氧的蒸馏水（在 250mL 锥形瓶中，注入 150～180mL 蒸馏水，加 2～3mL 2mol/L $H_2SO_4$溶液煮沸约 10min 以除去溶解氧，盖好，冷却后供 4 人使用）溶解，再加入 1mL1mol/L $NH_4SCN$，最后用不含溶解氧的蒸馏水稀释到刻度，摇匀后和实验室提供的标准溶液的红色进行比较，确定产品中 $Fe^{3+}$ 含量符合哪一级试剂规格（表 4-3）。

**表 4-3　硫酸亚铁铵纯度级别表**

| 规　格 | Ⅰ级 | Ⅱ级 | Ⅲ级 |
|---|---|---|---|
| $Fe^{3+}$ 含量/（mg/mL） | 0.05 | 0.10 | 0.20 |

标准溶液的配置（由实验室配置）：

① 在分析天平上准确称取硫酸铁铵 $NH_4Fe(SO_4)_2 \cdot 12H_2O$ 2.1585g，用少量蒸馏水溶解并加 10mL 2mol/L $H_2SO_4$，然后全部转移至 250mL 容量瓶中，用蒸馏水稀释至

刻度，摇匀，待用。此溶液含 $Fe^{3+}$ 1.0mg/mL。

② 按表 4-3 分别定量取上述溶液 3 份（1.25mL、2.50mL、5.00mL），倒入 25mL 比色管中，然后加入 1mL $NH_4SCN$，用蒸馏水稀释至刻度，混匀盖好。

## 五、思考题

（1）计算好实验中铁屑、硫酸、硫酸铵的用量。

（2）制备硫酸亚铁铵时为什么酸要过量？

（3）如何用实验方法检验产品中的 $NH_4^+$、$Fe^{2+}$ 和 $SO_4^{2-}$？写好检验操作步骤。

（4）实验中可以从哪些方面提高产率？

# 综合实训六　食醋中总酸度的测定

## 一、实训目的

（1）熟练掌握滴定管、容量瓶、移液管的使用方法和滴定操作技术。

（2）掌握 NaOH 标准溶液的配制和标定方法。

（3）了解强碱滴定弱酸的反应原理及指示剂的选择。

（4）学会食醋中总酸度的测定方法。

## 二、实训原理

食醋的主要成分是醋酸，此外还含有少量其他弱酸如乳酸等，用 NaOH 标准溶液滴定，在化学计量点时溶液呈弱碱性，选用酚酞作指示剂测得的是总酸度，以醋酸的质量浓度（g/mL）来表示。

## 三、仪器和试剂

NaOH 标准溶液（0.1mol/L），酚酞指示剂，0.2%乙醇溶液。

## 四、实训步骤

1. 0.1mol/L NaOH 溶液的配制和标定

（1）0.1mol/L NaOH 溶液配制。台秤称取纯 NaOH 2.2～2.5g 于烧杯中，加入 50mL 新蒸馏水，使之全部溶解，移入 500mL 试剂瓶中，再加入 450mL 新蒸馏水，稀释、搅匀，盖上橡皮盖。

（2）0.1mol/L NaOH 溶液标定。准确称取 0.4～0.5g 基准物质邻苯二甲酸氢钾，放入 250mL 锥形瓶中，以 25mL 蒸馏水溶解，再加入 1～2 滴酚酞指示剂，用 NaOH 溶液滴定至微红色 30s 不退色，即为终点。记下 NaOH 溶液体积，平行测定 3 次，计算 NaOH 标准溶液的浓度，取其平均值

$$c_{NaOH}=\frac{m_{邻}\times 1000}{M_{邻}\times V_{NaOH}(mL)}$$

2. 食醋的测定

准确吸取醋样 10.00mL 于 250mL 容量瓶中，以新煮沸并冷却的蒸馏水稀释至刻度，摇匀，用移液管吸取 25.00mL 稀释过的醋样于 250mL 锥形瓶中，加入 25mL 新煮沸并冷却的蒸馏水，加酚酞指示剂 2～3 滴，用已标定的 NaOH 标准溶液滴定至溶液呈现粉红色，并在 30s 内不退色，即为终点。根据 NaOH 溶液的用量，计算食醋的总酸度。

## 五、思考题

（1）强碱滴定弱酸与强碱滴定强酸相比，滴定过程中 pH 变化有哪些不同点？

（2）用酸碱滴定法测定醋酸含量的依据是什么？

（3）滴定醋酸时为什么要用酚酞作指示剂？为什么不可以用甲基橙或甲基红？

# 综合实训七　铵盐中含氮量的测定（甲醛法）

## 一、实训目的

（1）了解弱酸强化的基本原理。

（2）掌握甲醛法测定铵态氮的原理及操作方法。

（3）熟练掌握酸碱指示剂的选择原理。

## 二、实训原理

$$4NH_4^+ + 6HCHO = (CH_2)_6N_4H^+ + 3H^+ + 6H_2O$$

$$(CH_2)_6N_4H^+ + 3H^+ + 4OH^- = (CH_2)_6N_4 + 4H_2O$$

铵盐中的 $NH_4^+$ 的酸性太弱 $K_a$ 为 $5.6\times10^{-10}$，不能用 NaOH 直接滴定，用甲醛与之生成 $(CH_2)_6N_4H^+$，它的 $K_a$ 为 $7.1\times10^{-6}$ 可被 NaOH 直接滴定，因此该反应称为弱酸的强化。

## 三、实训步骤

（1）用称量瓶以差减法称量未知铵盐 3 份到 3 个 250mL 的锥形瓶中，每份 0.2～0.3g，加入 30mL 蒸馏水，待完全溶解后，加入 2～3 滴甲基红指示剂。用 NaOH 标准溶液滴定黄色（考虑此时消耗的体积是否要计），加入 10mL 甲醛，加入 2～3 滴酚酞指示剂，充分摇匀 1min，再用 NaOH 标准溶液滴定至微红色并保持 0.5min 不退色为终点。

（2）平行滴定 3 次，记录 NaOH 消耗的体积，计算未知铵盐中的含氮量及相对平均偏差。

## 四、数据处理及表格（表 4-4）

未知铵盐的编号：__________

表 4-4 数据处理表

| 项 目 | 1 | 2 | 3 |
|---|---|---|---|
| 称量瓶＋铵盐 $m_1$/g | | | |
| 称量瓶＋铵盐 $m_2$/g | | | |
| 铵盐 $m$/g | | | |
| NaOH 的 $V$（初始）/mL | | | |
| NaOH 的 $V$（终点）/mL | | | |
| NaOH 的 $V$（消耗）/mL | | | |
| 铵盐含氮量/% | | | |
| 平均含氮量/% | | | |
| 相对平均偏差 | | | |

# 综合实训八 水中可溶性氯化物的测定

## 一、实训目的

（1）学习 $AgNO_3$ 标准溶液的制备方法。

（2）掌握莫尔法的基本原理和操作。

## 二、实训原理

莫尔法是在中性或弱碱性的溶液中，以 $K_2CrO_4$ 为指示剂，用 $AgNO_3$ 标准溶液来直接滴定 $Cl^-$。过量的 $AgNO_3$ 与 $CrO_4^{2-}$ 生成砖红色的 $Ag_2CrO_4$ 沉淀，指示终点。

$$Ag^+ Cl^- \longrightarrow AgCl\downarrow$$

$$2Ag^+ CrO_4^{2-} \longrightarrow Ag_2CrO_4\downarrow \text{（砖红色）}$$

溶液的 pH 应控制在 6.5～10.5，若试液中存在铵盐，则 pH 上限不能超过 7.2。溶液中若存较大量的 $Cu^{2+}$、$Co^{2+}$、$Cr^{3+}$ 等有色离子时，将影响终点的观察。凡是能与 $Ag^+$ 或 $CrO_4^{2-}$ 发生化学反应的阴、阳离子都干扰测定。

## 三、仪器和试剂

仪器：棕色滴定管。

试剂：基准 NaCl：将 NaCl（AR）置于坩埚中，在 500～600℃灼烧 0.5h，稍冷，移入干燥器中冷却。5%$K_2CrO_4$ 溶液。

## 四、实训步骤

1. 0.02mol/L $AgNO_3$ 溶液配制和标定

（1）0.02mol/L $AgNO_3$ 溶液配制。台秤称取 $AgNO_3$ 1.7g 于烧杯中，加入 50mL 蒸馏水，使之溶解，移入 500mL 试剂瓶中，再加入 450mL 蒸馏水，稀释、搅匀。

（2）0.02mol/L $AgNO_3$标准溶液标定。准确称取 0.2～0.3g 基准 NaCl 于小烧杯中，定量转移到 250mL 容量瓶中，取此溶液 25.00mL 于锥形瓶中，加水 25mL，5% $K_2CrO_4$ 1mL，充分摇动下，用待标定的 $AgNO_3$滴定直至溶液呈砖红色。

根据用量计算 $AgNO_3$的准确浓度。

$$c_{AgNO_3}=\frac{m_{NaCl}\times\frac{25}{250}}{M_{NaCl}\times V_{AgNO_3}}\times 1000$$

2. 空白实验

移取 50mL 蒸馏水，加适量 $CaCO_3$ 作背景，加入 1mL $K_2CrO_4$ 指示剂，不断振荡下，用 $AgNO_3$溶液滴定至出现砖红色为止，记录用量 $V_0$。

3. 水样测定

移取 50.00mL 水样于锥形瓶中，加入 1mL $K_2CrO_4$ 指示剂，不断摇动下，用 $AgNO_3$溶液滴定至出现砖红色为止，记录用量 $V_1$，平行测定 3 次。

$$\rho_{Cl^-}\ (mg/L)=\frac{(V_1-V_0)\times c_{AgNO_3}\times 35.45}{V_{水样}}\times 1000$$

## 五、思考题

（1）本实验为什么要作空白实验？

（2）$K_2CrO_4$指示剂的浓度大小对测定有何影响？

（3）用莫尔法测定 $Cl^-$，为什么不能在酸性溶液中进行？pH 过高又有什么影响？

# 综合实训九 水样中化学耗氧量（COD）的测定（$KMnO_4$法）

## 一、实训目的

（1）了解水中化学耗氧量对水体污染的关系。

（2）掌握高锰酸钾法测定水中化学耗氧量的原理和方法。

## 二、实训原理

$$4MnO_4^- + 5C + 12H^+ \Longrightarrow 4Mn^{2+} + 4CO_2\uparrow + 6H_2O$$

$$2MnO_4^- + 5C_2O_4 + 16H^+ \Longrightarrow 2Mn^{2+} + 10CO_2\uparrow + 8H_2O$$

$$COD=\left\{\left[\frac{5}{4}C_{MnO_4^-}(V_1+V_2)-\frac{1}{2}(c*V)_{C_2O_4^-}\right]\times 32.00\times 1000\right\}/V_{H_2O}$$

注：$V_{H_2O}$为水样体积。

## 三、实训步骤

1. 高锰酸钾标液的配制

准确移取已标定的高锰酸钾溶液 25.00mL 至 250mL 的容量瓶中，稀释定容摇匀备用。

2. 河水水样的测定

准确移取水样 50.00mL 于锥形瓶中，加入 5mL 硫酸（1＋3），用酸式滴定管放出约 5mL 的高锰酸钾，并记录体积为 $V_1$，加沸石，用煤气灯垫石棉网加热煮沸并小火保温 5min，此时溶液应为红色。若红色退去，补加高锰酸钾溶液再加热呈稳定红色为止(在水样污染程度较大的情况下需补加)。

趁热加入 10mL 草酸钠溶液（0.005mol/L），摇匀，溶液褪成无色，用高锰酸钾溶液滴定至微红，0.5min 内不退色为终点，记录消耗的高锰酸钾溶液的体积为 $V_2$。平行实验 3 次。

## 四、数据处理（表 4-5）

高锰酸钾溶液的浓度 $c$＝__________

草酸钠溶液＝0.005mol/L

**表 4-5 实验结果记录表**

| 项　目 | 1 | 2 | 3 |
|---|---|---|---|
| $V_{初始}$/mL | | | |
| $V_{终点}$/mL | | | |
| $V_1=V_{终}-V_{初}$/mL | | | |
| $V_{初}'$/mL | | | |
| $V_{终}'$/mL | | | |
| $V_2=V_{终}'-V_{初}'$/mL | | | |
| $O_2$/（mg/L） | | | |
| 平均 $O_2$ | | | |
| 相对平均偏差 | | | |

# 综合实训十　铜合金中铜含量的测定

## 一、实训目的

（1）了解间接碘量法测定铜的原理。

（2）学习铜合金试样的分解方法。

（3）掌握以碘量法测铜的操作过程。

## 二、实训原理

$$2Cu^{2+}+4I^- = 2CuI\downarrow+I_2$$

$$I_2+2S_2O_3 = 2I^-+S_4O_6^{2-}$$

$$CuI+SCN^- = CuSCN\downarrow+I^-$$

注：KSCN 在近终点时加入。

$NH_4HF_2$掩蔽 $Fe^{3+}$，调控 pH 为 3.0～4.0。

## 三、实训步骤

（1）准确称取铜样 0.10～0.15g，置于碘量瓶中，加入 10mL 的 HCl（1+1），滴加 2mL$H_2O_2$，加热至铜样完全分解，继续加热促使 $H_2O_2$完全分解，以密集气泡平静后再次出现大气泡为无 $H_2O_2$的标志。冷却溶液，切勿盖塞子。

（2）在冷却后的碘量瓶中加入 60mL 蒸馏水，滴加氨水（1+1）至浅蓝色沉淀刚生成（注滴加速度要慢，否则易生成蓝色铜氨络离子不出现沉淀），再加入 8mL 的 HAc（1+1），10mL 的 $NH_4HF_2$溶液。加入 1g 碘化钾固体，置于暗室 5min。

（3）用标定过的 $Na_2S_2O_3$溶液滴定上述溶液至浅黄色，再加入 1mL 淀粉指示剂，继续滴定至浅蓝色，加入 10mL 的 KSCN 溶液（10%），振荡 2min，再滴定至蓝紫色络合物消失，终点溶液呈混浊的乳白色或奶茶色，记录消耗的 $Na_2S_2O_3$的体积。

## 四、数据处理（表 4-6）

**表 4-6　实验结果记录表**

| 项　目 | 1 | 2 | 3 |
|---|---|---|---|
| 称量瓶＋铜样 $m_1$/g | | | |
| 称量瓶＋铜样 $m_2$/g | | | |
| 铜样 $m$/g | | | |
| $Na_2S_2O_3$ $V_{初始}$/mL | | | |
| $Na_2S_2O_3$ $V_{终点}$/mL | | | |
| $Na_2S_2O_3$ $V_{消耗}$/mL | | | |
| 铜 $m$/g | | | |
| $w_{Cu}$/% | | | |
| 相对平均偏差 | | | |

# 综合实训十一　过氧化氢含量测定

## 一、实训目的

（1）了解高锰酸钾标准溶液的配制方法和保存条件。

（2）掌握以 $Na_2C_2O_4$为基准物标定高锰酸钾溶液浓度的方法原理及滴定条件。

（3）掌握用高锰酸钾法测定过氧化氢含量的原理和方法。

## 二、实训原理

过氧化氢的含量可用高锰酸钾法测定：在酸性溶液中 $H_2O_2$很容易被 $KMnO_4$氧化而生成游离的氧和水，其反应式如下：

$$5H_2O_2+2MnO_4^-+6H^+ = 2Mn^{2+}+8H_2O+5O_2\uparrow$$

开始反应时速度比较慢，滴入第一滴 $KMnO_4$ 时溶液不容易退色，待生成 $Mn^{2+}$ 之后，由于 $Mn^{2+}$ 的催化，加快了反应速度，故能一直顺利地滴定到终点。根据 $KMnO_4$ 标准溶液的用量计算样品中 $H_2O_2$ 的含量。

## 三、仪器和试剂

$H_2SO_4$（1mol/L），$Na_2C_2O_2$ 基准物质，$KMnO_4$ 标准溶液（0.02mol/L），$H_2O_2$ 30%。

## 四、实训步骤

（1）0.02mol/L $KMnO_4$ 溶液的配制。

（2）$KMnO_4$ 溶液浓度的标定。准确称取 0.15～0.20g $Na_2C_2O_2$ 基准物于 250mL 锥形瓶中，加水约 20mL 使之溶解，再加 15mL 1mol/L 的 $H_2SO_4$ 溶液，并加热至 70～85℃，立即用待标定的 $KMnO_4$ 溶液滴定，滴至溶液呈淡红色经 30s 不退色，即为终点。平行测定 3 次，根据滴定所消耗 $KMnO_4$ 溶液体积和基准物的质量，计算 $KMnO_4$ 溶液的浓度。

$$c_{KMnO_4}=\frac{2\times m_{Na_2C_2O_4}\times 1000}{5\times M_{Na_2C_2O_4}\times V_{KMnO_4}\ (mL)}$$

（3）样品的测定。用移液管吸取市售过氧化氢样品（质量分数约为 30%）1mL，置于 250mL 容量瓶中，加水稀释至标线，充分混合均匀。再吸取稀释液 25.00mL，置于 250mL 锥形瓶中，加水 20～30mL 和 $H_2SO_4$ 20mL，用 $KMnO_4$ 标准溶液滴定至溶液呈粉红色经 30s 不退色，即为终点。根据 $KMnO_4$ 标准溶液用量，计算过氧化氢未经稀释的样品中 $H_2O_2$ 的质量浓度（用 mg/L 表示）。

$$\rho_{H_2O_2}\ (mg/L)=\frac{5c_{KMnO_4}V_{KMnO_4}M_{H_2O_2}\times 1000}{2\times 1\times \frac{25}{250}}$$

## 五、思考题

（1）用 $Na_2C_2O_2$ 标定 $KMnO_4$ 溶液浓度时，酸度过高或过低有无影响？溶液的浓度过高或过低有什么影响？

（2）标定 $KMnO_4$ 溶液时，为什么第一滴 $KMnO_4$ 溶液加入后红色退去很慢，以后退色较快？

（3）如何计算过氧化氢样品中 $H_2O_2$ 的质量浓度？

（4）用 $KMnO_4$ 法测定 $H_2O_2$ 时，为什么不能用 $HNO_3$ 或 HCl 来控制溶液的酸度？

# 综合实训十二　工业用水总硬度的测定

## 一、实训目的

（1）掌握 EDTA 溶液的配制及浓度的标定方法。

（2）了解水的硬度的表示方法。

（3）掌握配位滴定法测定工业用水总硬度的原理和方法。

（4）掌握铬黑 T 指示剂的使用条件。

## 二、实训原理

水的硬度主要用 EDTA 滴定法测定。在 pH≈10 的氨性缓冲溶液中，用铬黑 T 作指示剂进行滴定，溶液由酒红色变蓝色即为终点。滴定时 $Fe^{3+}$、$Al^{3+}$ 等干扰离子用三乙醇胺及酒石酸钾钠掩蔽，少量 $Cu^{2+}$、$Pb^{2+}$、$Zn^{2+}$ 等则可用 KCN、$Na_2S$ 或巯基乙酸等掩蔽。

水的硬度大小是以 Ca、Mg 总量折算成 CaO 的量来衡量的，各国采用的硬度单位有所不同，本书采用我国目前常用的表示方法：以度（°）计，即 1L 水含有 10mg CaO 称为 1°d，有时也以 mg/L 表示。

硬水和软水尚无明确的界限，硬度小于 5.6°d 的水，一般可称为软水。生活用水要求硬度小于 25°d，工业用水则要求为软水，否则易在容器、管道表面形成水垢，造成危害。

## 三、仪器和试剂

（1）EDTA 标准溶液 0.02mol/L。

（2）$NH_3 \cdot H_2O$-$NH_4Cl$ 缓冲溶液 pH 10（称 54g$NH_4Cl$ 溶于水中，加入浓氨水 410mL，用蒸馏水稀释到 1L）。

（3）铬黑 T 指示剂（将铬黑 T 与固体 NaCl 按质量比 1∶100 混合，研磨混匀，贮于磨口试剂瓶中，置于干燥器内保存）。

（4）三乙醇胺溶液（1∶2）。

（5）HCl 溶液（1∶1）。

## 四、实训步骤

1. 0.02mol/L EDTA 溶液的配制和标定

（1）0.02mol/L EDTA 溶液配制。称取 $Na_2H_2Y \cdot 2H_2O$ 3.7g 加水加热溶解，冷却后转移至 500mL 试剂瓶中，稀释定容。

（2）EDTA 溶液的标定。准确称取 ZnO 0.3～0.4g，加 5mL 1∶1 盐酸，加热溶解，然后移入 250mL 容量瓶中稀释至刻度、摇匀。用移液管移取 25mL$Zn^{2+}$ 溶液于 250mL 锥形瓶中，滴加氨水（1＋1）至刚出现浑浊 $Zn(OH)_2\downarrow$，加 10mL $NH_3$～$NH_4Cl$ 缓冲溶液，pH 10，加 20mL 水，加铬黑 T 指示剂少许，用 EDTA 标准溶液滴定，酒红色→纯蓝色为终点，记下 EDTA 体积，平衡测定 3 次。

结果计算：

$$c_{EDTA} = \frac{m_{ZnO} \times 1000 \times \frac{25}{250}}{m_{ZnO} \times V_{EDTA}(mL)}$$

2. 水样总硬度的测定

吸取水样 50mL 于 250mL 锥形瓶中，加入三乙醇胺溶液（1∶2）3mL，摇匀后再加入 $NH_3 \cdot H_2O$-$NH_4Cl$ 缓冲溶液 5mL 及少许铬黑 T 指示剂摇匀，用 EDTA 标准溶液定至溶液由酒红色变纯蓝色，即为终点。根据 EDTA 溶液的用量计算水样的硬度. 计算结果时，把 Ca、Mg 总量折算成 CaO（以 mg/L 计）。平行测定 3 份。

3. 钙硬度测定

吸取水样 50mL 于 250mL 锥形瓶中，加入 4mL10％NaOH，加入钙指示剂 3 滴，以标定 EDTA 标准溶液滴定，浅红色→蓝色为终点，平行测定 3 份。

4. 镁硬度测定

总硬度减去钙硬度。结果计算为

$$总硬度（mg/L）=\frac{(cV)_{EDTA}\times M_{CaCO_3}}{V_{水样}}\times 1000$$

$$总硬度（度）=\frac{(cV)_{EDTA}\times M_{CaO}}{V_{水样}\times 10}\times 1000$$

## 五、思考题

（1）我国通常用什么来表示水的硬度？

（2）本实验为什么用铬黑 T 指示剂？能用二甲酚橙指示剂吗？

（3）水中若有 $Fe^{3+}$、$Al^{3+}$ 等，为何干扰测定？应如何消除？

# 综合实训十三　补钙制剂中钙含量的测定

## 一、实训目的

（1）学习络合滴定法的原理和应用。

（2）进一步学习和掌握配位滴定的方法和操作。

## 二、实训原理

MgY-EBT 指示剂原理。

$$Ca^{2+}+Y \xlongequal{} CaY\ (pH10)$$

## 三、实训步骤

1. MgY-EBT 指示剂的配制

向 250mL 的锥形瓶中加入：1mL $MgCl_2$、10mL 缓冲液（pH10）、2 滴 EBT，用 EDTA 标准液滴定至蓝色，平分 3 份。

2. 葡萄糖酸钙口服液中 Ca 含量的测定

将 10mL 口服液转移至容量瓶中，定容摇匀备用，准确移取 25.00mL 至含有指示剂的锥形瓶中，再加入 10mL 缓冲液（pH10）、2 滴 EBT，用 EDTA 标准液滴定至蓝色，记录消耗的 EDTA 的体积。实验平行 3 次。

## 四、数据处理及表格（表 4-7）

**表 4-7　实验结果记录表**

| 项　目 | 1 | 2 | 3 |
|---|---|---|---|
| $V_1$/mL | | | |
| $V_2$/mL | | | |
| $\Delta V=V_2-V_1$/mL | | | |
| $c_{EDTA}$/（mol/L） | | | |
| $c_{Ca}$/（mol/L） | | | |
| 平均 $c_{Ca}$/（mol/L） | | | |
| 相对平均偏差 | | | |

# 第三部分

## 化学实验技术（Ⅱ）

# 第五章　化学实验技术（Ⅱ）的基本操作

## 一、萃取

（一）原理

萃取和洗涤是利用物质在不同溶剂中的溶解度不同来进行分离的操作。萃取和洗涤在原理上是一样的，只是目的不同。从混合物中抽取的物质，如果是需要的，叫做萃取或提取；如果是不要的，叫做洗涤。

萃取是利用物质在两种不互溶（或微溶）溶剂中溶解度或分配比的不同来达到分离、提取或纯化目的的一种操作。一般水溶性较小的物质可用石油醚萃取；水溶性较大的物质可用苯或乙醚萃取；水溶性极大的物质可用乙酸乙酯萃取。

将含有机化合物的水溶液用有机溶剂萃取时，有机化合物就在两液相间进行分配。在一定温度下，此有机化合物在有机相中和在水相中的浓度之比为一常数，此即所谓“分配定律”。

假如一物质在两液相 A 和 B 中的浓度分别为 $c_A$ 和 $c_B$，则在一定温度条件下，$c_A/c_B=K$，$K$ 是一常数，称为“分配系数”，它可以近似地看作此物质在两溶剂中溶解度之比。

设在 $V$(mL) 的水中溶解 $m_0$(g) 的有机物，每次用 $S$mL 与水不互溶的有机溶剂重复萃取：

第一次萃取：

设 $V_A$＝被萃取溶液的体积，mL，近似看作与 A 的体积相等（因溶质量不多，可忽略）。

$m_0$＝被萃取溶液中溶质的总含量，g；

$V_B$＝萃取时所用溶剂 B 的体积，mL；

$m_1$＝第一次萃取后溶质在溶剂 A 中的剩余量，g；

$m_2$＝第二次萃取后溶质在溶剂 A 中的剩余量，g；

$m_n$＝经过 $n$ 次萃取后溶质在溶剂 A 中的剩余量，g；

故 $m_0-m_1$＝第一次萃取后溶质在溶剂 B 中的含量，g；

故 $m_1-m_2$＝第二次萃取后溶质在溶剂 B 中的含量，g；

则

$$\frac{m_1/V_A}{(m_0-m_1)/V_B}=K \quad \text{经整理得} \quad m_1=\frac{KV_A}{KV_A+V_B}\cdot m_0$$

同理：

$$\frac{m_2/V_A}{(m_1-m_2)/V_B}=K \quad \text{经整理得} \quad m_2=\frac{KV_A}{KV_A+V_B}\cdot m_1=\left(\frac{KV_A}{KV_A+V_B}\right)^2\cdot m_0$$

经过 $n$ 次后的剩余量： $m_n=\left(\frac{KV_A}{KV_A+V_B}\right)^n\cdot m_0$

当用一定量的溶剂萃取时，总是希望在水中的剩余量越少越好。因为上式中 $\frac{KV_A}{KV_A+V_B}$ 恒小于1，所以 $n$ 越大，$m_n$ 就越小，也就是说把溶剂分成几份作多次萃取比用全部量的溶剂作一次萃取为好。

（二）操作步骤

1. 多次萃取操作步骤

(1) 分液漏斗选择。选择容积较液体体积大 1 倍以上的分液漏斗，把活塞擦干，在活塞上均匀涂上一层润滑脂（切勿涂得太厚或使润滑脂进入活塞孔中，以免污染萃取液）塞好后再把活塞旋转几圈，使润滑脂均匀分布，看上去透明即可。

(2) 检漏。玻璃塞和活塞是否紧密配套。然后在活塞孔两边轻轻地抹上一层凡士林，插上活塞旋转一下，再看是否漏水（用水检验）。用小像皮圈套住活塞尾部的小槽，防止活塞滑脱。确认不漏水时方可使用，将其放置在合适的并固定在铁架上的铁圈中，关好活塞。

(3) 装液。将被萃取液和萃取剂（一般为被萃取液体积的 1/3）依次从上口倒入漏斗中，塞紧顶塞（顶塞不能涂润滑脂）。

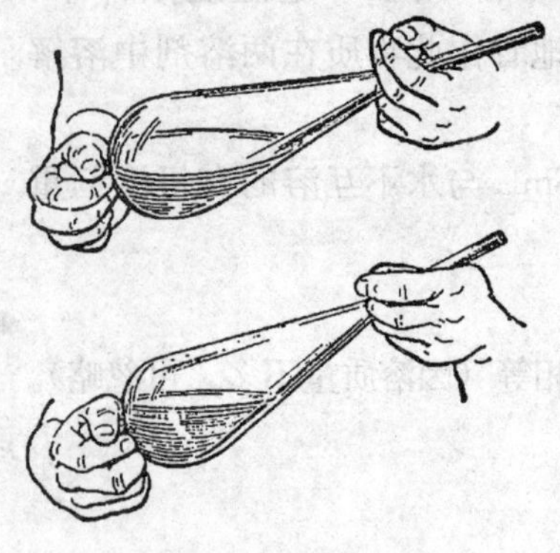

图 5-1 振摇、放气

(4) 振摇、放气、静置。取下分液漏斗，用右手手掌顶住漏斗顶塞并握住漏斗颈，左手握住漏斗活塞处，大拇指压紧活塞，把分液漏斗口略朝下倾斜并前后振荡：开始振荡要慢，振荡后，使漏斗口仍保持原倾斜状态，下部支管口指向无人处，左手仍握在活塞支管处，用拇指和食指旋开活塞，释放出漏斗内的蒸气或产生的气体，使内外压力平衡，此操作也称“放气”。如此重复至放气时只有很小压力后，再剧烈振荡 2～3min，然后再将漏斗放回铁圈中静置，如图 5-1 所示。

(5) 分液。待两层液体完全分开后，打开顶塞，再将活塞缓缓旋开，下层液体自活塞放出至接受瓶。要准确判断萃取液与被萃取液的上下层关系：

① 若萃取剂的相对密度小于被萃取液的相对密度，下层液体尽可能放干净，有时两相间可能出现一些絮状物，也应同时放去；然后将上层液体从分液漏斗的上口倒入三角瓶中，切不可从活塞放出，以免被残留的被萃取液污染。再将下层液体到入分液漏斗中，再用新的萃取剂萃取，重复上述操作，萃取次数一般为 3～5 次，如图 5-2 所示。

② 若萃取剂的相对密度大于被萃取液的相对密度，下层液体从活塞放入三角瓶中，但不要将两相间可能出现一些絮状物放出；再从漏斗口加入新萃取剂，重复上述操作，萃取次数一般为 3～5 次。

(6) 将所有的萃取液合并，加入过量的干燥剂干燥。

(7) 蒸去溶剂，根据化合物的性质利用蒸馏、重结晶等方法纯化。

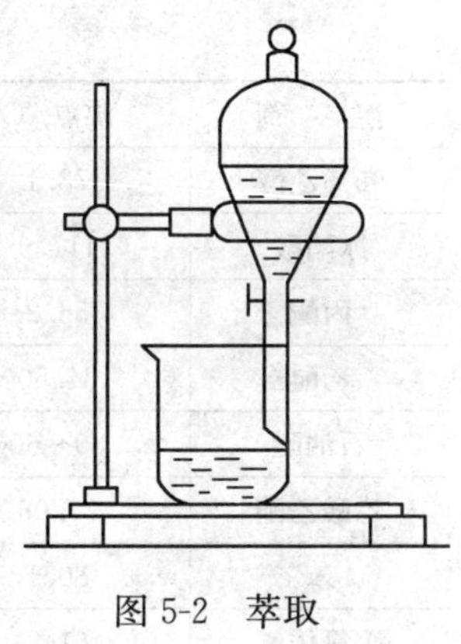
图 5-2　萃取

（三）注意事项

(1) 将要萃取的溶液和萃取溶剂依次从上口倒入分液漏斗，其量不能超过漏斗容积的 2/3，塞好塞子进行振荡。

(2) 振荡时右手捏住漏斗上口的颈部，并用食指根部压紧塞子，以左手握住旋塞，同时用手指控制活塞，将漏斗倒转过来用力振荡。

(3) 然后将分液漏斗静置，待液体分层后进行分液，分液时下层液体从漏斗口放出，上层液体从上口倒出。例如用四氯化碳萃取溴水里的溴。

## 二、重结晶

（一）重结晶原理

重结晶是把待结晶的物料溶于一种热的溶剂中，然后冷却此溶液，被溶解的物质在较低温度时溶解度下降，溶液冷却时待结晶的物料便从溶液中析出。如果结晶生长相对较快而且是有选择性的则称为结晶。如果这个过程发生的很快而且是没有选择性的则称为沉淀。结晶过程是一个可逆过程，结果可以得到非常纯的产品，它最初是生成一粒小晶种，随后可逆地一层层长大。从某种意义上说，这个晶种在溶液中“选择”恰当的分子。而沉淀过程中，晶体形成很快，以致杂质也被包藏在晶格中，所以沉淀物是一个含有杂质的混合物。

固体有机物在溶剂中的溶解度与温度有密切的关系。一般温度升高，溶解度增大。固体溶解在热的溶剂中达到饱和，冷却时，由于溶解度降低，溶液变成过饱和而析出结晶。因此，利用不同溶剂对提纯物及杂质的溶解度不同，可以使被提纯物质从过饱和溶液中析出，而杂质全部或大部分仍留在溶液中，从而达到提纯的目的。

重结晶的首要问题是选择一种合适的溶剂。有机化合物的溶解度是溶剂和溶质二者的函数，溶解度的规律是“相似相溶”。若溶质的极性都很大，就须用极性很大的溶剂才能溶解，若溶剂是非极性的，则须用非极性溶剂。例如：对于带有能形成氢键的官能团，（例如，—OH、$—NH_2$、—COOH、$—CONH_2$）的化合物来说，它们属于极性化合物，所以通常是选用水、醇之类含羟基的溶剂，而不是选用苯、石油醚等非极性溶剂。

表 5-1 列出重结晶操作中常用的一些溶剂。

**表 5-1　重结晶操作中常用的一些溶剂**

| 溶　剂 | 沸点/℃ | 冰点/℃ | 相对密度 | 在水中的溶解度 | 易燃性 |
|---|---|---|---|---|---|
| 水 | 100 | 0 | 1.0 | + | 0 |
| 甲醇 | 64.96 | $<0$ | 0.7914（20℃） | + | + |

续表

| 溶　剂 | 沸点/℃ | 冰点/℃ | 相对密度 | 在水中的溶解度 | 易燃性 |
|---|---|---|---|---|---|
| 95%乙醇 | 78.1 | <0 | 0.804 | + | ++ |
| 冰醋酸 | 117.9 | 16.7 | 1.05 | + | + |
| 丙酮 | 56.2 | <0 | 0.79 | + | +++ |
| 乙醚 | 34.50 | <0 | 0.71 | － | ++++ |
| 石油醚 | 30～60 | <0 | 0.64 | － | ++++ |
| 乙酸乙酯 | 77.06 | <0 | 0.90 | － | ++ |
| 苯 | 80.1 | 5 | 0.88 | － | ++++ |
| 氯仿 | 61.7 | <0 | 1.48 | － | 0 |
| 四氯化碳 | 76.54 | <0 | 1.59 | － | 0 |

有关溶剂选择的要求有5条：

(1) 与被提纯的物质不起化学反应。

(2) 在较高温度时能溶解多量的被提纯的物质，而在室温或更低的温度时只能溶解少量。

(3) 对杂质的溶解度非常大或非常小（对杂质溶解非常大是使杂质留在母液中不随提纯物品析出，对杂质溶解非常小则是使杂质在热过滤时被滤去）。

(4) 能结出较好的结晶。

(5) 溶剂的沸点要适中，不宜太高，也不宜太低。过低，溶解度改变不大，难分离，且操作也难；过高，附着于晶体表面的溶剂不宜除去。

（二）结晶法讨论

重结晶操作的成功关键在于被提纯物质在热溶剂中的溶解度以及被提纯物在冷溶剂中的溶解度有较大的差别，这种差别越大，回收率就越高。

举例说明：设物质A及杂质B二者在20℃的溶解度均为1g/100mL（溶剂），在100℃时的溶解度为10g/100mL（溶剂）。现有一个不纯的样品C，其中被提纯物A组分为9g，杂质B组分为2g，总计11g样品，在20℃时，所有样品不能被100mL溶剂所溶解（室温仅能溶解1g的A组分和1g的B组分），若将溶剂热至100℃所有样品全部溶解（因为溶剂在100℃时有溶解10gA组分和10gB组分的能力）。若现在将溶液冷至20℃，则还有1g的A组分和1g的B组分仍被溶解，而只有8gA组分和1g的B组分结晶出来，留下2g样品于溶液中（此溶液称为母液），其中还有1g杂质再一次提纯，又用100mL新鲜溶剂重复处理所得结晶，则又将析出7g结晶，而又留下了1g被提纯A和1g杂质B于母液中。这两次操作的结果是得到7g纯的A物质，但损失了2g纯的被提纯物。这两次的结晶步骤可用图5-3表示。

这一结果说明重结晶的过程中结晶是损失的，而且这种损失是无法避免的。但是，杂质如果在溶剂中更易溶，则可以减少损失。另外，被提纯物中杂质的含量都是很少的。如果样品中A和B是50/50的混合物，就无法实现分离杂质的目的。一般说来，

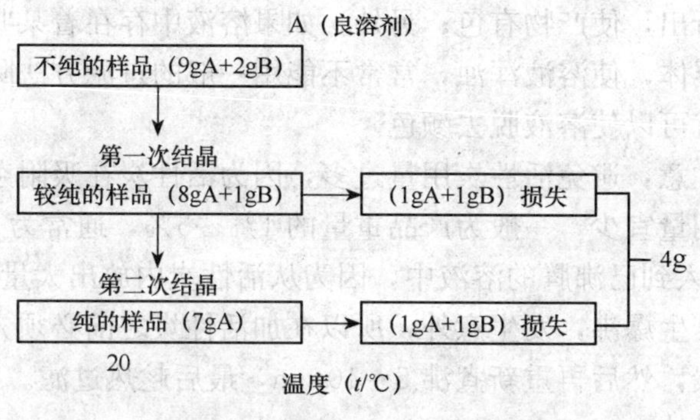


图 5-3　溶解度对温度关系图

杂质含量增大，样品损失也必定增大。

（三）操作中注意的问题

第一步：称量

台秤的使用，两边应该放样品纸，台秤用完后应复位（尺码，砝码），台秤中不能留有任何药品。

第二步：溶解固体

为使样品在母液中的损失降至最低限度，通常要制成沸腾的饱和溶液。实验操作是加入比计算量略少的溶剂，加热至沸，如还有固体未溶解，可再分次添加溶剂（注意：每次加入均需再加热到沸腾直至物质完全溶解）。要使重结晶得到的产品纯和回收率高，溶剂用量是关键。溶剂过量，可使溶解损失增大；溶剂用量过少，在热过滤时，晶体与杂质一起析出，造成热过滤困难，也增加产品的损失。通常的经验是加入的溶剂恰好溶解固体，最多加20％左右的溶剂以将溶液稀释。

第三步：趁热过滤

上述溶液中有一些不溶性的固体杂质，须在产品结晶前分离出去（如沙石、活性炭等），而使用普通的过滤法，则容易使晶体提前析出，达不到分离杂质的目的，所以需趁热过滤，以除去固体杂质再使产品结晶出来。

热过滤的方法：一般用热水漏斗过滤，热水漏斗内装入热水并固定在铁环上，然后，漏斗支管上用酒精灯加热。同时将套在热水漏斗内的玻璃漏斗放在烘箱里预热，并预先折好折叠滤纸（简易或者菊花形状）。在过滤前须用少量热的溶剂湿润滤纸，以免干滤纸吸收溶液中的溶剂使结晶析出而堵塞滤纸孔，然后再将溶液沿玻璃棒分批倒入漏斗内（注意：溶液始终是热的!）。如果热过滤进行顺利，只有少量的结晶在滤纸上析出。若结晶析出过量，必须用刮刀刮到原来的瓶中，再加入溶剂溶解并过滤。滤毕，冷却析出结晶。

第四步：活性炭脱色

活性炭是由木炭、糖炭、骨灰和少量磷酸钙等组成。分子结构松散，表面积大，可吸附有色物质、树脂状物质以及分散的有色物质。

粗制的有机化合物中含有有色杂质，杂质可溶于热溶剂中，但在冷却析出结晶时，部分杂质又会结晶析出，使产物有色；另外，如果溶液中存在着某些树脂状物质或者某些不溶性杂质的悬浮体，使溶液浑浊，常常不能用一般的过滤方法除去，只有在溶液加入少量活性炭煮沸就可以使溶液脱去颜色。

使用活性炭时注意：避免活性炭用量过多，因为活性炭在吸附杂质同时也可以吸附产品。所以活性炭用量宜少，一般为产品重量的1%～5%，通常为1/4药匙（0.25g左右）。活性炭不能加入到已沸腾的溶液中，因为从活性炭内放出大量的空气能引起发泡，加剧溶液沸腾，而产生爆沸，发生意外，所以在加活性炭之前必须先将火熄灭，使溶液稍冷后再加入活性炭，然后再重新煮沸5～10min，最后趁热过滤。

第五步：析出晶体

趁热过滤后的热溶液静置自然冷却，这样可以析出较好的晶体，如果是采用冰水或自来水浴急速冷却，晶体析出时间快，但晶体小，成粉末状。

第六步：结晶收集和洗涤

把晶体和母液分开，通常是用抽气过滤法。使用布氏漏斗并配上适中的橡皮塞，然后套在抽滤瓶中，与安全瓶相连，再与抽气水泵相接。漏斗内应放一内径小于漏斗内径的滤纸。使用前应先用少量溶剂湿润滤纸，并轻抽气使滤纸与漏斗紧贴。边抽气边将过滤物质倒入漏斗内，使物质分布于整个滤纸面，待抽干后，再用玻璃棒将结晶抽干，得滤饼，再打开安全瓶塞，用少量多次溶剂均匀撒在滤饼上，溶剂刚好盖住滤饼，再关闭安全瓶阀，将溶剂抽干，重复一二次，即可以得到干净的晶体。

第七步：干燥

重结晶得到的晶体，其表面吸附少量溶剂，应干燥才可以得到纯净的产品。通常用如下的方法：

（1）风干，即自然晾干。

（2）烘干（烘箱干燥）。

（3）真空干燥（在真空中干燥）。

（4）红外干燥（用红外灯发出的射线干燥）。

## 三、升华

从蒸馏中我们知道液体的蒸气压随温度的升高而增大。一种液体在常压沸腾时其蒸气压等于101.33kPa，即蒸气压等于外界压力时液体沸腾。而固体的蒸气压也随温度而变化，当固体的蒸气压增大到外界压力时，也会直接气化，这就是升华。所以，升华是固体物质不经液相，直接转变为气相的过程。

固体物质经过升华为蒸气后又可冷却固化，利用这种蒸发—固化循环过程可用做物质提纯。

### （一）原理

首先考察固-液-气三相平衡图，如图5-4所示。

在三相点下，物质只有固、气两相，若降低温度，蒸气就不经过液态，而直接变成固态。若升高温度，固态也可不经过液态而直接变成蒸气。

因此，一般的升华操作应在三相点的温度下进行，不同的物质的三相点的蒸气压是不一样的，因此升华难易互不相同。通常情况下，分子对称性较高的固态物质，具有较高熔点，并且在熔点温度下具有较高的蒸气压，这类物质在三相点以下的温度容易升华。

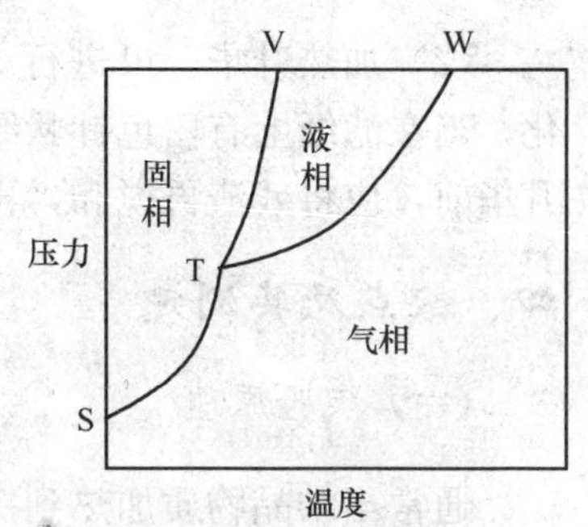


图 5-4　物质三相平衡关系图

图中：ST——固相与气相平衡时，固态物质的蒸气压曲线，它随温度的升高而增大；

TW——为液态物质的蒸气压曲线，即液相与气相的平衡曲线；

TV——固相与液相的平衡曲线，表示压力对熔点的影响；

T——三条曲线的交点，只有在此点，固、液、气三相可同时并存，T 点称为三相点

例如，六氯乙烷，三相点温度为 186℃，此时蒸气压是 1050kPa，其在 185℃的蒸气压为 1013.3kPa，因此在三相点以下就易升华了。

又如，樟脑，三相点温度为 179℃，其蒸气压为 49.3kPa，由于它在不达到熔点以前就有相当高的蒸气压，所以只要缓缓加热，使温度维持在 179℃以下，它就可以不经熔化直接升华。

应该注意的是，若加热过快，蒸气压超过三相点的平衡压力，就容易使固体熔化为液体，所以升华加热应该慢慢进行。升华也可在减压下进行，此时三相点温度降低，对于那些易分解的物质是不适应的。

（二）升华的应用

使用升华纯化固体的优点是不需使用溶剂，操作简便，同时还能除去藏在被升华的固体内的杂质，包括溶剂分子或其他残渣。例如，咖啡因的升华，咖啡因在 178℃升华，236℃熔化，通过升华除去包藏在分子内部的溶剂分子，以及使其与其他杂质分离。

升华的局限性：

(1) 被升华的物质在其熔点之下，应具有相当高的蒸气压，才可用升华操作。

(2) 选择性一般，如果杂质和产品的蒸气压接近，就不能达到有效分离，所以，升华操作远不如重结晶操作应用广泛。

(3) 升华的缺点：升华虽然可以得到较高纯度的产品，但操作时间较长，损失也较大，通常实验室只适用 1～2g 产品的纯化。

（三）实验操作

实验室常使用常压升华操作，粗产物放置于蒸发皿中，再覆盖一张穿有许多小孔（孔刺朝上）并比蒸发皿稍大的滤纸，再将大小合适的玻璃漏斗倒置于滤纸上，并且在漏斗顶部塞一团疏松棉花，以减少蒸气逸出。加热时，速度适当，并控制加热温度（低于三相点）。蒸气通过滤纸小孔上升，冷却后凝结于滤纸上或者漏斗壁上（注：升华操作通常是在从茶叶中提取咖啡因实验中应用）。

升华操作应注意：

(1) 应准备 2～3 张升华用（刺有小孔）滤纸。

(2) 加热升华，可进行 2 次，第一次一定要小心升温，使升华均匀进行，防止炭化，当在滤纸上有白色针状结晶产品时应停止加热，冷却打开漏斗，取出产品，第二次升华前，应将残渣再搅和，再升华，此步可在较高温度进行。

## 四、熔点及其测定

### (一) 实验原理

通常当结晶物质加热到一定的温度时，即从固态转变为液态，此时的温度可视为该物质的熔点。严格地说，熔点应为固液两相在大气压力成平衡时所对应的温度。

纯粹的固体有机化合物一般都有固定熔点，即在一定压力下，固液两态之间的变化是非常敏锐的，自初熔至全熔（熔点范围称为熔程），温度不超过 0.5～1℃，如该物质含有杂质，则其熔点往往较纯粹者为低，且熔程也较大，这对于鉴定纯粹的固体有机物来讲具有很大价值，同时根据熔程长短又可定性的看出该化合物的纯度。理想情况下，纯物质的熔点和凝固点是一致的。当加热纯固体物质时，在一段时间内温度上升，固体并不熔化。当固体开始熔化时，温度不会上升，直到所有固体都转变为液体，温度才会上升。

### (二) 仪器和试剂

仪器：提勒管、铁架台、150℃温度计、酒精灯、毛细管、表面皿、长玻璃管。

### (三) 实验步骤

提勒管式熔点管测定物质的熔点，装置如图 5-5 所示。

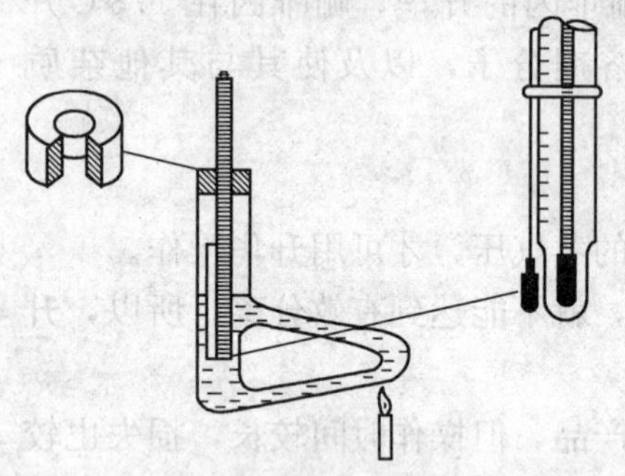

图 5-5 提勒管式熔点管测定物质的熔点装置

#### 1. 熔点管的制备

选取外径为 1～1.2mm，长为 70～75mm 的毛细管，用酒精灯火焰将其一端烧熔封闭，即制成熔点管。

#### 2. 样品的装填

放少许待测熔点的干燥样品（约 0.1g）置于干净的表面皿上，用玻璃棒将它研成粉末并集成一堆，将熔点管开口端向下插入粉末中，然后将熔点管开口端向上，轻轻地在桌面上敲击，以使粉末落入填紧管底。为了要使管内装入高 2～3mm 紧密结实的样品，一般需要如此重复数次，沾于管外的粉末须拭去，以免玷污加热溶液，要测得准确的熔点，样品一定要研得极细，装得结实，使热量的传导迅速均匀。

#### 3. 熔点测定

将提勒管垂直夹于铁架上，以甘油作为加热液体，将黏附有熔点管的温度计小心的伸入溶液中，使有样品的部分置于水银球侧面中部，以小火在图所示部分缓缓加热，开始时升温速度可以较快，到距离熔点 10～15℃时，调整火焰使每分钟上升 1～2℃。越接近熔点，升温速度应越慢（掌握升温速度是准确测定熔点的关键）。这一方面是为了保证充分的时间让热量从管外传至管内，以使固体熔化，另一方面因观察者不能同时观察温度计所示温度和样品的变化情况，只有缓缓加热，才能使此项误差减小。记下样品开始塌落并有液相产生时（初熔）和固体完全消失时（全熔）的温度计读数，即为该化合物的熔程，要注意初熔时是否有萎缩或软化，放出气体以及其他分解现象，例如一物质在 120℃时开始萎缩，121℃时有液滴出现，122℃时全部液化，应记录如下：熔点 121～122℃。

熔点测定，至少要有 2 次重复数据，每一次测定都必须用新的熔点管另装样品，不能将已测过熔点的熔点管冷却，使其中的样品固化后再做第二次实验。

如要测定未知物的熔点，应先对样品粗测一次，加热可以稍快，知道大致的熔点范围后，待浴温冷至熔点以下约 30℃左右，再取另一根装样的熔点管作精密的测定。

## 五、沸点的测定及简单蒸馏

### （一）基本原理

沸点是指液体的蒸气压与外界压力相等时的温度。该液体沸腾，即达到沸点，这种沸点就是该液体化合物的沸点。

我们知道，液体无论是在室温或加热下都可产生蒸发，使液体变成气体，也就是说，液体分子运动时，从液体表面逸出，而且这种倾向随温度升高而增大。如果把液体置于一个密闭的真空体系内，液体分子在运动中连续不断地逸出气体分子，并在液面上部形成蒸气。由于是密闭在真空体系中，蒸气量越来越多，最后分子由液面逸出的速度与分子由蒸气回到液体中的速度相同，而使得蒸气保持一定压力，在此平衡状态，液体上的蒸气达到饱和，所以称这种蒸气为饱和蒸气。那么蒸气对液面所施的压力称为饱和蒸气压。由上可知，液体的蒸气压只与温度有关，即温度越高，液体分子运动加快，液体与其蒸气就易达到平衡，其蒸气压越大。这就是说，液体在一定温度下具有一定的蒸气压，而与体系中存在的液体和蒸气的绝对量无关。

进一步理解沸点的定义是：当液体的蒸气压增大到与外界施于液面的总压力（即大气压）相等时，大量气泡从液体内部逸出，使液体沸腾，此时的温度就是该液体的沸点。那么蒸溜则是液体加热至沸腾，使液体变为蒸气，再使蒸气冷却，凝结为液体，这两步联合操作就称为蒸馏。蒸馏是利用不同物质沸点不同来进行分离、提纯的操作。

很明显，通过蒸馏可将易挥发的物质与不挥发的物质分开，也就是将沸点不同的液体混合物分离成各自的成分。

下面我们考虑混合物的分离情况：

图 5-6 表示二组分系统（A+B）蒸气-液体相图，图中，水平线表示恒定的温度；上曲线表示蒸气的组成，下曲线表示液体的组成，也指两组分在不同组成时的沸点。随着混合物 B 组分增多，沸点逐渐上升。A、B 的量用摩尔分数表示，左边的 A 代表纯物质 A，右边的

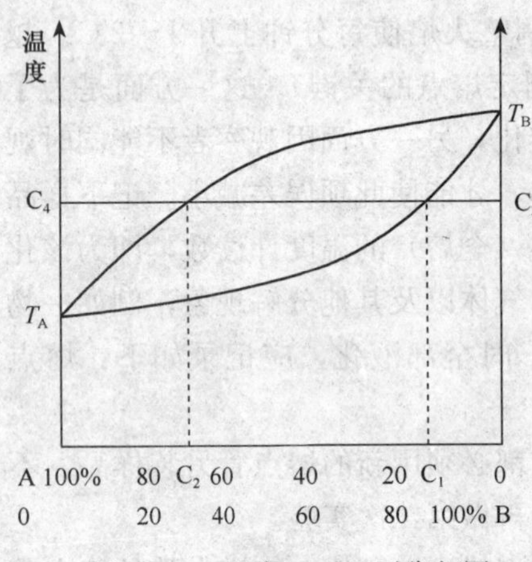

图 5-6　二组分(A、B)平衡相图

B 代表纯物质 B。如果是纯 A 或纯 B，蒸气曲线与液体曲线都会于沸点处，因此，不论是纯 A 或纯 B 都将在 $T_A$ 或 $T_B$ 这个恒定温度下蒸出，所以在蒸馏时，蒸气与液体的组成是一样的。但对于 A 与 B 的混合物来说，情况就不同了，下面予以讨论：

考虑 $C_1$（20％A 与 80％B）的组成，加热时，液体混合物的温度上升达到该混合物的沸点，此液体在此温度下开始蒸发，这相当于直线 $C_4$～$C_3$，那么得到的这种蒸气（及其冷凝的第一滴液体）的组成一定为 $C_2$ 的组成，与原始液体 $C_1$ 的组分相比，它含有较多易挥发的组分 A。

这说明，低沸点的组分 A 从混合物选择性地优先分离出来，液体的组成逐渐从 $C_1$（20％ A 与 80％ B）变成 100％B，液体的沸点也逐渐升高。

（二）简单蒸馏操作技术

普通的蒸馏装置如图 5-7 所示。普通的蒸馏方式只宜用于沸点在 40～150℃之间的液体，这是因为高于 150℃，许多物质都可能发生显著的分解。而对于低于 40℃沸点的液体，由于挥发性大，蒸馏回收困难，损失太大，所以对于高于 150℃沸点的液体，我们通常采用减压蒸馏，防止其蒸馏物质发生分解。

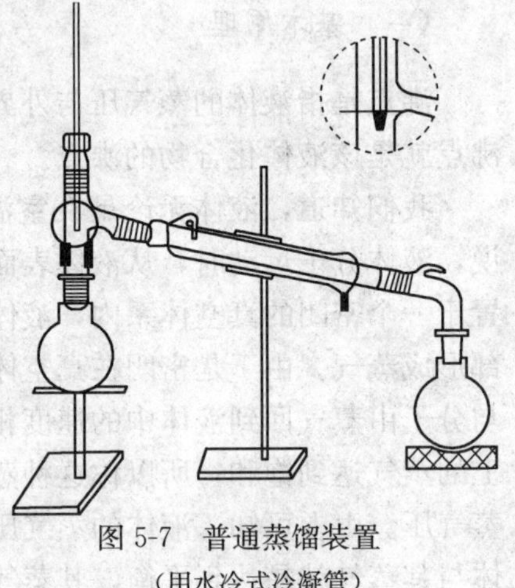
图 5-7　普通蒸馏装置
（用水冷式冷凝管）

具体操作是：

（1）称重——在蒸馏前，应将产品、接收瓶称重；蒸馏结束后，应将产品（馏分）、前馏分、残液都分别称重。

（2）爆沸——蒸馏应防止爆沸，要加沸石。这是因为液体有可能加热到超过其沸点，而实际上不沸腾，当这种“过热液体”突然沸腾时，就易发生危险的爆沸现象，通常是加入 2～3 粒陶瓷片（沸石）至冷的液体，因为陶瓷是一种多孔、表面积大的物质，沸石内储备有许多空气，通过加热，它可以在液体内释放出均匀的气泡，而使液体平稳的沸腾。加沸石时注意，绝不能把沸石加入到沸腾的液体内，沸石只能用一次，这是因为冷却时，沸石内的小孔已被液体饱和，达不到释放空气的目的。

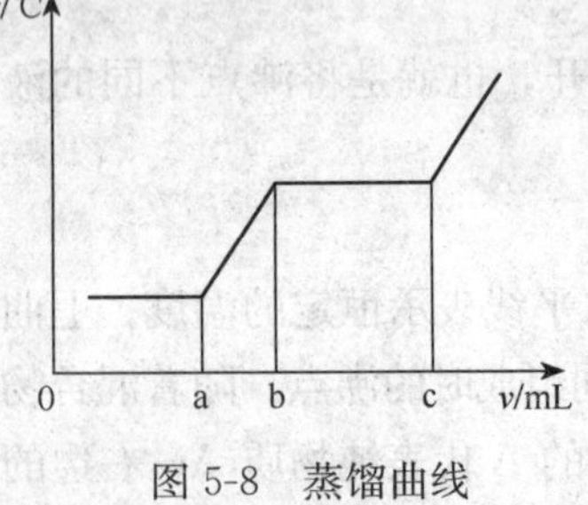

图 5-8　蒸馏曲线

（3）蒸馏速度——蒸馏速度一般控制在每秒钟不超过 1～2 滴。

（4）绘制蒸馏曲线——蒸馏曲线是将沸腾温度对馏出液的数量（mL）作图。如图 5-8所示。记录应在沸腾温度上升时进行（如 a 点），经过中间馏分（a～b）之后，所要的产物开始馏出（b～c），通常是被分离物质的沸点越接近，中间馏分的量就越大（a～b）。如果只存在一种纯净的物质，则主馏分（b～c）应在几乎恒定的温度下蒸出，当几乎要蒸完时，因蒸气稍有过热，温度一般略有升高 1～2℃，此时应该停止加热。

（三）操作注意事项

（1）如果蒸馏出的物质易受潮分解，可在接引管上边接一个氯化钙干燥管；如果蒸馏的时放出有毒气体，则尚需装配气体吸收装置。如果蒸馏出的物质易挥发、易燃或有毒，则可在接受器上连接一长橡皮管，通入水槽的下水管内或引出室外。

（2）丙酮沸点 56℃，应防着火，所以应该离开火源，同时不能用明火直接加热；丙酮蒸气有毒，应防止直接吸入。注意通风，蒸馏时应有较好的冷却效果。

（3）铁夹防止过紧或过松。

## 六、分馏

（一）分馏的应用

分馏是用来分离提纯沸点接近的有机液体混合物的方法。因为蒸馏只能分离提纯沸点差别较大的物质，对沸点较接近的混合物，难于分开，所以对于沸点接近的混合物，通常采用分馏的方法。

（二）仪器介绍

工业上最典型的设备是分馏塔，实验室中是采用分馏柱，如下图 5-9 所示。如韦氏柱（Vigreux）、Dufton、Hempel 等。为了提高分离效率，在分馏柱中装入大面积的填充物，填充物之间保留一定的空隙。

（三）分馏过程

当蒸馏瓶内沸点相差不大的混合物经加热沸腾变为蒸气进入分馏柱时，因柱外空气的冷却，蒸气中高沸点的组分就会被冷却为液体，回流入烧瓶中，因而使上升的蒸气含易挥发组分（低沸点部分）的相对量增多，而冷凝下的液体含不易挥发组分（高沸点组分）的相对量增多。

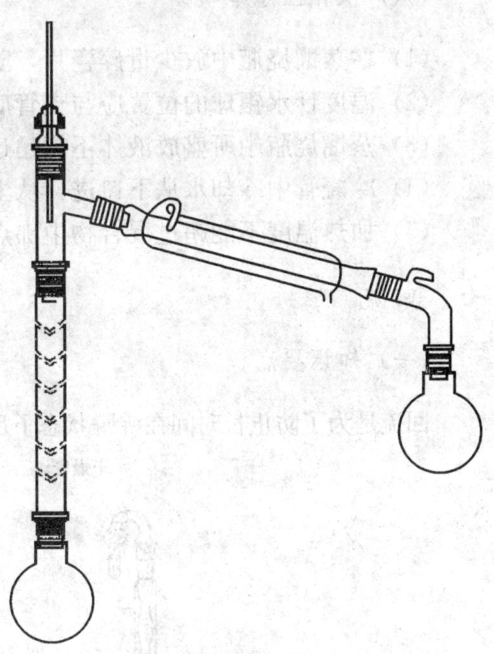

图 5-9　分馏装置

当冷凝液在回流途中遇到上升的蒸气，二者进行热交换，上升蒸气中高沸点组分又被冷凝，使低沸点组分又增加了，而分馏柱中的填充物则是增加回流液体和上升蒸气的接触面，从而达到好的热交换效果。如此在分馏柱中反复进行着气化，冷凝，回流等程序，使易挥发的组分首先从柱上部逸出，而难挥发的组分则向下回流入烧瓶，这就是分馏的基本过程。

（四）分馏效率

分馏效率与柱的高度、绝热性能和填充物的类型有关。

1. 分馏柱的高度

分馏柱越高，蒸气和冷凝液接触的机会也越多，效率越高。但分馏柱过高，分馏速度会变慢，所以选择分馏柱要适当。

2. 填充物

柱中填料品种与分离效率也有关系，通常实验室采用有玻璃管填料、瓷管填料、金属丝填料等。

（五）注意事项

分馏装置的装配原理和蒸馏装置基本相同。实验时把分馏的液体倒入烧瓶中，其体积以不超过烧瓶容量的 1/2 为宜，投入几粒沸石或几根上端封闭的毛细管。安装好分馏装置，经检查合格后可开始加热。

（六）操作注意事项

（1）在蒸馏烧瓶中放少量碎瓷片，防止液体暴沸。
（2）温度计水银球的位置应与支管底口下缘位于同一水平线上。
（3）蒸馏烧瓶中所盛放液体不能超过其容积的 2/3，也不能少于 1/3。
（4）冷凝管中冷却水从下口进，从上口出。
（5）加热温度不能超过混合物中沸点最高物质的沸点。

## 七、回流

（一）知识要点

回流是为了防止长时间在沸腾状态下反应体系中物质逃逸的一种装置，如图 5-10 所示。

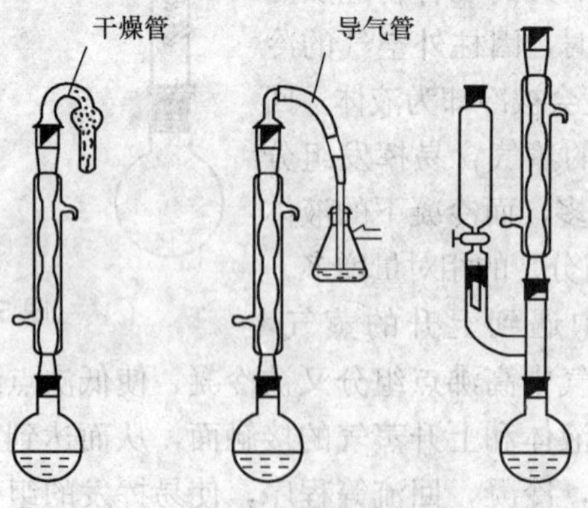


图 5-10　回流装置

（二）操作要点

回流冷凝装置中，回流冷凝管夹套中自下而上通入冷却水，水流速度可适当控制，但需保持蒸气充分冷凝；加热控制使蒸气不超过冷凝管高度的 1/3。

如果反应体系需防潮，可在回流冷凝管上端安装干燥管。

如果反应过程中放出有害气体，可接气体吸收装置。

对于反应剧烈、放热量大的化学反应，可采用带滴液漏斗的回流装置。

回流中，圆底烧瓶的大小应使反应物大约占烧瓶容量的 1/3～1/2，最多不超过 2/3，回流装置应自下而上地安装。

## 八、水蒸气蒸馏

水蒸气蒸馏是纯化分离固体或液体有机化合物的方法之一。

（一）应用范围

(1) 反应混合物含有较多的树脂状杂质或不挥发性杂质。
(2) 要求除去易挥发的有机物。
(3) 从固体多的反应混合物中分离被吸附的液体产物。
(4) 某些有机物在沸点温度容易分解，采用水蒸气蒸馏可在 100℃以下蒸出。

被提纯物质须具备的条件：
(1) 不溶或难溶于水。
(2) 在沸腾下与水不起化学反应。
(3) 在 100℃左右，该化合物应具有一定的蒸汽压，一般不小于 10333Pa。

（二）水蒸气蒸馏的基本原理

根据道尔顿分压定律，当有机物与水一起共热时，整个体系的蒸汽压力等于各组分蒸汽压之和：$p=p_{H_2O}+p_A$（$p$＝总蒸汽压，$p_{H_2O}$＝水的蒸汽压，$p_A$＝有机物质的蒸汽压）。

当混合物的总蒸汽压等于外界大气压时，液体就沸腾，此时温度即为该物质的沸点。显然，混合物的沸点都低于任何一组分的沸点。因此，在常压下应用水蒸气蒸馏，就能在低于 100℃的情况下将高沸点组分与水一起蒸馏出来，这样的操作就叫做水蒸气蒸馏。

例如：苯甲醛的沸点为 178℃，将水蒸气通入含苯甲醛的反应混合物中，当温度达到 97.9℃，苯甲醛蒸气压为 56.5mmHg（1mmHg＝133.32Pa），水蒸气压为 703.5mmHg，即两者的总和 $p_=$56.5＋703.5＝760mmHg，也就是说，在大气压时，混合物加热到 97.9℃就沸腾，苯甲醛随水蒸气一起蒸馏出来。在水蒸气蒸馏中，有机物与水的质量比等于两者的分压分别和两者的分子质量乘积之比，即

$$m_A/m_{H_2O}=M_A\times p_A/M_{H_2O}\times p_{H_2O}$$

代入上述数据得到

$$m_A/m_{H_2O}=106\times 56.5/18\times 703.5=1/3=33\%$$

这个值是理论值，因为实验中有相当一部分水蒸气来不及与被蒸出物质作充分接触就离开烧瓶，同时，苯甲醛微溶于水，所以实验蒸出的水高于理论值。

（三）操作要点

（1）先装好装置，如图 5-11 所示。水蒸气发生装置应用电炉做热源，水蒸气发生器内的水量不能超过 3/4，在此我们一般用 1/3 或 1/4 即可，并加入几粒沸石。

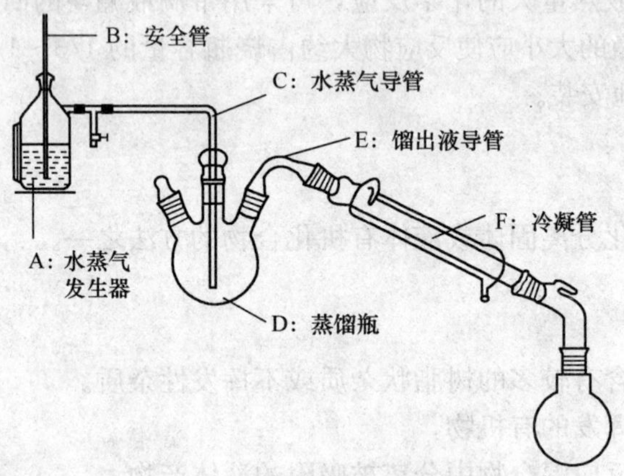


图 5-11　水蒸气蒸馏装置

（2）水蒸气发生器中的长玻璃管，一般长度为 70～100cm，作为安全管，如果出现水位增高说明某一部分被阻塞，此时应立即将止水夹放开检查系统是否阻塞；如果不及时处理，可能发生塞子冲出，液体飞溅的危险。

（3）在加热水蒸气发生器时，应将 T 形管上的橡皮管放空；当水加热后，有蒸汽从 T 形管冲出时，关紧弹簧夹，使水蒸气进入烧瓶中，为了使蒸汽不致在烧瓶中冷凝而积累过多，可在烧瓶下隔石棉网用酒精灯小火加热。

（4）如发现安全管内水柱过高，说明水蒸气系统内压力增高，管道可能堵塞，应打开弹簧夹，移走热源，检查，排堵塞再开始蒸馏。

（5）对于冷凝管内壁蒸馏出来的固体，可调小冷凝水甚至停止冷凝水流入，也可将冷凝水放掉，待固体溶化，再通冷凝水。

（6）蒸馏瓶盛的被蒸馏物质不能超过容积的 1/3，而且蒸馏瓶下面应该装酒精灯和石棉网，如果蒸馏瓶内容积超过 2/3，或蒸馏速度不快时，可以加热；如发现崩跳现象，可以不加热，以防意外。

（7）当馏出液无明显油珠，澄清透明时可以停止蒸馏，操作是先打开弹簧夹，移走热源，不可颠倒，以防止倒吸。

## 九、减压蒸馏

（一）减压蒸馏原理

普通蒸馏通常只适应沸点在 40～150℃的液体混合物提纯，因为高于 150℃，许多物质都可发生显著分解或者部分分解。例如：乙酰乙酸乙酯在常压下（760mmHg）的沸点是181℃，但如果采用常压蒸馏，乙酰乙酸乙酯部分分解而生成脱氢醋酸（或去水乙酸 dehydro acetic acid），简称DHA，脱氢醋酸是由1分子烯醇式和1分子酮式，脱去2分子乙醇，缩合而成的黄色固体，所以应用常压下的普通蒸馏可使乙酰乙酸乙酯发生分解反应，如果将蒸馏系统内的压力降低，那么温度就会降低，所以减压蒸馏可避免采用高温，从而可避免以上这种现象发生。

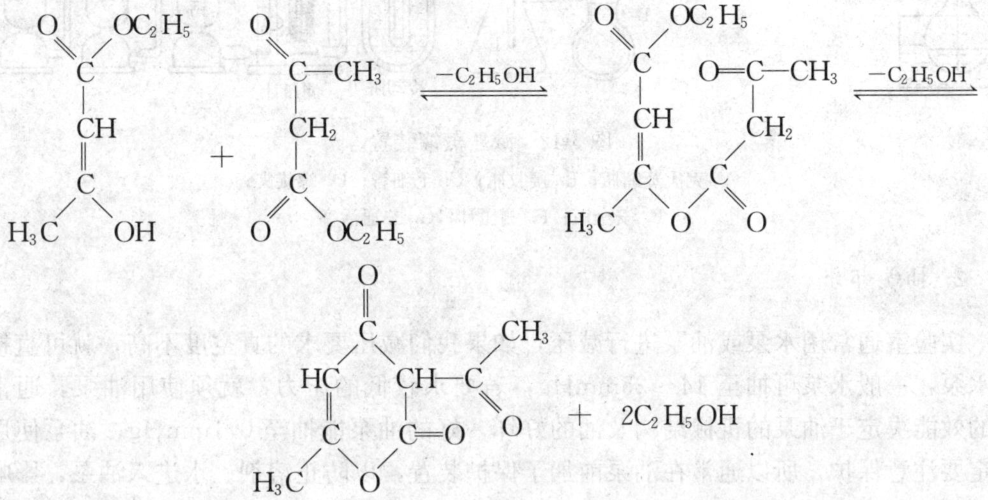

$$CH_3C(OH)=CH-COOC_2H_5 + CH_3CO-CH_2-COOC_2H_5 \xrightleftharpoons{-C_2H_5OH} (\text{O=C}(OC_2H_5)-CH=C(CH_3)-O-C(=O)-CH_2-C(=O)-CH_3) \xrightleftharpoons{-C_2H_5OH} (\text{DHA}) + 2C_2H_5OH$$

液体沸腾的温度是随外界施于液面的压力的降低而降低。例如，在760mmHg（1个大气压）水的沸点100℃，而压力在640mmHg时，水的沸点95℃，也就是在95℃时水就沸腾了。

如果在蒸馏装置上接上真空泵，使液体表面上的压力降低，即可降低液体的沸点，这时在较低压力下进行蒸馏的操作就称为减压蒸馏。

减压蒸馏时物质的沸点与压力有关，有些物理化学常数表中或文献中可查到减压蒸馏所选择的压力相对应的沸点范围，如果查不到时，通常的经验方式是：外压减少一半，沸点大约降低15℃。如某化合物在标准压力（760mmHg）下沸点是180℃，则在380mmHg（1mmHg=133.32Pa）时，沸点则是165℃，而在190mmHg时，沸点为150℃等。

### （二）减压蒸馏装置

减压蒸馏装置分为蒸馏部分、抽气（减压）部分以及在它们之间的保护和测压装置部分，如图5-12所示。

#### 1. 蒸馏部分

采用圆底烧瓶和克氏蒸馏头的目的是避免减压蒸馏时瓶内蒸馏物由于沸腾而进入冷凝管中，其中一颈插温度计，另一颈上插毛细管，毛细管距瓶底约1～2mm；毛细管的作用是便于平稳蒸馏，避免液体过热而产生暴沸溅跳现象；毛细管上端带有螺旋夹的橡皮管是调节进入的空气量，使有少量空气进入液体呈微沸小气泡冒出，作为液体沸腾的气化中心。

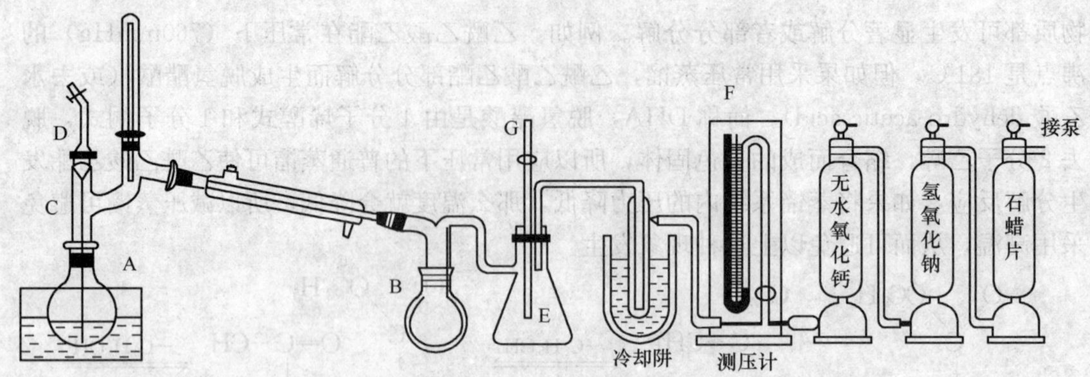


图 5-12　减压蒸馏装置

A. 克氏蒸馏瓶；B. 接收瓶；C. 毛细管；D. 螺旋夹；
E. 安全瓶；F. 测压计；G. 二通活塞

2. 抽气部分

实验室通常用水泵或油泵进行减压，如果我们减压要求的真空度不高，就可直接使用水泵，一般水泵可抽至 14～25mmHg，若要求较低的压力，就须使用油泵，通常油泵的效能决定于油泵的机械结构及油的好坏，好的油泵能抽至 0.1mmHg，油泵使用时一定要注意保护，所以通常在油泵前加了保护装置，以防止溶剂、水进入油泵，影响真空度。如果有挥发性的有机溶剂蒸气进入油泵，就会被油吸收，从而增加了油的蒸气压，影响真空效能。如果有酸性蒸气就会腐蚀油泵；如果是水蒸气就会使油形成乳浊液，破坏了油泵的正常操作。

3. 保护及测压装置部分

保护系统中装有安全瓶、冷却阱、酸、水吸收塔，安全瓶是用调节系统压力及放气之用；冷却阱则是将可能的挥发性溶剂气体吸收；酸性吸收塔是用来吸收酸性蒸气的；氧化钙吸收塔是用来吸收经酸性吸收塔后还未除净的残余水蒸气；测压计的作用是指示减压蒸馏系统内的压力，称为水银测压计，有两种，一种是封闭式，另一种是开口式；这里用的是封闭式。

（三）操作

（1）装好仪器，并检查系统能否达到所要求的压力。检查方法：关闭安全瓶上的活塞及毛细管上夹子旋紧，然后抽气，观察能否达到所要求的压力。

（2）旋紧毛细管上的螺旋夹，打开安全瓶活塞；开泵抽气，逐渐关闭活塞，从测压计观察真空度，调到所需压力。

（3）加料至蒸馏瓶中，不超过容积的 1/2，再关好安全瓶活塞，开动油泵。

（4）调节毛细管上的螺旋管至液体有平稳气泡发生。

（5）压力稳定后再进行加热；此时应注意压力的变化，如果不符，应注意调节；蒸馏速度以 0.5～1 滴/s 为宜。

（6）蒸馏完毕，除去热源，打开活塞，平衡内外压力，待水银柱缓慢恢复原状，然后关闭抽气泵。

实验室中也常用旋转蒸发仪来除去体系中的有机溶剂，它的优点是由于蒸发器的不断旋转，蒸发面大，加快了蒸发速度，同时可以不加沸石蒸发而不会暴沸。

## 基本操作训练

### 实验一　用 $KI\text{-}H_2O$ 溶液从 $I_2\text{-}CCl_4$ 溶液中萃取 $I_2$

#### 一、实验目的

（1）了解萃取和洗涤的原理和意义。

（2）掌握萃取装置的安装与操作。

（3）学会萃取的方法。

#### 二、实验原理见萃取和洗涤的基本操作一

见萃取和洗涤的基本操作一。

#### 三、仪器和试剂

仪器：分液漏斗、试管、烧杯、铁架台等。

试剂：$CCl_4\text{-}I_2$、$KI\text{-}H_2O$。

#### 四、实验步骤

1. 多次萃取

取 10mL 0.01%的 $I_2\text{-}CCl_4$ 溶液分别每次用 20mL 1% $KI\text{-}H_2O$ 溶液进行二次萃取操作，分离后，取经二次萃取后的 $I_2\text{-}CCl_4$ 层 3mL 于编号为 1 的试管中备用。

2. 一次萃取

（1）准确量取 10mL 0.01%的 $I_2\text{-}CCl_4$ 溶液，放入分液漏斗中，再加入 40mL 1% $KI\text{-}H_2O$ 溶液进行萃取操作，分去 $KI\text{-}H_2O$ 溶液层，取 $I_2\text{-}CCl_4$ 层 3mL 于编号为 2 的试管中备用。

（2）准确量取 10mL 0.01%的 $I_2\text{-}CCl_4$ 溶液，放入分液漏斗中，再加入20mL 1% $KI\text{-}H_2O$ 溶液进行萃取操作，分去 $KI\text{-}H_2O$ 溶液层，取 $I_2\text{-}CCl_4$ 层 3mL 于编号为 3 的试管中备用。

3. 结果处理

（1）将盛有 3mL 0.01%的 $I_2\text{-}CCl_4$ 溶液的试管（编号为 4）分别与编号为 1、2、3 的试管的颜色进行比较，列表记录实验数据并分析结果。

（2）通过比较总结所用萃取剂量、萃取次数与萃取效应的关系。

4. 安全事项

$CCl_4$ 蒸气对人体有伤害，请注意安全。

## 五、思考题

(1) 影响萃取法的萃取效率因素有哪些？怎样才能选择好溶剂？

(2) 使用分液漏斗的目的何在？使用分液漏斗时要注意哪些事项？

# 实验二　熔点的测定

## 一、实验目的

(1) 了解熔点测定的意义。

(2) 掌握毛细管法测定固体熔点的操作方法。

## 二、仪器和试剂

齐勒管，熔点管，温度计（200℃），玻璃管（40cm），表面皿，玻璃钉，乙酰苯胺，苯甲酸，未知物，甘油。

## 三、实验步骤

1. 测乙酰苯胺的熔点

(1) 熔点管的制备。制取 5～6 支熔点管。

(2) 填装样品。取 0.1g 乙酰苯胺，在洁净干燥的表面皿上，用玻璃钉仔细研磨成粉末状后聚成一小堆。按填装样品中所述方法填装 2 支熔点管，填装样品高度为 2～3mm。

(3) 安装仪器。将齐勒管固定在铁架台上，高度以酒精灯火焰可对侧管处加热为准。在齐勒管中装入甘油，液面与上侧管平齐即可。将附有熔点管的温度计安装在齐勒管中两侧管之间。

(4) 加热测熔点。用酒精灯在侧管底部加热。当温度升至近 100℃时，移动酒精灯，使升温速度减慢至约 1℃/min，当温度升至近 110℃时，将酒精灯移至侧管边缘上缓慢加热，使温度上升更慢些。注意观察熔点管中样品的变化，记录初熔和全熔的温度。样品全熔后，撤离并熄灭酒精灯。待温度下降 10℃以上后，取出温度计，将熔点管弃去，换上另一支盛有样品的熔点管，重复测定一次。

2. 测定苯甲酸熔点

取苯甲酸 0.1g，在洁净的干燥的表面皿上研细后，填装 2 支熔点管，用上述方法测其熔点。记录结果，并据此检验自制苯甲酸的纯度。

3. 测定未知样品熔点

向教师领取未知样一份，在洁净干燥的表面皿上研细后，填装 3 支熔点管。用上述方法测其熔点。其中第一次可较快升温，粗略测一次，得到粗略熔点后，再精测两次。

根据所测熔点，推测可能的化合物，并向教师索取该化合物。测定此化合物熔点，若与未知样化合物熔点相同，在将其与未知样混合并测定其熔点，以确认测定结果。

## 四、注意事项

（1）甘油黏度较大，挂在壁上的流下后就可使液面超过侧管。另外，加热后，其热膨胀也会使液面升高。

（2）由于两侧管内浴液的对流循环作用，使齐勒管中部温度变化比较稳定，熔点管在此位置受热较均匀。

（3）已测定过熔点的样品，经冷却后，虽然固化，但也不能再用做第二次测定。因为有些物质受热后，会发生部分分解，还有些物质转变成不同熔点的其他结晶形式。

## 五、思考题

（1）测定熔点时，为什么要用热浴间接加热？

（2）为什么说通过测定熔点可检查有机物的纯度？

（3）测定熔点时如遇下列情况，会产生什么后果？

① 熔点管不洁净。

② 样品不干燥。

③ 样品研得不细或填装不实。

④ 加热速度太快。

（4）如果测得一未知物的熔点与其已知物的熔点相同，是否可以就此确认它们为同一化合物？为什么？

# 实验三　水蒸气蒸馏法提取八角茴香

## 一、实验目的

（1）了解水蒸气蒸馏的原理和意义。

（2）初步掌握水蒸气蒸馏装置的安装与操作。

（3）学会从八角茴香中分离茴油的方法。

## 二、实验原理

八角茴香，俗称大料，常用做调味料。八角茴香中含有一种精油，叫做茴油，其主要成分是茴香脑，为无色或淡黄色液体，不溶于水，易溶于乙醇和乙醚。工业上用作食品、饮料、烟草等的增香剂，也用于医药方面。

茴油具有挥发性，可通过水蒸气蒸馏从八角茴香中分离出来。

## 三、仪器和试剂

仪器：水蒸气发生器，三口烧瓶（250mL），锥形瓶（250mL），直形冷凝管，蒸馏弯头，接液管，长玻璃管（50cm），T形管，螺旋夹。

原料：八角茴香，水。

## 四、实验步骤

1. 安装仪器

安装水蒸气蒸馏装置，用锥形瓶作接受器。水蒸气发生器中装入约占其容积 2/3 的水。

2. 加料

称取 5g 八角茴香，捣碎后放入 250mL 三口烧瓶中，加入 15mL 水。连接好仪器。

3. 加热蒸馏

检查装置气密性后，接通冷却水，打开 T 形管上的螺旋夹，开始加热。

当 T 形管处有大量蒸气逸出时，立即旋紧螺旋夹，使蒸气进入烧瓶，开始蒸馏，调节蒸汽量，使馏出速度控制在 2～3 滴/s。

4. 停止蒸馏

当馏出液体积达 150mL 时，打开螺旋夹，停止加热，稍冷后，停通冷却水，拆除装置。记录馏出液体积，并倒入指定容器中。

## 五、注意事项

(1) 可事先用小火将烧瓶内的混合物预热，以防蒸汽在烧瓶中过多冷凝聚集。

(2) 八角茴香的水蒸气蒸馏若达到馏出液澄清透明需要的时间较长，所以本实验只要求接受 150mL 馏出液。

(3) 也可用 10mL 乙醚分 2 次萃取馏出液，将萃取液交教师统一蒸馏出溶剂，即可得精油产品。

(4) 实验中应随时观察安全管内水位上升情况，如发现水位上升时，应立即打开螺旋夹，排除蒸气通路中的堵塞问题。

# 第六章　化学实验技术（Ⅱ）的性质鉴定

有机化合物的化学性质是指有机化合物能够发生的一些化学反应。有机化学反应大多发生在分子中的官能团上。不同官能团具有不同的特性，可以发生不同的反应。相同官能团在不同的化合物中，由于受分子中其他部分的影响不同，反应性能也会有所差异。利用官能团的这些特性反应，可以对其进行定性鉴定。

并非所有反应都能用于官能团的鉴定，只有那些反应迅速、灵敏度高、现象变化明显、操作安全方便的反应才可用来鉴定有机物。

## 实验一　甲烷的制备及烷烃的性质与鉴定

### 一、实验目的

（1）熟悉甲烷的实验室制法。

（2）鉴定烷烃的性质。

（3）了解气体净化的意义和方法。

### 二、实验原理

1. 甲烷的制备

实验室中，甲烷可由无水乙酸钠和碱石灰共热来制取。反应式如下：

$$CH_3COONa + NaOH \xrightarrow[\triangle]{CaO} CH_4 + Na_2CO_3$$

由于反应温度较高，在生成甲烷的同时，还会产生少量乙烯、丙酮等副产物。其中乙烯对甲烷的性质鉴定有干扰，可通过浓硫酸将其吸收除去。

2. 烷烃的性质

甲烷和其他烷烃的化学性质都很稳定。在一般条件下，与强酸、强碱、溴水和高锰酸钾都不反应。但在光照下可发生卤代反应生成卤代烷烃。在空气中燃烧，生成二氧化碳和水。

### 三、仪器和试剂

仪器：大试管（硬质 2.5cm×20cm），支管试管（2.0cm×20cm），导气管，尖嘴管，烧杯（100mL），表面皿。

试剂：无水乙酸钠，碱石灰，氢氧化钠，浓硫酸（96%～98%），饱和溴水，高锰酸钾溶液（0.1%），碳酸钠溶液（5%），石油醚，液体石蜡，溴的四氯化碳溶液（3%），氢氧化钠溶液（20%）。

## 四、实验步骤

1. 甲烷的制备

称取4g无水乙酸钠、2g碱石灰和2g粒状氢氧化钠，在研钵中研细混匀后，装入干燥的硬质试管中，管口配上带有导气管的塞子。用铁夹将试管固定在铁架台上，管口端稍稍倾斜向下，导管的另一端通过塞子插入盛有10mL浓硫酸的支管试管中距管底1cm处，装置如图6-1所示。

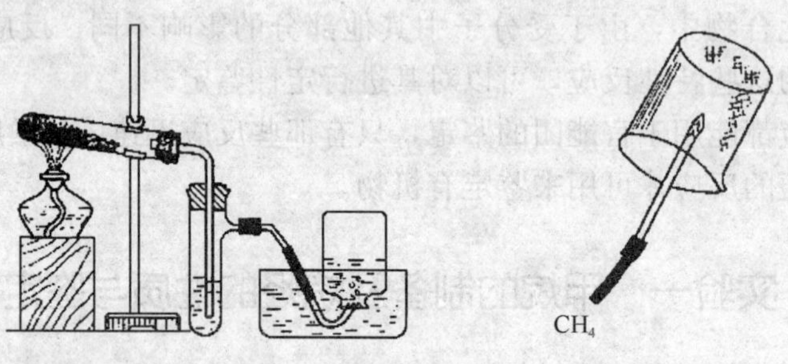


图6-1 气体收集装置

2. 甲烷的性质

(1) 稳定性。在一支试管中加入饱和溴水和蒸馏水各1mL，在另一支试管中加入0.1%高锰酸钾溶液和5%碳酸钠溶液各1mL，分别向两支试管中通入经浓硫酸洗过的甲烷约1min，观察溶液的颜色有无变化。记录现象并解释原因。

(2) 可燃性。在导管的尖嘴处点燃纯净的甲烷气体。观察火焰颜色和亮度。在火焰的上方罩上一个干燥的烧杯（图6-1），观察烧杯底壁上有什么现象发生？记录现象并解释原因。再将烧杯用澄清的石灰水（或少量饱和氯化钡溶液）润湿后，罩在火焰上，观察有什么现象发生、记录现象并解释原因，写出有关化学反应式。

3. 烷烃的通性

(1) 稳定性。在一支试管中加入0.1%高锰酸钾溶液和5%碳酸钠溶液各1mL，在另一支试管中加入饱和溴水2mL，再分别向两支试管中各加入石油醚1mL，振摇后观察现象。在盛有溴水的试管中两层液体的颜色有什么变化？记录并解释原因。

另取2支试管，各加入1mL液体石蜡，然后在一支试管中加入1mL浓硫酸，另一只支试管中加入1mL20%氢氧化钠溶液，振荡后观察现象，记录并解释原因。

(2) 可燃性。在一块表面皿上滴4～5滴石油醚或液体石蜡，点燃，观察现象并记录，说明发生了什么反应。

(3) 取代反应。取两支试管，各加入1mL石油醚和5滴3%溴的四氯化碳溶液，振摇后，一支立即用黑纸包好放于暗处，另一支置于阳光或日光灯下照射约10min。比较2支试管中现象有什么不同，记录并解释原因。

## 五、注意事项

(1) 浓硫酸具有强腐蚀性，应避免触及皮肤或衣物。

（2）甲烷与空气能形成爆炸性混合物！应在甲烷气体发生平稳后再做可燃性实验。

（3）无水乙酸钠很易吸潮，需经熔融处理后方可使用。也可用含有结晶水的乙酸钠来制取无水乙酸钠，将乙酸钠晶体置于蒸发皿中加热，并不断搅拌。乙酸钠开始熔化并溶解在结晶水中，随后由于水分蒸发而凝固。此时应继续加热并搅拌，乙酸钠则再次熔融，呈深灰色液体，经充分搅拌几分钟后，放置冷却又凝为固体。将固体转移至研钵中研细，立即装瓶，存放于干燥器中。

乙酸钠受热熔化后极易暴沸外溅，操作时要特别小心，最好戴上防护眼镜，以防溅入眼中。在整个熔融过程中，应不断搅拌，以减少外溅，同时可使熔融物冷却时不致结成硬块黏固在蒸发皿上。

此项工作可在实验前，由实验教师完成。

（4）碱石灰又叫苏打石灰，是氢氧化钠和生石灰的混合物。市售碱石灰含有指示剂。无水时为白色固体，吸水后呈粉红色，使用前需要焙烧或烘干。否则，碱石灰失效可导致实验失败。在碱石灰中加入等量的固体氢氧化钠，可加速甲烷的形成。碱石灰中的生石灰虽然不直接参加反应，但却在其中起以下作用：

① 作吸湿剂。氢氧化钠的吸湿性很强，而水的存在不利于甲烷的生成，生石灰可吸收氢氧化钠所吸附的水分。

② 增加透气性。加入生石灰后混合物变得比较疏松，有利于生成的甲烷气体及时逸出。

③ 保护试管。熔融的氢氧化钠对玻璃试管具有较强的腐蚀性，生石灰的存在可对试管起到保护作用。

（5）试管口向下倾斜式是为了防止反应中生成的副产物丙酮的冷凝液倒流回试管底，引起红热的试管炸裂。

（6）由前向后加热是为了使先生成的甲烷顺利逸出。如果先加热试管底部，开始生成的甲烷气体容易冲散混合物，甚至堵塞导管。

（7）溴水中通入甲烷气体的时间不宜过长，否则易挥发的溴被甲烷气流带走，溶液颜色也会消失，造成错误的实验结果。

（8）当可燃性气体在空气中含量达到一定比例时，点燃混合气体会因剧烈燃烧而爆炸。可燃性气体在空气中的这个比例范围称为该气体的爆炸极限。甲烷在空气中的爆炸极限为5％～15％（体积分数）。因此，点燃可燃气体时，要保证气体的纯度。燃烧试验一般要放到性质实验的后面，气体发生平稳，空气排空之后再进行，以确保安全。

（9）纯净甲烷燃烧的火焰应为蓝色。若甲烷中夹杂有丙酮蒸汽，火焰就会变成黄色。或者由于甲烷在玻璃尖嘴处燃烧，玻璃中的钠元素使火焰呈黄色。

（10）石油醚不是醚类化合物，而是低级烷烃（主要是戊烷和己烷）的混合物。它是石油分馏时的一种轻质馏分，沸点范围为30～60℃（或60～90℃）常用做有机溶剂。

（11）液体石蜡是高级烷烃（$C_{18}H_{38}$～$C_{22}H_{46}$）的混合物。由重油经减压蒸馏所得的馏分，沸点在 300℃以上。可用做医药及化妆品的润滑剂。

## 六、思考题

(1) 实验室中制取甲烷为什么需要干燥的仪器和药品?

(2) 碱石灰的主要成分有哪些? 在制取甲烷时，各起什么作用?

(3) 制取甲烷的试管口为什么要稍向下倾斜?

(4) 为什么溴水通入甲烷气体的时间不宜过长?

(5) 本实验中如何证明甲烷燃烧的产物是二氧化碳和水?

(6) 烷烃的溴代反应为什么用溴的四氯化碳溶液而不用溴水?

# 实验二　不饱和烃的性质与鉴定

## 一、实验目的

(1) 了解乙烯、乙炔的制备原理，熟悉它们的实验室制法。

(2) 验证乙烯、乙炔的主要性质，掌握烯烃、炔烃的鉴定方法。

## 二、实验原理

1. 乙烯、乙炔的制备

(1) 乙烯的制备。乙醇在浓硫酸作用下，于 170℃发生分子内脱水生成乙烯，反应式为

$$\underset{\boxed{H\quad\quad OH}}{CH_2—CH_2} \xrightarrow[170℃]{浓硫酸} CH_2=CH_2+H_2O$$

在 140℃时，乙醇主要发生分子间脱水生成乙醚：

$$CH_3CH_2O—\boxed{H+HO}—CH_2CH_3 \xrightarrow[140℃]{浓硫酸} CH_3CH_2OCH_2CH_3+H_2O$$

温度对这 2 个平行反应影响很大，控制加热温度，使反应温度迅速升至 160℃以上，可使反应以生成乙烯为主。

浓硫酸具有较强的氧化性，在反应条件下，能将乙醇氧化成一氧化碳、二氧化碳等，自身则被还原为二氧化硫。为防止杂质气体干扰乙烯的性质检验，将生成的混合气体通过一个盛有氢氧化钠溶液的洗气瓶，二氧化碳、二氧化硫等酸性气体就会被碱液吸收，从而得到较为纯净的乙烯气体。

(2) 乙炔的制备。实验室中，乙炔是由电石（碳化钙）与水作用制得的，反应式为

$$CaC_2+H_2O \longrightarrow CH\equiv CH+Ca(OH)_2$$

电石与水的作用十分激烈，为使反应和缓进行，可采用向体系中逐渐滴加饱和食盐水的方式，以便平稳均匀地产生乙炔气流。

工业电石中常含有硫化钙、磷化钙和砷化钙等杂质，它们与水作用可生成硫化氢、磷化氢和砷化氢等恶臭、有毒的还原性气体，它们的存在不仅污染空气，也干扰乙炔的性质检验。将反应生成的混合气体通过盛有硫酸铜溶液的洗气瓶时，这些杂质气体就会

被吸收。

2. 乙烯、乙炔的性质

乙烯、乙炔都是不饱和烃，分子中的π键非常活泼，容易与溴发生加成反应，也容易被高锰酸钾氧化。反应式为

$$CH_2{=}CH_2 + Br_2 \longrightarrow \underset{\text{Br}}{CH_2}{-}\underset{\text{Br}}{CH_2} \qquad CH_2{=}CH_2 + 2Br_2 \longrightarrow \overset{\text{Br}}{\underset{\text{Br}}{CH}}{-}\overset{\text{Br}}{\underset{\text{Br}}{CH}}$$

（红棕色）　　（无色）　　（红棕色）　　（无色）

$$3CH_2{=}CH_2 + 2MnO_4^- + 4H_2O \longrightarrow 3\underset{\text{OH}}{CH_2}{-}\underset{\text{OH}}{CH_2} + 2MnO_2\downarrow + 2OH^-$$

（紫红色）　　（无色）　（棕褐色）

$$5CH_2{=}CH_2 + 12MnO_4^- + 36H^+ \longrightarrow 10CO_2\uparrow + 12Mn^{2+} + 28H_2O$$

$$3CH_2{=}CH_2 + 10MnO_4^- + 2H_2O \longrightarrow 6CO_2\uparrow + 10MnO_2\downarrow + 10OH^-$$

其他烯烃和炔烃也可发生同样反应。

由于反应前后有明显的颜色变化或沉淀生成，所以这些性质可用于乙烯、乙炔及其他烯烃、炔烃的鉴定。

乙炔分子中的氢原子性质活泼，具有弱酸性，可与硝酸银氨溶液或氯化亚铜氨溶液作用，生成金属炔化物沉淀。利用此反应可鉴定乙炔及其他末端炔烃。反应式为

$$CH{\equiv}CH \xrightarrow{Ag^+} AgC{\equiv}CAg$$

（白色）

$$CH{\equiv}CH \xrightarrow{Cu^+} CuC{\equiv}CCu\downarrow$$

（红色）

乙烯、乙炔都可在空气中燃烧，生成二氧化碳和水。

## 三、仪器和试剂

仪器：蒸馏烧瓶（50mL、100mL），恒压滴液漏斗（或滴液漏斗配恒压管），导气管和尖嘴管，温度计（200℃），洗气瓶（125mL）。

试剂：乙醇（95%），浓硫酸（96%～98%），氢氧化钠溶液（10%），稀溴水（2%），高锰酸钾溶液（0.1%），碳酸钠溶液（5%），电石，饱和食盐水，硫酸铜溶液（10%），硝酸银溶液（2%），氢氧化钠溶液（10%），氨水（2%），氯化亚铜溶液（3%），羟氨溶液（10%），稀硝酸溶液（6mol/L），黄砂。

## 四、实验步骤

1. 乙烯的制备

在干燥的50mL蒸馏烧瓶中加入6mL95%乙醇，在振摇下分批加入8mL浓硫酸，

再加入约 3g 黄砂。将烧瓶固定在铁架台上，瓶口配上带有温度计的塞子。温度计的汞球部分应浸入反应液中，但不能接触瓶底。烧瓶的支管通过玻璃导管与盛有 30mL10% 氢氧化钠溶液的洗气瓶连接，气体导入管应插入吸收液面下，装置如图 6-2 所示。检查装置的气密性后，先用强火加热，使反应液温度迅速升至 160℃，再调节热源，使温度维持在 165～175℃，即有乙烯气体产生。

2. 乙烯的性质与鉴定

(1) 实验装置如图 6-2 所示。将导气管插入盛有 2mL 稀溴水的试管中，观察溴水的颜色变化。发生了什么反应?

(2) 将导气管插入盛有 1mL 高锰酸钾溶液和 1mL 碳酸钠溶液的试管中，观察溶液颜色的变化及沉淀的生成。发生了什么反应?

(3) 将导气管插入盛有 2mL 高锰酸钾溶液和 2 滴浓硫酸的试管中，观察溶液颜色的变化。发生了什么反应?

(4) 在尖嘴管口处点燃乙烯气体，观察火焰明亮程度。发生了什么反应?

记录上述实验现象并解释原因。

3. 乙炔的制备

在干燥的 100mL 蒸馏烧瓶中，放入 7g 小块电石，将烧瓶固定在铁架台上。瓶口安装恒压滴液漏斗，漏斗中装入 15mL 饱和食盐水。蒸馏烧瓶支管通过导管与盛有 30mL 硫酸铜溶液的洗气瓶连接，导管应插入吸收液中，装置如图 6-3 所示。

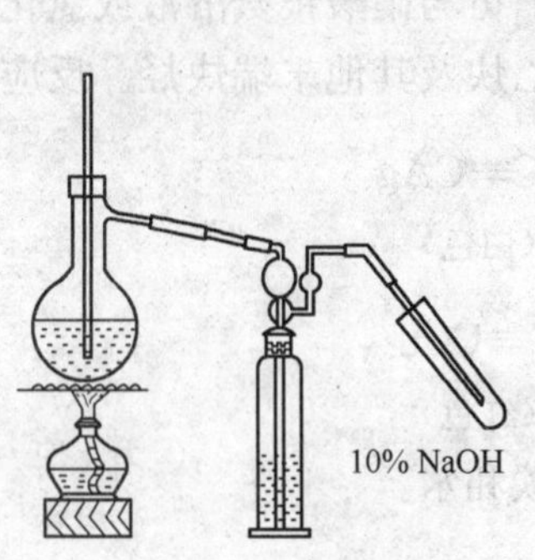


图 6-2 乙烯发生装置

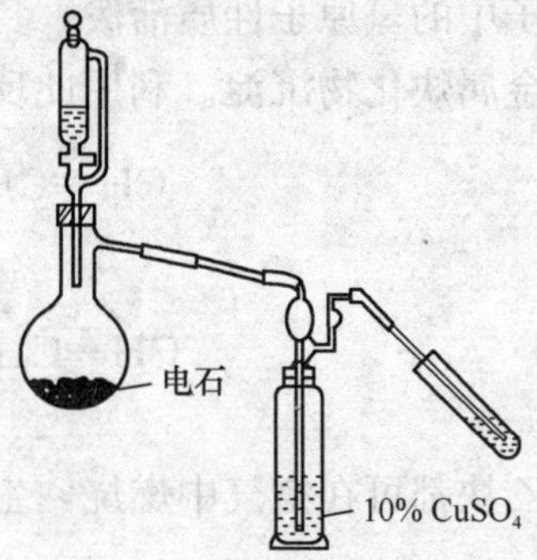


图 6-3 制取乙炔气体

检查装置严密性后，缓慢旋开滴液漏斗的旋塞，逐滴加入饱和食盐水，就会有乙炔气体发生。

4. 乙炔的性质与鉴定

(1) 将导气管插入盛有 2mL 稀溴水的试管中，观察溶液颜色变化。发生了什么反应?

(2) 将导气管插入盛有 1mL 高锰酸钾溶液和 1mL 碳酸钠溶液的试管中，观察溶液颜色的变化及沉淀的生成。发生了什么反应?

(3) 将导气管插入盛有 2mL 高锰酸钾溶液和 2 滴浓硫酸的试管中，观察溶液颜色的变化。发生了什么反应?

(4) 在试管中加入 1mL2%硝酸银溶液和 1 滴 10%氢氧化钠溶液，边振摇边滴加 2%氨水，直到沉淀恰好溶解（不要加过量!），得到澄清透明的硝酸银氨溶液。将导气管尖嘴清洗后，插入此溶液中，观察现象。发生了什么反应？

（5）在试管中加入 1mL 氯化亚铜氨溶液和 1mL 盐酸羟氨溶液，混合后蓝色退去。将导气管清洗后插入此溶液中，观察现象。发生了什么反应？

（6）擦干尖嘴管口，点燃乙炔气体，观察火焰亮度和黑烟的多少，并与甲烷、乙烯的燃烧情况进行对比。

记录上述实验现象并解释原因。

## 五、注意事项

（1）实验时，导气管尖嘴必须插入试管中的液面下。

（2）乙烯、乙炔的燃烧试验应放在其他试验项目后边做，以防空气未排尽之前，点燃混合气体而引起爆炸事故！乙烯在空气中的爆炸极限为 2.75%～28.6%，乙炔在空气中的爆炸极限为 2.5%～80%，范围较宽，实验时一定要注意安全。

燃烧试验进行的时间不宜过长，看清现象后即应熄灭火焰，以防烟尘污染空气。简便的熄灭方法是用手折曲连接尖嘴管的软胶管，断绝气源，火焰即可自行熄灭。

（3）乙烯的性质试验做完后，应先断开连接烧瓶与洗气瓶的橡胶管，再停止加热，否则容易引起碱液倒吸。

（4）金属炔化物在干燥状态下，受热会发生猛烈爆炸，并放出大量热！实验完毕，不要将金属炔化物沉淀随意倒掉，必须加酸分解。先将沉淀上面的清液弃去，然后加 2mL 稀硝酸（或稀盐酸）加热至沸。分解反应为

$$AgC{\equiv}CAg + 2HNO_3 \longrightarrow 2AgNO_3 + CH{\equiv}CH\uparrow$$

$$CuC{\equiv}CCu + 2HCl \longrightarrow CuCl_2 + CH{\equiv}CH\uparrow$$

（5）乙烯、乙炔性质试验所用的各种试剂，应事先加入试管中，一旦气体发生后，便可立即连续进行各项实验，以免造成气体浪费而不够用。

（6）浓硫酸是脱水剂，但具有较强的氧化性，在反应条件下，可将乙醇氧化成一氧化碳、二氧化碳和炭等，使溶液变黑，本身被还原成二氧化硫，反应式为

$$CH_3CH_2OH + 6H_2SO_4 \longrightarrow 2CO_2\uparrow + 6SO_2\uparrow + 9H_2O$$

$$CH_3CH_2OH + 4H_2SO_4 \longrightarrow 2CO\uparrow + 4SO_2\uparrow + 7H_2O$$

$$CH_3CH_2OH + 2H_2SO_4 \longrightarrow 2C + 2SO_2\uparrow + 5H_2O$$

二氧化硫是还原剂，能使高锰酸钾和溴水退色。将气体通过盛有氢氧化钠溶液的洗气瓶，即可除去二氧化硫和二氧化碳。一氧化碳在常温下不与高锰酸钾和溴水反应，不影响实验结果。

（7）加入黄砂的目的：一是起催化作用，促进反应向生成乙烯的方向进行。二是可减少泡沫，防止暴沸。没有黄砂时，可加几粒沸石代替。

（8）可将烧瓶倾斜，放入电石后，再慢慢竖立起来，使电石沿瓶壁落入瓶底，以免砸坏烧瓶。

（9）由于亚铜盐容易被空气氧化为二价铜盐，故溶液颜色变蓝。羟氨是一种强还原剂，加入后，可将 $Cu^{2+}$ 还原成 $Cu^{+}$，使溶液变为无色。

## 六、思考题

(1) 制备乙烯时，加入浓硫酸起什么作用？浓硫酸为什么要在冷却下分批加入？

(2) 制备乙烯的反应，温度计为什么要插入液面下？为什么要使反应温度迅速升至160℃以上？否则会有什么不良后果？

(3) 在乙烯、乙炔的制备装置中，洗气瓶各起什么作用？

(4) 制备乙炔时，为什么使用饱和食盐水来代替水与电石反应？若不用滴液漏斗而直接将饱和食盐水加入烧瓶中，可以吗？为什么？

(5) 燃烧试验的时间为什么不宜过长？如何快速熄灭火焰？

(6) 金属炔化物有什么特性？实验后应如何处置？

(7) 试设计一种简便的鉴别甲烷、乙烯、乙炔的实验方法。

# 实验三 醇、酚、醚的性质与鉴定

## 一、实验目的

(1) 验证醇、酚、醚的主要化学性质。

(2) 掌握醇、酚的鉴别方法。

## 二、实验原理

醇和酚的分子中都含有羟基，由于羟基连接碳链或芳环不同，使醇和酚的化学性质有着显著的差别。

1. 醇的性质与鉴定

醇的特征反应与醇羟基有关。羟基中的氢原子比较活泼，可被金属钠取代生成醇钠，同时放出氢气。

$$2RCH_2OH + 2Na \longrightarrow 2RCH_2ONa + H_2$$

醇钠水解后生成氢氧化钠，可用酚酞检验。

醇与金属钠的反应速度随烃基增大而减慢。

醇分子中的羟基还可被卤原子取代，生成卤代烃。

$$RCH_2OH + HX \longrightarrow RCH_2X + H_2O$$

伯、仲、叔醇与卢卡斯试剂作用时，生成的卤代烷不溶于卢卡斯试剂而出现混浊或分层。叔醇反应最快，室温下能立即出现混浊，放置后分为两层；仲醇反应较慢，需微热几分钟后可出现混浊；而伯醇无明显变化。因此，卢卡斯试剂实验，可根据出现混浊的快慢来鉴别三级醇。

此外，伯、仲醇因含 α-氢原子，易被强氧化剂如高锰酸钾、重铬酸钾等氧化，而叔醇在室温下不易被氧化。如用重铬酸钾的硫酸溶液与伯、仲、叔三级醇作用时，伯醇和仲醇被氧化，橘红色的重铬酸钾被还原成绿色的 $Cr^{3+}$，叔醇不氧化，溶液颜色不变。可利用这一性质鉴定叔醇。

$$RCH_2OH + Cr_2O_7^{2-} + 10H^+ \longrightarrow RCOOH + 2Cr^{3+} + 6H_2O$$

$$R_2CHOH + Cr_2O_7^{2-} + 12H^+ \longrightarrow RCOR + 2Cr^{3+} + 7H_2O$$

多元醇可与某些金属氢氧化物作用生成类似盐类的物质。如丙三醇、乙二醇及1,2-二醇都能与新配制的氢氧化铜溶液作用，生成绛蓝色溶液，此反应可用于丙三醇及1,2-二醇等邻位二元醇的鉴别。

$$\begin{matrix} CH_2OH \\ | \\ CHOH \\ | \\ CH_2OH \end{matrix} + Cu(OH)_2 \longrightarrow \begin{matrix} CH_2{-}O \\ \quad\quad \backslash\, Cu \\ CH{-}O \\ | \\ CH_2{-}OH \end{matrix} + 2H_2O$$

（蓝色、固态）　（绛蓝色、液态）

2. 酚的性质与鉴定

酚羟基与芳环直接相连。由于两者相互影响，使酚羟基具有弱酸性（比碳酸弱），可溶于氢氧化钠溶液，但不溶于碳酸氢钠溶液。苦味酸（2,4,6-三硝基苯酚）则具有较强的酸性，可溶于碳酸氢钠溶液，生成相应的钠盐。

$$C_6H_5{-}OH + NaOH \longrightarrow C_6H_5{-}ONa + H_2O$$

$$2,4,6\text{-}(O_2N)_3C_6H_2{-}OH + NaHCO_3 \longrightarrow 2,4,6\text{-}(O_2N)_3C_6H_2{-}ONa + CO_2\uparrow + 2H_2O$$

受酚羟基的影响，苯环变得活泼，取代反应容易进行。例如，常温下苯酚与溴水反应，可生成2,4,6-三溴苯酚白色沉淀，反应灵敏，现象明显，可用于苯酚的定性鉴别。

$$C_6H_5OH + 3Br_2 \xrightarrow{H_2O} 2,4,6\text{-}Br_3C_6H_2OH\downarrow + 3HBr$$

（白色）

此外，大多数的酚类都可与三氯化铁溶液作用发生特征性的显色反应，且不同结构的酚，颜色也不相同。此性质可用于酚类的鉴别。

$$6C_6H_5OH + FeCl_3 \longrightarrow [Fe(OC_6H_5)_6]^{3-} + 6H^+ + 3Cl^- \quad \text{（紫色）}$$

3. 醚的性质

醚的分子中没有活泼官能团，性质比较稳定，但能与浓的强无机酸作用生成佯盐，故醚可溶于浓硫酸中。佯盐用冰水稀释时，又分解为原来的醚和酸。利用此性质可分离或除去混在卤代烷中的醚。此外，醇、醚、酮、酯等中性含氧有机物，也都能形成佯盐而溶于浓硫酸。

$$R{-}O{-}R + H_2SO_4 \longrightarrow [R{-}\overset{H}{\underset{..}{O}}{-}R]^+ HSO_4^-$$

$$[\,R-\overset{H}{\ddot{O}}-R\,]^+ HSO_4^- \xrightarrow{H_2O} R-O-R + H_2SO_4$$

乙醚是最常用的一种醚。在空气中长期放置时，可被空气逐渐氧化生成过氧化物。过氧化物受热后容易分解发生剧烈爆炸。为防止实验时发生意外事故，使用乙醚前应检查过氧化物的存在。

## 三、仪器和试剂

仪器：试管，酒精灯，三脚架，石棉网，烧杯。

试剂：无水乙醇，正丁醇，仲丁醇，叔丁醇，乙二醇，甘油，苯酚，对苯二酚，苦味酸，乙醚（化学纯），工业乙醚，酚酞溶液，卢卡斯试剂，金属钠，饱和溴水，浓硫酸，3mol/L稀硫酸，10%碳酸氢钠溶液，10%碳酸钠溶液，10%硫酸酮溶液，10%氢氧化钠溶液，5%重铬酸钾溶液，1%三氯化铁溶液，1%硫氰化铵溶液，2%硫酸亚铁铵溶液（新配制）。

## 四、实验步骤

### （一）醇的性质与鉴定

1. 与金属钠的作用

在 2 支干燥的编码试管中，分别加入 1mL 无水乙醇、正丁醇，再各加入一粒绿豆大小的金属钠，振摇，观察两支试管中反应速度有何差异。

待试管中钠粒完全消失后，静置冷却，醇钠从溶液中析出，使溶液变黏稠（甚至凝固）。然后向试管中加入 5mL 水，并滴入 2 滴酚酞指示剂，观察溶液颜色的变化。

记录上述实验现象并解释原因。

2. 与氧化剂作用

在 3 支编码试管中各加入 1mL 5%$K_2Cr_2O_7$溶液和 1mL 3mol/L 硫酸溶液，振荡混匀后，分别加入 5 滴正丁醇、仲丁醇、叔丁醇，振摇后用小火加热，观察现象，记录并解释原因。

3. 与卢卡斯试剂作用（伯、仲、叔醇的鉴别）

在 3 支干燥的编码试管中，分别加入 0.5mL 正丁醇、仲丁醇、叔丁醇，再各加入 1mL 卢卡斯试剂，管口配上塞子，用力振摇片刻后静置，观察各试管中的变化，并记录第一个出现浑浊的时间。然后将其余 2 支试管放入约 50℃水浴中温热几分钟，取出观察，记录上述实验现象并解释原因。

4. 多元醇与氢氧化铜的作用

在 2 支试管中，各加入 1mL 10%$CuSO_4$溶液和 1mL 10%NaOH 溶液，混匀，立即析出蓝色氢氧化铜沉淀。向两支试管中分别滴入 5 滴甘油、乙二醇，振摇并观察溶液颜色的变化。记录并解释原因。

### （二）酚的性质与鉴定

1. 弱酸性

在试管中放入约 0.3g 苯酚晶体和 1mL 水，振摇并观察其溶解性。将试管在水浴中加热几分钟，取出观察其中的变化。将溶液冷却，有什么现象发生？向其中滴加 10% NaOH 溶液并振荡，发生了什么变化？

在两支试管中，各加入约 0.3g 苯酚晶体，再分别加入 10%NaOH、10%$NaHCO_3$ 溶液各 1mL，振摇并温热后，观察并对比两支试管中的现象。

在试管中加入约少量苦味酸，再加入 1mL 10%$NaHCO_3$溶液，振摇并观察现象。

2. 与溴水作用

在试管中放入少量（约 0.1g）苯酚晶体，并加入 2mL 水，振摇使其成为透明的苯酚稀溶液，向其中滴加饱和溴水，观察现象，记录并解释原因。

3. 与三氯化铁溶液作用

在 2 支试管中分别加入少量苯酚、对苯二酚晶体，各加水 2mL 振荡使其溶解。分别向 2 支试管中滴加新配制的 1%三氯化铁溶液，观察溶液颜色变化。记录现象并解释原因。

（三）醚的性质

1. 佯盐的生成与分解

在干燥试管中放入 1mL 乙醚，将试管置于冰水浴冷却后，再缓慢向其中滴加 2mL 冰冻的浓 $H_2SO_4$，振摇后观察现象。然后在振荡和冷却下，把试管内的混合液小心地倒入盛有 5mL 冰水的试管里，振摇后观察现象变化。记录并解释原因。

2. 过氧化物的检验

在试管中加入 1mL 2%$(NH_4)_2 \cdot Fe(SO_4)_2$溶液（新配制），滴入几滴 1%$NH_4CNS$ 溶液，再加入 1mL 工业乙醚，用力振摇后。观察溶液颜色有无变化，记录现象并解释原因。

## 五、注意事项

（1）金属钠遇水反应十分剧烈，容易发生危险！所以试管中若有未反应完全的钠粒时，绝不能加水，可用镊子将其取出放入酒精中分解，千万不能弃入水槽中！

（2）佯盐的形成是放热反应，容易使乙醚逸散并使已生成的佯盐分解，所以整个实验过程应始终保持在低温下进行。

（3）苯酚有毒并有腐蚀性，如不慎沾及皮肤应先用水冲洗，再用酒精擦洗，直至灼伤部位白色消失，然后涂上甘油。

（4）苦味酸是强酸，有腐蚀性，应避免它们与皮肤直接接触！

（5）使用 2 支以上试管同时进行物质的性质实验时，为方便观察并记录现象，可将试管按 1、2、3 顺序编上号码，简称编码。

（6）金属钠表面有一层氧化膜，应用小刀轻轻切去，以便使反应顺利进行。切下的钠皮屑放入盛有煤油的回收瓶中，不要乱丢。

（7）醇与钠的后期反应逐渐变慢，可将试管置于水浴中适当加热，促使反应进行完全。

（8）醇与氢卤酸的反应是可逆反应，其逆反应是卤代烷的水解。如果试管不干燥，将影响卤代烷的生成，甚至导致实验失败。

(9) 卢卡斯试剂即无水氯化锌的盐酸溶液，容易吸水而失效。因此必须在实验前新配制。方法如下：将 34g 熔融的无水氯化锌溶于 23mL 浓盐酸中，边搅拌冷却以防止氯化氢外逸。冷却后保存于试剂瓶中，塞紧。配制操作应在通风橱中进行。

(10) 苯酚在常温下微溶于水，但在 68℃时可与水混溶。

(11) 苯酚酸性较弱，不能溶于碳酸氢钠溶液，但能溶于碳酸钠溶液，因为碳酸钠水解时生成的氢氧化钠与苯酚反应生成了水溶性的苯酚钠：

$$Na_2CO_3 + H_2O \longrightarrow NaOH + NaHCO_3$$

$$C_6H_5{-}OH + NaOH \longrightarrow C_6H_5{-}ONa + H_2O$$

(12) 苦味酸的酸性比乙酸强，25℃时 $pK_a = 0.38$，所以可与碳酸氢钠作用放出二氧化碳，并生成苦味酸钠沉淀。

(13) 2,4,6-三溴苯酚的溶解度很小，即使是极稀的苯酚溶液加入溴水也会呈现混浊。溴水具有氧化性，加入过量时，可将 2,4,6-三溴苯酚氧化成醌类而呈淡黄色。

(14) 三氯化铁溶液在空气中容易发生还原或氧化反应，应在实验前新配制。

(15) 亚铁盐容易被氧化，试剂应在实验前新配制。乙醚中若含有过氧化物，可将硫酸亚铁铵中的 $Fe^{2+}$ 氧化成 $Fe^{3+}$，$Fe^{3+}$ 能与硫氰化铵发生配合反应，生成血红色的配合物。借此颜色变化来鉴别过氧化物的存在。

## 六、思考题

(1) 用 95%乙醇代替无水乙醇与金属钠反应可以吗？为什么？

(2) 在卢卡斯试剂试验中，试管中有水可以吗？为什么？

(3) 如何证明苯酚具有弱酸性？为什么苯酚不溶于碳酸氢钠溶液却能溶于碳酸钠溶液？

(4) 醚与强酸生成〓盐有什么实用意义？醇和酚都含有羟基，如何把醇和酚进行鉴别？

(5) 设计一实验方案，鉴别正丙醇，异丙醇和丙三醇。

(6) 设计一合适的实验方案，分离苯酚与苯甲醇的混合物。

# 实验四 醛和酮的性质与鉴定

## 一、实验目的

(1) 验证醛和酮的主要化学性质。

(2) 掌握醛和酮的鉴别方法。

## 二、实验原理

醛和酮分子中都含有羰基，因而化学性质相似。例如醛和酮都容易发生加成反应。醛、脂肪族甲基酮以及 8 个碳原子以下的环酮，都能与饱和亚硫酸氢钠溶液作用，加成

产物 α-羟基磺酸钠为白色冰状结晶：

$$\underset{\text{醛（或甲基酮）}}{\text{R(CH}_3\text{)HC}=\text{O}} + \text{NaHSO}_3 \rightleftharpoons \underset{\alpha\text{-羟基磺酸钠}}{\text{R(CH}_3\text{)HC(OH)SO}_3\text{Na}}$$

α-羟基磺酸钠与稀酸或稀碱共热，又分解成原来的醛酮。此性质可用于鉴别、分离和提纯醛或脂肪族甲基酮。

醛和酮都能与氨的衍生物发生缩合反应。例如，与 2,4-二硝基苯肼缩合生成固定熔点的黄色或橙红色的沉淀（苯腙类化合物）：

$$\text{R(CH}_3\text{)HC}=\text{O} + \underset{\text{2,4-二硝基苯肼}}{\text{H}_2\text{NNH}-\text{C}_6\text{H}_3(\text{NO}_2)_2} \longrightarrow \underset{\text{2,4-二硝基苯腙}}{\text{R(CH}_3\text{)HC}=\text{NNH}-\text{C}_6\text{H}_3(\text{NO}_2)_2}\downarrow$$

2,4-二硝基苯腙在稀酸作用下可分解成原来的醛或酮，因此这一反应常用来鉴定、分离和提纯醛或酮，可用于醛、酮。

此外，凡具有乙酰基结构的醛、酮或被次碘酸钠氧化后能生成乙酰基结构的醇，可与次碘酸钠发生碘仿反应，生成淡黄色碘仿。

$$CH_3-\underset{\underset{O}{\|}}{C}-R(H) \xrightarrow{NaOI} CHI_3\downarrow + (H)RCOONa$$

$$CH_3CH_2OH \xrightarrow{NaOI} CH_3CHO \xrightarrow{NaOI} CHI_3\downarrow + HCOONa$$

利用碘仿反应可鉴别甲基醛、酮和能够氧化成甲基醛、酮的化合物。

醛和酮的结构不同，性质也有差异。醛基上的氢原子非常活泼，容易发生氧化反应。较弱的氧化剂（如托伦试剂和斐林试剂）也能将醛氧化成羧酸。

与托伦试剂作用：

$$RCHO + 2Ag(NH_3)_2^+ + 2OH^- \xrightarrow[\triangle]{} RCOONH_4 + 2Ag\downarrow + 3NH_3 + H_2O$$

析出的银吸附在洁净的玻璃器壁上，形成银镜，因此这一反应又称银镜反应。酮不能被托伦试剂氧化，可利用这一反应区别醛和酮。

与斐林试剂作用：

$$RCHO + 2Cu^{2+} + NaOH + H_2O \xrightarrow[\triangle]{} RCOONa + Cu_2O\downarrow 4H^+$$

酮和芳醛不能被斐林试剂氧化，可用此反应区别脂肪醛和芳醛、醛和酮。

此外，醛还能与希夫试剂作用呈紫红色。甲醛与希夫试剂作用生成的紫红色比较稳定，加硫酸也不退色，利用这一特点可区别甲醛和其他醛。

## 三、仪器和试剂

仪器：试管，酒精灯，三脚架，石棉网，烧杯。

试剂：37%甲醛溶液，40%乙醛溶液，苯甲醛，丙酮，苯乙酮，甲醇，95%乙醇，异丙醇，2,4-二硝基苯肼试剂，斐林溶液 A，斐林溶液 B，饱和亚硫酸氢钠溶液，6mol/L 稀盐酸，碘-碘化钾溶液，10%氢氧化钠溶液，10%碳酸钠溶液，希夫试剂，2%硝酸银溶液，氨水，铬酸试剂，6mol/L 稀硝酸。

## 四、实验步骤

（一）羰基加成反应

在 3 支干燥的编码试管中，各加入 1mL 新配制的饱和 $NaHSO_3$溶液 1mL，然后分别加入 0.5mL 甲醛溶液、苯甲醛、丙酮，用力振摇后，在冰水浴中放置几分钟，取出观察有无结晶析出。若无晶体析出，用玻璃棒摩擦试管壁并静置几分钟，促使结晶析出。

取有结晶析出的试管，倾去上层清液，向其中一支试管中加入 2mL10%碳酸钠溶液，向其余试管中各加入 2mL 稀盐酸溶液，振摇并稍稍加热，观察结晶是否溶解？有什么气味产生？记录现象并解释原因。

（二）缩合反应

在 5 支编码试管中，各加入 1mL 新配制的 2,4-二硝基苯肼试剂，再分别加入 5 滴甲醛溶液、乙醛溶液、苯甲醛、丙酮、苯乙酮，用力振摇后静置。观察并记录现象，描述沉淀颜色的差异。

（三）碘仿反应

在 5 支编码试管中，分别加入 5 滴甲醛溶液、乙醛溶液、丙酮、乙醇、异丙醇，再各加入 1mL $I_2$-KI 溶液，边振摇边分别滴加 10% NaOH 溶液至碘的红色刚好消失，反应液呈微黄色为止。观察有无沉淀析出。将无沉淀析出的试管放入 60℃水浴中加热几分钟后取出，冷却，观察现象，记录并解释原因。

（四）氧化反应

1. 与铬酸试剂反应

在 3 支编码试管中分别滴加 3 滴乙醛溶液、苯甲醛、苯乙酮，再各加 3 滴铬酸试剂，摇匀后观察溶液颜色的变化。记录现象并解释原因。

2. 与托伦试剂反应

在洁净的试管中，加入 3mL 2% $AgNO_3$溶液，边振摇边向其中滴加浓氨水开始时出现棕色沉淀，继续滴加氨水，直至析出的沉淀恰好溶解为止（不宜多加，否则将会影响实验灵敏度）。

将此澄清透明的银氨溶液分装到 3 个洁净的编码试管中，再分别加入 2 滴甲醛溶液、苯甲醛、苯乙酮（加入苯甲醛、苯乙酮的试管需充分振摇），将 3 支试管同时放入 60～70℃的水浴中，静置加热（试管不要振摇，以利于银镜附着在试管壁上）几分钟后取出，观察有无银镜生成。记录现象并解释原因。

3. 与斐林试剂反应

在 4 支试管中，各加入 0.5mL 斐林试剂 A、B，摇匀后分别加入 5 滴甲醛溶液、乙醛溶液、丙酮、苯甲醛，充分振摇后，放在沸水浴中加热几分钟，取出观察现象差别，记录并解释原因。

（五）与希夫试剂反应

在 3 支编码试管中，各加入 1mL 新配制的希夫试剂，然后，分别加入 3 滴甲醛、乙醛、丙酮，振摇后静置几分钟，观察溶液颜色的变化。然后在加入甲醛、乙醛的试管中，各加入 1mL 浓硫酸，振摇后观察比较两支试管中溶液的颜色变化。记录并解释原因。

## 五、注意事项

（1）硝酸银溶液与皮肤接触，立即形成难于洗去的黑色金属银，故滴加和振摇时应小心操作!

（2）配制银氨溶液时，切忌加入过量的氨水，否则将生成雷酸银，受热后会引起爆炸，也会使试剂本身失去灵敏性。托伦试剂久置后会析出具有爆炸性的黑色氮化银沉淀，因此需在实验前配制，不可储存备用。

（3）加成产物 α-羟基磺酸钠可溶于水，但不溶于饱和亚硫酸氢钠溶液，因此能呈晶体析出。试验时，样品和试剂量较少，若试管带水，稀释了亚硫酸氢钠溶液，使其不饱和，晶体就难于析出。

（4）碱液不可多加，过量的碱会使生成的碘仿消失，而导致实验失败，因为氢氧化钠可将碘仿分解：

$$CHI_3 + 4NaOH \longrightarrow HCOONa + 3NaI + 2H_2O$$

（5）带有甲基的醇需先被次碘酸钠氧化成甲基醛或甲基酮后，才能发生碘仿反应。加热可促使醇的氧化反应快速完成。

（6）铬酸试验是区别醛和酮的新方法，具有反应速度快，现象明显等特点。但应注意伯醇和仲醇也呈正性反应现象，所以不能一同鉴别。

（7）进行银镜反应的试管必须十分洁净，否则无法形成光亮的银镜，只能产生黑色单质银沉淀。可将试管用铬酸洗液或洗涤剂清洗后，再用蒸馏水冲洗至不挂水珠为止。

银镜反应的温度也不宜过高，水的沸腾振动将使附在管壁上的银镜脱落。

（8）实验结束后，应在试管中加入少量硝酸溶液，加热煮沸洗去银镜，以免溶液久置后产生雷酸银。

（9）一般醛被氧化后，斐林试剂还原成砖红色的氧化亚铜沉淀，甲醛的还原性较强，可将氧化亚铜进一步还原成单质铜，形成铜镜。

（10）希夫试剂又称品红试剂。能与醛作用生成一种紫红色染料。一般对 3 个碳以下的醛反应较为敏感。产物加入过量强酸时可发生分解使颜色退去，唯独甲醛与希夫试剂的反应产物比较稳度，不易分解，所以可借此区别甲醛与其他醛类。希夫试剂久置后会变色失效，需在实验前新配制。

## 六、思考题

（1）醛和酮的性质有哪些异同之处？为什么？可用哪些简便方法鉴别它们？

（2）与饱和亚硫酸氢钠溶液的加成反应可以用来提纯甲醛和乙醛吗？为什么？

（3）哪些醛酮可以发生碘仿反应？乙醇和异丙醇为什么也能发生碘仿反应？

（4）进行碘仿反应时，为什么要控制碱的加入量？

（5）醛与托伦试剂的反应为什么要在碱性溶液中进行？在酸性溶液中可以吗？为什么？

（6）银镜反应为什么要使用洁净的试管？实验结束后为什么要用稀硝酸分解反应液？

（7）苯甲醇中混有少量苯甲醛，试设计一实验方案将其分离除去。

（8）用适当方法鉴别下列各组化合物：

丙醛、丙酮、异丙醇、正丙醇；

苯甲醇、苯甲醛、正丁醛、苯乙酮。

# 实验五　羧酸及其衍生物的性质与鉴定

## 一、实验目的

（1）验证羧酸及其衍生物的主要化学性质。

（2）掌握羧酸的鉴定方法。

## 二、实验原理

羧酸是分子中含有羧基官能团的有机物。其典型的化学性质是具有酸性，可与氢氧化钠和碳酸氢钠作用生成水溶性的羧酸盐。所以羧酸既能溶于氢氧化钠溶液、也能溶于碳酸氢钠溶液，以此作为鉴定羧酸的重要依据。某些酚类，特别是芳环上有强吸电子基的酚类具有与羧酸类似的酸性，可通过与三氯化铁的显色反应来加以区别。

甲酸分子中的羧基与一个氢原子相连，草酸分子中是两个羧基直接相连，由于结构特殊，它们都具有较强的还原性。甲酸可被托伦试剂氧化，发生银镜反应；草酸能被高锰酸钾定量氧化，常用作高锰酸钾的定量分析。

羧酸分子中的羟基可被卤原子、酰氧基、烃氧基和氨基取代生成酰卤、酸酐、酯和酰胺等羧酸衍生物。这些羧酸衍生物都具有相似的化学性质，在一定条件下，都能发生水解、醇解、氨解反应，其活泼性为酰卤＞酸酐＞酯＞酰胺。

## 三、仪器和试剂

仪器：试管，玻璃棒，带有导管的塞子，酒精灯，三角架，石棉网，烧杯。

试剂：甲酸，乙酸，冰醋酸，草酸，苯甲酸，乙酰氯，乙酸酐，乙酸乙酯，乙酰胺，无水乙醇，饱和碳酸钠溶液，10%碳酸钠溶液，3mol/L 硫酸，6mol/L 盐酸，10%氢氧化钠，20%氢氧化钠，5%硝酸银溶液，1%三氯化铁，0.5%高锰酸钾溶液，氨水，刚果红试纸，红色石蕊试纸，浓硫酸。

## 四、实验步骤

（一）羧酸的性质与鉴定

1. 酸性

（1）在 3 支编码试管中，分别加入 5 滴甲酸、5 滴乙酸、0.2g 草酸，再各加入 1mL 蒸馏水，振摇使其溶解。然后用干净的玻璃棒分别蘸取少许酸液，在同一条刚果红试纸上划线。作实验。观察试纸颜色变化，比较各条线颜色深浅并说明这 3 种酸的酸性强弱顺序。

（2）在 3 支试管中各加入 2mL 10%碳酸钠溶液，再分别加入 5 滴甲酸、5 滴乙酸、0.2g 草酸，振摇试管，观察有无气泡产生？是什么物质？记录实验现象并解释原因。

（3）在试管中加入 0.2g 苯甲酸和 1mL 蒸馏水，振摇并观察溶解情况。向试管中滴加 20%氢氧化钠溶液，振摇后，发生了什么变化？再向其中滴加 6mol/L 盐酸溶液，又发生了什么变化？记录实验现象并解释原因。

2. 酯化反应

在干燥试管中，加入 1mL 无水乙醇和 1mL 冰乙酸，并滴加 3 滴浓 $H_2SO_4$。用带有导管的塞子塞住试管口，小火加热 3～5min，将产生的蒸气通入盛有 2mL 饱和 $Na_2CO_3$ 溶液的试管中，观察液面有无分层现象？是否嗅到酯的香味？记录现象并写出有关反应式。

3. 甲酸和草酸的还原性

（1）在两支试管中分别加入 0.5mL 甲酸、草酸 0.2g，再各加入 0.5mL 0.5%高锰酸钾溶液和 0.5mL 6mol/L 硫酸溶液，振摇后加热至沸，观察现象，记录并解释原因。

（2）在一支洁净的试管中加入 1mL 1∶1 氨水和 5 滴 5%硝酸银溶液。在另一支洁净的试管中加入 1mL20%氢氧化钠和 5 滴甲酸，振摇后倒入第一只试管中，混匀。此时若有沉淀产生，可补加几滴氨水，使其恰好完全溶解。将试管放入 85～95℃水浴中加热几分钟后取出，观察有无银镜生成，记录实验现象并解释原因。

（二）羧酸衍生物的性质

1. 水解反应

（1）酰氯的水解。在试管中加入 1mL 蒸馏水，沿管壁慢慢滴加 3 滴乙酰氯，轻轻振摇试管，观察反应剧烈程度并用手摸试管底部。描述反应现象并说明反应是否放热。

待试管冷却后，向其中滴加几滴 2% $AgNO_3$ 溶液，观察有何变化。记录实验现象并写出有关化学反应式。

（2）酸酐的水解。在试管中加入 1mL 蒸馏水，并滴加 3 滴乙酸酐，振摇并观察其溶解性。再略微加热试管，观察现象变化并嗅其气味。生成了什么物质？写出有关化学反应式。

(3) 酯的水解。在3支编码试管中，分别加入1mL乙酸乙酯和1mL蒸馏水。再向其中一支试管中加入3mol/L的$H_2SO_4$溶液1mL，在另一支试管中加入20%氢氧化钠溶液0.5mL。将这3支试管同时放入70～80℃的水浴中，一边振摇，一边观察并比较酯层消失的快慢。哪一支试管中酯层消失的快一些？为什么？写出有关化学反应式。

(4) 酰胺的水解。

① 碱性水解。在试管中加入0.2g乙酰胺和2mL20%氢氧化钠溶液，振摇后加热至沸，是否嗅到氨的气味？在试管口用润湿的红石蕊试纸检验，有什么现象发生？记录并写出有关化学反应式。

② 酸性水解。在试管中加入0.2g乙酰胺和3mol/L的$H_2SO_4$溶液2mL，振摇后加热至沸，是否嗅到乙酸的气味？冷却后加入20%NaOH溶液至碱性（用试纸检验），嗅其气味。记录实验现象并解释原因。

2. 醇解反应

(1) 酰氯的醇解。在干燥的试管中5加入1mL无水乙醇，将试管置于冷水浴中，边振摇边沿试管壁慢慢滴入1mL乙酰氯。观察反应剧烈程度。待试管冷却后，再慢慢加入约3mL饱和$Na_2CO_3$溶液中和。当溶液出现明显分层后，嗅其气味，有无酯的特殊香味？写出有关化学反应式。

(2) 酸酐的醇解。在干燥的试管中加入1mL无水乙醇和1mL乙酸酐，混匀后，再逐滴加入3滴浓硫酸。振摇下在小火上加热至微沸。放置冷却后，慢慢加入约3mL饱和$Na_2CO_3$溶液中和至分层清晰。是否闻到酯的特殊香味？写出有关化学反应式。

## 五、注意事项

(1) 乙酰氯在空气中水解发白烟并有刺激性，操作最好在通风橱中进行！

(2) 乙酸酐有毒，使用时应避免直接与皮肤接触或吸入其蒸气！

(3) 蘸取不同酸液前，应清洗玻璃棒，以防不同酸液混合，造成实验现象不准确。

(4) 刚果红是一种酸碱指示剂。与弱酸作用呈棕黑色，与强酸作用呈蓝色，与中强酸作用呈蓝黑色。

(5) 银镜反应需在碱性介质中进行。甲酸的酸性较强，直接加入到弱碱性的银氨溶液中，会将银氨配合物分解失效，所以需先用碱中和甲酸。

(6) 乙酰氯与水、醇的反应十分剧烈，并常伴有爆炸声，操作时要十分小心，缓慢滴加，以防液体溅出。

(7) 乙酰氯非常容易发生水解，若试管不干燥，乙酰氯则首先发生水解反应而无法进行醇解反应。

## 六、思考题

(1) 甲酸为什么能发生银镜反应？其他羧酸有此性质吗？为什么？

(2) 酯化反应时，为什么加入饱和碳酸钠后，溶液才出现分层？乙酸乙酯在哪一层？

(3) 在碱性介质中，酯的水解速率较快，为什么？

(4) 根据实验中观察到的现象，比较并排列羧酸衍生物的反应活性顺序。

# 实验六　含氮有机物的性质与鉴定

## 一、实验目的

（1）验证胺类化合物的主要化学性质。

（2）掌握伯、仲、叔胺及尿素的鉴定方法。

## 二、实验原理

胺是一类具有碱性的有机化合物。低级脂肪胺除甲胺、二甲胺和三甲胺在常温下为气体外，其余为液体，具有特殊的鱼腥味。六个碳以下的胺能与水溶液混溶，其水溶液可使 pH 试纸呈碱性反应，这是检验胺类的简便方法之一，也是鉴定胺类的重要依据。

胺能与无机酸反应生成水溶性盐，所以不溶于水的胺可溶于强酸溶液中。胺是弱碱，在其盐溶液中加入强碱时，胺又游离出来，利用这一性质，可将胺从混合物中分离出来。

$$C_6H_5NH_2 + HCl \longrightarrow C_6H_5NH_2 \cdot HCl$$

苯胺（不溶于水）　　苯胺盐酸盐（可溶于水）

$$C_6H_5NH_2 \cdot HCl + NaOH \longrightarrow C_6H_5NH_2 + NaCl + H_2O$$

胺能与酰氯或酸酐反应生成酰胺。伯胺与苯磺酰氯作用生成的磺酰胺，因氮原子上有酸性氢原子，所以能溶解在氢氧化钠溶液中。

$$RNH_2 + C_6H_5SO_2Cl \longrightarrow C_6H_5SO_2NHR + HCl$$

伯胺　　苯磺酰氯　　苯磺酰胺（不溶）

$$C_6H_5SO_2NHR + NaOH \longrightarrow C_6H_5SO_2N^-RNa^+ + H_2O$$

（可溶性盐）

仲胺与苯磺酰氯作用生成的磺酰胺不溶于氢氧化钠溶液中，呈沉淀析出。

$$R_2NH + C_6H_5SO_2Cl \longrightarrow C_6H_5SO_2NR_2 \xrightarrow{NaOH} \text{不溶}$$

仲胺

叔胺分子中因氮原子上没有氢原子，不能发生酰化反应。利用这一性质，可鉴别伯、仲、叔三级胺。

胺类还可以和亚硝酸发生反应，不同结构的胺反应现象也不相同。脂肪族伯胺与亚硝酸作用生成相应的醇，同时放出氮气。

$$RNH_2 + HNO_2 \longrightarrow ROH + N_2 + H_2O$$

芳香族伯胺与亚硝酸在低温下作用生成重氮盐，重氮盐与β-萘酚发生偶联反应，生成橙红色染料。

$$C_6H_5-NH_2 + HNO_2 \longrightarrow C_6H_5-\overset{+}{N}\equiv NCl^-$$

苯胺　　重氮苯盐酸盐

$$C_6H_5-\overset{+}{N}\equiv NCl^- + C_{10}H_7OH \longrightarrow C_6H_5-N=N-C_{10}H_6-OH$$

β-萘酚　　（橙红色染料）

仲胺与亚硝酸作用生成黄色的（油状物或固体）亚硝基化合物。

$$C_6H_5-NH-CH_3 + HNO_2 \longrightarrow C_6H_5-N(CH_3)-NO + H_2O$$

*N*-甲苯胺（仲胺）　　*N*-亚硝基-*N*-甲苯胺（黄色）

芳香族叔胺与亚硝酸作用发生环上取代反应，生成绿色沉淀。

$$C_6H_5-N(CH_3)_2 + HNO_2 \longrightarrow p\text{-}ON-C_6H_4-N(CH_3)_2$$

*N*-*N*-二甲苯胺（叔胺）

对亚硝基-*N*-*N*-二甲苯胺（绿色晶体）

脂肪族叔胺与亚硝酸发生酸碱中和反应，生成可溶性的盐，没有明显的现象变化。

胺类与亚硝酸的反应不仅可用做伯、仲、叔胺的鉴别，还可以用于区别脂肪族和芳香族伯胺、脂肪族和芳香族叔胺。

苯胺是重要的芳胺，由于氨基对苯环的影响，具有一些特殊的化学性质。如容易与溴水作用生成 2,4,6-三溴苯胺白色沉淀。

$$C_6H_5-NH_2 + 3Br_2 \longrightarrow 2,4,6\text{-}Br_3C_6H_2-NH_2\downarrow + 3HBr$$

此反应灵敏度高，现象明显，可用来鉴定苯胺。苯酚也能发生同样反应，可通过检验酸碱性或用三氯化铁溶液加以区别。

苯胺非常容易被氧化，放置日久会被空气中的氧氧化成红棕色。

苯胺与漂白粉作用显紫色，与重铬酸钾的硫酸溶液作用生成黑色的苯胺黑。这些反应都可用来鉴定苯胺。

尿素也是含氮有机化合物。它是碳酸的二酰胺，具有弱碱性，可与浓硝酸作用，生成硝酸脲，也可与草酸作用生成草酸脲。

$$H_2N—\overset{\overset{\displaystyle O}{\|}}{C}—NH_2 + HNO_3 \longrightarrow [H_2N—\overset{\overset{\displaystyle O}{\|}}{C}—NH_2]_2 \cdot HNO_3$$

$$H_2N—\overset{\overset{\displaystyle O}{\|}}{C}—NH_2 + \begin{matrix} COOH \\ | \\ COOH \end{matrix} \longrightarrow [H_2N—\overset{\overset{\displaystyle O}{\|}}{C}—NH_2]_2 \cdot H_2C_2O_4$$

硝酸脲和草酸脲都是难溶于水的脲盐，利用这一性质，可将尿素从混合物中分离出来。

尿素也能与亚硝酸作用，放出氮气，反应可定量完成，因此常用做尿素含量的测定。

$$H_2N—\overset{\overset{\displaystyle O}{\|}}{C}—NH_2 + HNO_2 \longrightarrow [HO—\overset{\overset{\displaystyle O}{\|}}{C}—OH] + 2N_2\uparrow + 2H_2O$$

$$[HO—\overset{\overset{\displaystyle O}{\|}}{C}—OH] \longrightarrow CO_2\uparrow + H_2O$$

此外，尿素在受热时可发生缩合反应，生成缩二脲。

$$H_2N—\overset{\overset{\displaystyle O}{\|}}{C}—NH_2 \longrightarrow H_2N—\overset{\overset{\displaystyle O}{\|}}{C}—HN—\overset{\overset{\displaystyle O}{\|}}{C}—NH_2 + NH_3\uparrow$$

缩二脲与稀硫酸铜溶液在碱性介质中可发生颜色反应，产生紫红色，用于尿素的鉴定。

## 三、仪器和试剂

仪器：试管，塞子，酒精灯，三脚架，石棉网，烧杯，玻璃棒。

试剂：正丁胺，二乙胺，三乙胺，苯胺，*N*-甲基苯胺，*N*,*N*-二甲基苯胺，苯磺酰氯，β-萘酚，尿素，淀粉-碘化钾试纸，红色石蕊试纸，pH 试纸，盐酸溶液（6mol/L），硫酸溶液（3mol/L），氢氧化钠溶液（10%），亚硝酸钠溶液（10%，25%），浓盐酸，浓硝酸，饱和溴水，饱和重铬酸钾溶液，饱和草酸溶液，饱和尿素溶液，硫酸酮溶液（2%），漂白粉溶液。

## 四、实验步骤

1. 胺的碱性

（1）在 3 支试管中各加入 1mL 蒸馏水、再分别加入 2 滴正丁胺、二乙胺、三乙胺。振摇后用 pH 试纸检验其酸碱性。

（2）在试管中加入 2 滴苯胺和 1mL 蒸馏水，振摇，观察其是否溶解。向试管中加入 6mol/L 盐酸溶液，边滴边振摇，有什么现象发生？再向其中滴加 10%氢氧化钠溶液，直至溶液呈碱性，又发生了什么变化？

记录上述实验过程中的现象变化并解释原因。

2. 酰化反应

在 3 支编码试管中分别加入 0.5mL 苯胺、*N*-甲基苯胺、*N*,*N*-二甲基苯胺，再各加入 3mL10％氢氧化钠溶液和 0.5mL 苯磺酰氯，配上塞子，用力振摇 3～5min。取下塞子在水浴中温热并继续振摇 2min。冷却后用 pH 试纸检验溶液，若不呈碱性，可再加入几滴氢氧化钠溶液。

（1）在有沉淀析出的试管中加入 1mL 水稀释，振摇后沉淀不溶解，表明为仲胺。

（2）在无沉淀析出（或经稀释后沉淀溶解）的试管中，缓慢滴加 6mol/L 盐酸溶液至呈酸性，此时若有沉淀析出，表明为伯胺。

（3）试验过程中无明显现象变化者为叔胺。

3. 与亚硝酸的反应

在 5 支编码试管中各加入 1mL 浓盐酸和 2mL 水，再分别加入 0.5mL 正丁胺、三乙胺、苯胺、*N*-甲基苯胺、*N*,*N*-二甲基苯胺。将试管放入冰-水浴中冷却至 0～5℃，在振摇下缓慢滴加 25％亚硝酸钠溶液，直至混合液使淀粉-碘化钾试纸变蓝为止。观察并记录实验现象。

（1）若试管中冒出大量气泡，表明为脂肪族伯胺。

（2）若溶液中有黄色固体（或油状物）析出，滴加碱液不变化的为仲胺。

（3）溶液中有黄色固体析出，滴加碱液时固体转为绿色的为芳香族叔胺。

（4）向其余 2 只试管中滴加 β-萘酚溶液，有橙红色染料生成的为芳香族伯胺，另一支试管中为脂肪族叔胺。

4. 苯胺和溴水反应

在试管中加入 4mL 水和 1 滴苯胺，振摇后滴加饱和溴水，发生了什么变化？记录现象并写出相关的化学反应式。

5. 苯胺的氧化

在 2 支试管中各加入 2mL 水和 1 滴苯胺，向其中一支试管中加入新配制的漂白粉溶液，观察试管中溶液颜色的变化。

向另一支试管中加入 3 滴饱和重铬酸钾溶液和 6 滴 3mol/L 硫酸溶液，振摇后观察溶液颜色的变化。

记录上述实验现象，并说明发生了什么反应。

6. 尿素的弱碱性

（1）与硝酸反应。在试管中加入 1mL 浓硝酸，沿试管壁小心滴入 1mL 饱和尿素溶液，观察现象，再振摇试管，发生了什么变化？

（2）与草酸反应。在试管中加 1mL 饱和草酸溶液和 1mL 饱和尿素溶液，振摇后观察现象。

记录上述试验现象并说明尿素的性质。

7. 尿素的缩合反应

在干燥的试管中加入 0.3g 尿素。先用小火加热，观察现象。继续加热并用湿润的红色石蕊试纸在试管口检验，发生了什么现象？有什么物质生成？熔融物逐渐变稠，最后凝结成白色固体。

待试管冷却后加入 2mL 热水，用玻璃棒搅拌后将上层液体转移到另一支试管中，向其中滴入 3 滴 10%氢氧化钠溶液和 1 滴 2%硫酸铜溶液，观察溶液颜色的变化，记录实验现象。

## 五、注意事项

（1）苯甲酰氯易挥发并有刺激性，使用时操作应迅速，避免吸入其蒸气。

（2）苯胺有毒，可透过皮肤吸收中毒，注意不可直接与皮肤接触。

（3）加热为使未反应的苯磺酰氯水解完全。

（4）在酸性溶液中，亚硝酸与碘化钾作用析出碘遇淀粉变蓝色。所以混合物中含有游离的亚硝酸可用淀粉-碘化钾试纸来检验。芳伯胺与亚硝酸生成重氮盐的反应以及重氮盐与β-萘酚的偶联反应均需在低温下进行，试验过程中试管始终不能离开冰-水浴。

（5）β-萘酚溶液的配制方法：将 5g β-萘酚溶于 50mL 5%氢氧化钠溶液中。

（6）反应液有时呈粉红色，是因为溴水将部分苯胺氧化，生成了有色物质所致。

## 六、思考题

（1）如何区别脂肪族和芳香族伯胺？

（2）如何区别脂肪族和芳香族叔胺？

（3）可用什么简便方法鉴别苯胺和苯酚？

（4）如何说明尿素具有弱碱性？

（5）对甲苯酚中混有苯胺，如何将其分离出来并回收？

（6）三乙胺在混有少量 *N*-甲基苯胺，如何将其分离除去？

# 第七章　化学实验技术（Ⅱ）的综合实训

## 综合实训一　阿司匹林的制备

### 一、实训目的

（1）熟悉酚羟基酰化反应的原理，掌握阿司匹林的制备方法。

（2）掌握普通回流装置的安装与操作，以及利用重结晶精制固体产品的操作技术。

### 二、实训原理

本实验以浓硫酸为催化剂，使水杨酸与乙酸酐在约 75℃左右发生酰化反应，制取阿司匹林。反应式为

$$\text{水杨酸} + (CH_3CO)_2O \xrightarrow[\text{约 }75℃]{\text{浓 }H_2SO_4} \text{乙酰水杨酸（阿司匹林）} + CH_3COOH$$

水杨酸　　乙酸酐　　乙酰水杨酸（阿司匹林）　　乙酸

水杨酸在酸性条件下受热，还可发生缩合反应，生成少量聚合物：

$$\text{水杨酸} \xrightarrow[\text{加热}]{H^+} \text{聚合物} + H_2O$$

阿司匹林可与碳酸氢钠反应生成水溶性的钠盐，作为杂质的副产物则不能与碱作用，可在用碳酸氢钠进行重结晶时分离除去。

### 三、仪器和试剂

仪器：圆底烧瓶（100mL），球形冷凝管，烧杯（100mL，200mL），表面皿，水浴锅，电炉与调压器，温度计（100℃），减压过滤装置。

试剂：水杨酸 4g（0.029mol），乙酸酐 10mL（0.106mol），饱和碳酸氢钠溶液，盐酸溶液（1∶2）。

## 四、实训步骤

1. 酰化

在 100mL 干燥的圆底烧瓶中加入水杨酸 4g 和 10mL 新蒸馏的乙酸酐，在不断振摇下缓慢滴加 10 滴浓硫酸。参照普通回流装置安装。通水后，振摇烧瓶使水杨酸溶解。然后于水浴中加热，控制水浴温度在 80～85℃之间，反应 20min。

2. 结晶、抽滤

稍冷后，拆下冷凝管。将反应液在搅拌下倒入盛有 100mL 冷水的烧瓶中，并用冰一水浴冷却，放置 20min。待结晶完全析出后，减压过滤。用少量冷水洗涤结晶 2 次，压紧抽干。将滤饼移至表面皿上，晾干、称量质量。

3. 重结晶

将粗产物放入 100mL 烧杯中，边搅拌边加入 50mL 饱和碳酸氢钠溶液，直至无二氧化碳气泡产生为止。

用布氏漏斗减压过滤，除去不溶性杂质。滤液倒入洁净的 200mL 烧杯中，在搅拌下加入 30mL1∶2 的盐酸溶液，阿司匹林即呈沉淀析出。将烧杯置于冰-水浴中充分冷却后，减压过滤。结晶用玻璃铲或干净玻璃塞压紧，尽量抽去滤液，再用少量冷水洗涤滤饼 2 次，压紧抽干。

4. 称量、计算产率

将结晶小心移至洁净的表面皿上，晾干后称量，并计算收率。

## 五、注意事项

（1）水杨酸分子内能形成氢键，阻碍酚羟基的酰化反应。加入浓硫酸可破坏氢键，使反应顺利进行。

（2）反应温度不宜过高，否则将会增加副产物的生成。水浴温度与烧瓶内反应液的温度约差 5℃左右，控制水浴温度 80～85℃，可使反应在 75～80℃进行。

（3）由于阿司匹林微溶于水，所以洗涤结晶时，用水量要少些，温度要低些，以减少产品损失。

（4）乙酰水杨酸能与碳酸氢钠反应生成水溶性钠盐，而副产物聚合物不能溶于碳酸氢钠，这种性质上的差别可用于阿司匹林的纯化。

（5）水杨酸：对皮肤、黏膜有刺激性，能与机体蛋白质反应，有腐蚀作用。

（6）乙酸酐：有强烈的刺激性与腐蚀性。防止吸入，避免与皮肤直接接触。

（7）浓硫酸：见前。

（8）浓盐酸：二级无机酸性腐蚀物品。不要触及皮肤与眼睛，不要吸入其气体。

## 六、思考题

（1）制备阿司匹林时，为什么需要使用干燥的仪器？

(2) 本实验中，为什么要将反应温度控制在 70～80℃反应？温度过高对实验会有什么影响？

(3) 用什么方法可简便地检验产品中是否含有未反应完全的水杨酸？

(4) 乙酰水杨酸受热容易分解，试问在制备过程中，哪些操作是为了保护产物免受分解的目的？

(5) 本次实验中，一共排放了多少废水与废渣？你有什么治理方案？

# 综合实训二　乙酸乙酯的制备

## 一、实训目的

(1) 掌握应用酯化反应原理制备乙酸乙酯的方法。

(2) 掌握用于制备反应的分馏装置的安装与操作技术。掌握滴液漏斗的使用技术。

## 二、实训原理

主反应：$$CH_3COOH + C_2H_5OH \xrightleftharpoons[120\sim125℃]{H_2SO_4} CH_3COOC_2H_5 + H_2O$$

副反应：$$2C_2H_5OH \xrightleftharpoons{H_2SO_4} C_2H_5OC_2H_5 + H_2O$$

$$C_2H_5OH \xrightleftharpoons{H_2SO_4} CH_2{=}CH_2 + H_2O$$

乙酸和乙醇在硫酸催化下的酯化反应，是一个可逆反应。为了提高乙酸乙酯的产量，通常都用增加酸或醇的用量及不断移去产物酯或水的方法来进行酯化反应。在制备乙酸乙酯时，是用过量的乙醇与乙酸作用，因为乙醇的价格比乙酸便宜。另一个措施是在反应进行过程中，不断地将反应产物乙酸乙酯和水同时蒸出。

## 三、仪器和试剂

仪器：100mL 三口烧瓶，直形冷凝器，100℃和 150℃温度计，恒压滴液漏斗，分馏柱，蒸馏头，接液管，圆底烧瓶，锥形瓶，热浴，冰浴。

试剂：冰乙酸 14.3mL，95%乙醇 23mL，浓硫酸 3mL，饱和氯化钙溶液，饱和碳酸钠溶液，饱和氯化钠溶液，无水硫酸镁。

## 四、实训步骤

1. 加料，安装仪器

在一个小锥形瓶内加入 3mL 乙醇，瓶外用冷水冷却，然后一边摇动，一边慢慢加入 3mL 浓硫酸，使之混合均匀后，倒入 100mL 三口烧瓶内，加入几粒沸石。将 14.3mL 冰乙酸和 20mL 乙醇混合均匀后，倒入恒压滴液漏斗，然后参照分馏装置图安装一套用于制备反应的分馏装置，如图 7-1 所示。在滴液漏斗末端用橡皮管连接一段带钩的玻璃管，其长度应接近瓶底，但不要触及瓶底。烧瓶侧口装配 150℃温度计，蒸馏头上装配 100℃温度计。

2. 酯化、分馏

加热升温，使瓶中反应温度升到110℃左右。将滴液漏斗中的乙醇和乙酸的混合液逐滴加入，记录加料时间，大约在30min内加完，并控制滴液速度和馏出液的流出速度相一致。并维持反应瓶内温度在120～125℃，滴加完毕后，继续加热约10min，直到不再有液体馏出为止。撤去热源，取下接受器。

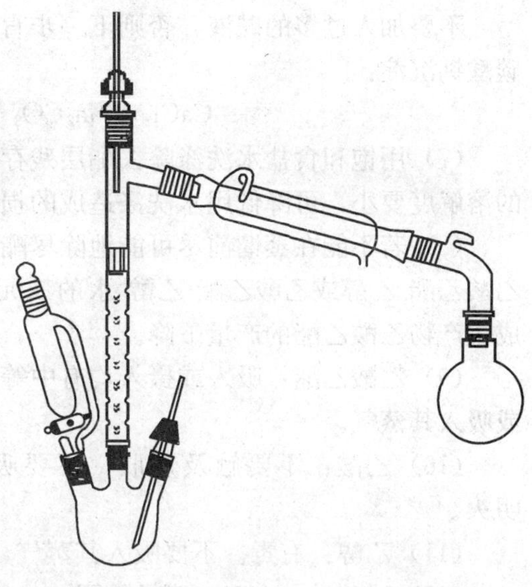

图7-1 恒压回流的分馏反应装置

3. 中和，洗涤

向馏出液中慢慢加入饱和碳酸钠溶液，每次1～2mL，并不断地摇动，一直加至无气泡放出（约10mL）。然后把混合液倒入分液漏斗中，静置分层，放出下面的水层，用石蕊试纸检验上层酯层，如果酯层仍显酸性，再用饱和碳酸钠溶液洗涤，直至酯层不显酸性为止。用等体积饱和食盐水洗涤，放出下层食盐水层。然后用等体积饱和氯化钙溶液洗涤酯层2次，放出下层废液。

4. 干燥

从分液漏斗上口将乙酸乙酯倒入干燥的磨口锥形瓶中，加入无水硫酸镁3～5g，充分振荡，静置30min，进行脱水干燥。

5. 蒸馏

将经过干燥的粗乙酸乙酯滤入50mL蒸馏瓶中，加入几粒沸石，在水浴上进行蒸馏，收集74～80℃馏分。

6. 称量

样品称量，计算产率。

## 五、注意事项

（1）乙醇与浓硫酸的混合，一定要搅拌均匀，否则会影响浓硫酸的催化效果。

（2）应使加料导管伸入液面之下，否则滴入的物料未来得及反应即受热被蒸出，使产率降低。

（3）加热温度过高，会增加副产物乙醚的生成量，使主产物乙酸乙酯的产量下降。

（4）滴加速度太快，会使反应温度下降过快。同时，也会使乙醇和乙酸来不及作用而被蒸出，导致主产物乙酸乙酯的产量下降。

（5）馏出液中除含有乙酸乙酯、水以外，还含有乙醚、乙醇、乙酸、亚硫酸等。

（6）将产物中混杂的酸性物质进行中和反应：

$$2CH_3COOH + Na_2CO_3 \longrightarrow 2CH_3COONa + H_2O + CO_2\uparrow$$

$$H_2SO_3 + Na_2CO_3 \longrightarrow Na_2SO_3 + H_2O + CO_2\uparrow$$

不要加入过多的碱液，否则下一步直接用氯化钙溶液处理时，会生成大量白色絮状碳酸钙沉淀：

$$CaCl_2 + Na_2CO_3 \longrightarrow 2NaCl + CaCO_3 \downarrow$$

(7) 用饱和食盐水洗涤除去酯层残存的碳酸钠，而且酯在盐水中的溶解度比在水中的溶解度要小，可降低用水洗涤造成的损失。

(8) 若不能在蒸馏前尽可能地除尽酯层中的水，则在蒸馏时，会形成乙酸乙酯-水、乙酸乙酯-乙醇或乙酸乙酯-乙醇-水的二元或三元恒沸物，在77℃之前先蒸馏出来，造成主产物乙酸乙酯的产量下降。

(9) 乙酸乙酯：吸入或摄入均有中等程度毒性，有腐蚀性。在操作时不要触及皮肤或吸入其蒸气。

(10) 乙酸：不要触及皮肤，不要吸入其蒸气。一级易燃品，使用时不要接触明火。

(11) 乙醇：有毒。不要吸入其蒸气，一级易燃品，使用时不要接触明火。

(12) 浓硫酸：有毒，腐蚀性强，一级无机酸性腐蚀品。不要吸入其烟雾，不要触及皮肤。配制硫酸水溶液时，一定要注意加料次序，将硫酸滴加到水中。浓硫酸不得与粉状可燃物接触，以免发生燃烧事故。

## 六、思考题

(1) 在本实验中，硫酸起什么作用？

(2) 为什么要用过量的乙醇？

(3) 能否用浓氢氧化钠溶液代替饱和碳酸钠溶液来洗涤蒸馏液？

(4) 用饱和氯化钙溶液洗涤能除去什么杂质？是否可用水代替？

(5) 本次实验中，一共排放了多少废水和废渣？你有什么治理方案？

# 综合实训三　乙酰苯胺的制备

## 一、实训目的

(1) 熟悉应用冰醋酸酰化反应原理，掌握乙酰苯胺的制备方法。

(2) 掌握分馏原理与操作技能，熟悉重结晶的操作技能。

## 二、实训原理

本实验采用乙酸与苯胺反应制得

$$C_6H_5{-}NH_3 + CH_3COOH \xrightleftharpoons{\text{加热}} C_6H_5{-}NH{-}\overset{\overset{\displaystyle O}{\|}}{C}\ CH_3 + H_2O$$

这是一个可逆反应。为使化学平衡向生成物乙酰苯胺方向移动，本实验加大了冰醋酸的投料量，$n_{冰醋酸} : n_{苯胺} = 2.36 : 1$。另一个措施是将反应中的生成物之一——水，不断地分离出来。从而提高了产物乙酰苯胺的产量。

## 三、仪器和试剂

仪器：圆底烧瓶（50mL），烧杯（150，250mL），分馏柱，蒸馏头，接液管，量筒，150℃温度计，布氏漏斗，吸滤瓶。

试剂：苯胺（新蒸）5mL（5.1g，0.055mol），冰醋酸7.4mL（7.8g，0.13mol），锌粉0.1g，活性炭。

## 四、实训步骤

1. 加料、安装仪器

在干燥的圆底烧瓶中加入5mL新蒸的苯胺、7.4mL冰醋酸和0.1g锌粉，摇匀。然后参照分馏装置安装，但可不装配冷凝管，直接将接液管连接在蒸馏头的支管上，并用量筒作接受器。然后加热、升温。

2. 酰化、分馏

当反应混合物沸腾3～5min后，蒸气可升至分馏柱顶部。调节加热强度，使温度计读数在98～103℃（注意此时分馏柱支管有馏液馏出）。在此温度下反应45min后，停止加热，撤去热源，取下接受器，记录馏出液的体积（大约在4mL左右）。

3. 析晶、过滤

将反应混合物趁热边搅拌、边缓缓地倒入盛有80mL冷水的烧杯中，即可析出白色的粗品乙酰苯胺固体。将其冷却至室温后，在布氏漏斗上进行减压过滤，用20mL冷水分2次洗涤滤饼，抽干。

4. 重结晶

将滤饼放入250mL烧杯中，加入120mL蒸馏水，加热至沸腾。若仍有未溶解的油珠，可再补加一些热水，直至油珠完全溶解。待溶液稍冷却后，加入0.5g活性炭，用玻璃棒搅匀，并煮沸1～2min后趁热在温热的布氏漏斗上减压过滤，收集滤渣并称量。滤液自然冷却至室温后析出无色片状结晶，减压过滤，产品烘干。

5. 称量，计算产率

步骤略。

## 五、注意事项

（1）苯胺久置后会生成深褐色氧化物质，故应当使用经过蒸馏提纯的苯胺。

（2）纯乙酸在较低温度下呈冰状结晶。

（3）锌粉的作用是防止苯胺在反应过程中氧化，但不能加得过多，否则在后处理过程中会出现不溶于水的氢氧化锌。

（4）反应接近终点时，温度计往往出现波动。但在反应过程中，温度计读数也会由于加热强度不够，分馏柱保温不好，甚至室内空气流动等因素而波动。因此反应中必须注意分馏柱的保温（可用干布或其他保温材料包裹），调节加热的程度，以便使反应温度控制在预定的范围内。

（5）当反应结束后，冷却反应混合物就会有固体产物结块析出，故应在不断搅拌下趁热倒入冷水内，使过量的乙酸溶于水中而除去，若有尚未乙酰化的苯胺，此时也有一部分变成乙酸盐而溶于水。

（6）油珠是熔融状态的含水乙酰苯胺。因其密度大于水，故沉降于器底。

（7）在加入活性炭时，一定要等溶剂稍冷后才能加入。不要在溶液沸腾时加入活性炭，否则会引起突然暴沸，致使冲出容器。活性炭在使用前先经过烘干，其脱色效果会更好。

（8）苯胺：有毒。不要吸入其蒸气或接触皮肤。

（9）冰醋酸：见前。

（10）乙酰苯胺：有毒，其毒性比苯胺稍弱。对人体生成高铁血红蛋白，刺激中枢神经，引起皮炎。

## 六、思考题

（1）为什么要把柱顶温度控制在98～103℃？

（2）采取什么措施可以提高乙酰苯胺的产量？

（3）在重结晶中，为什么要加入活性炭？为什么要稍冷时加入？

（4）本次实验中，一共排放了多少次废水与废渣？你有什么治理方案？

# 综合实训四　1-溴丁烷的制备

## 一、实训目的

（1）熟悉由醇制备溴代烷的原理，掌握1-溴丁烷的制备方法。

（2）掌握带有气体吸收的回流装置的安装与操作。

（3）熟悉干燥剂的使用，掌握利用萃取和蒸馏精制液体粗产物的操作技术。

## 二、实训原理

主反应：

$$NaBr + H_2SO_4 \longrightarrow HBr + NaHSO_4$$

$$n\text{-}C_4H_9OH + HBr \longrightarrow n\text{-}C_4H_9Br + H_2O$$

副反应：

$$2n\text{-}C_4H_9OH \xrightarrow[\text{加热}]{H_2SO_4} (n\text{-}C_4H_9)_2O + H_2O$$

$$CH_3CH_2CH_2CH_2OH \xrightarrow[\text{加热}]{H_2SO_4} CH_3CH_2CH{=}CH_2 + H_2O$$

$$2HBr + H_2SO_4\text{（浓）} \xrightarrow{\text{加热}} Br_2 + SO_2 + H_2O$$

醇与氢溴酸的反应是一个可逆反应，为使化学平衡向右移动，提高产率，本实验中增加了溴化钠和硫酸用量，以使反应物之一的氢溴酸过量来加速正反应的进行。溴代反应结束后，利用蒸馏的方法将产物从反应混合液中分出，副产物硫酸氢钠及过量的硫酸则留在残液中。粗产物中含有未反应完全的正丁醇、氢溴酸及副产物正丁醚等，可通过水洗和酸洗分离除去，而1-丁烯则因沸点特别低（－6.26℃），在回流过程中不能被冷凝逸散而去。由于反应中逸出的溴化氢有毒，所以本实验中采用了带有气体吸收的回流装置，如图 7-2 所示。

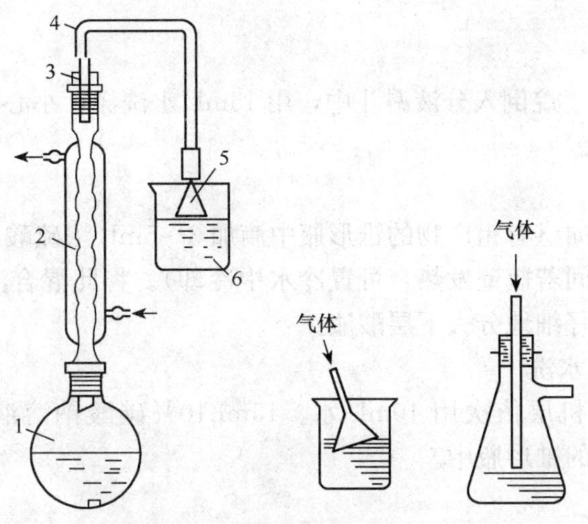


图 7-2　带有气体吸收的回流装置

1. 圆底烧瓶；2. 冷凝管；3. 单孔塞；

4. 导气管；5. 漏斗；6. 烧杯

## 三、仪器和试剂

仪器：圆底烧瓶（100mL），球形冷凝管，200℃温度计，分液漏斗，玻璃漏斗，蒸馏头，直形冷凝管，接液管，烧杯，锥形瓶，电热套。

试剂：正丁醇 13mL，无水溴化钠 17g，浓硫酸 25mL，10％碳酸钠溶液，无水氯化钙，沸石。

## 四、实训步骤

1. 溴代

在 100mL 圆底烧瓶中加入 70％的硫酸溶液 35mL（浓硫酸 25mL 慢慢加入 10mL 水中，加时用水冷却），振摇下加入 13mL 正丁醇，混匀后再加入 17g 研细的溴化钠和几粒沸石。充分振摇后立即装上球形冷凝管和气体吸收装置。用 200mL 烧杯盛放 100mL 5％氢氧化钠溶液作吸收液（注意：漏斗口要接近液面而不能浸入液面下）。

用电热套（或石棉网）加热，缓慢升温，使反应液呈微沸。此间应经常轻轻振摇烧瓶，直至溴化钠完全溶解。从第一滴回流液落入反应器中开始计算时间，回流 1h。

2. 蒸馏

停止加热（但不停冷却水）。稍冷却后拆除气体吸收装置及冷凝管。补加沸石后，在烧瓶上安装蒸馏头（可不装温度计，将蒸馏头上口用塞子塞住），改为蒸馏装置，加热蒸馏，用锥形瓶接收馏出液。

当圆底烧瓶内油层消失，接受器中不再有油珠落下时，停止蒸馏。烧瓶中的残液应趁热倒入废液缸中。

3. 水洗

将蒸出的粗1-溴丁烷倒入分液漏斗中，用15mL水洗涤，小心地将下层粗产物放入一个干燥的锥形瓶中。

4. 酸洗

在不断振摇下，向盛有粗产物的锥形瓶中滴加3～5mL浓硫酸，至溶液明显分层且上层液澄清透明（此间若瓶壁发热，可置冷水中冷却）。将此混合液倒入干燥的分液漏斗中，静置分层后，仔细地分去下层酸液。

5. 水洗、碱洗、水洗

分液漏斗中的有机层依次用10mL水、15mL10%碳酸钠溶液、10mL水洗涤后，将下层液放入一干燥的锥形瓶中。

6. 干燥

向盛有粗产物的锥形瓶中加入2g无水氯化钙，配上塞子。充分振摇至液体变为澄清透明（若不透明，应适量补加干燥剂），再放置20min。

7. 蒸馏

将干燥好的液体通过漏斗滤入圆底烧瓶中，加入几粒沸石，按照装置图安装普通蒸馏装置，加热蒸馏。用事先称量过的锥形瓶作接受器，收集99～103℃馏分。称量质量，并计算产率。

## 五、注意事项

（1）利于吸收反应中逸出的溴化氢气体。若漏斗最大直径的部分全浸入水中，由于反应瓶内压力的变化，可能会导致水倒吸入反应瓶中。漏斗的另一种正确放置方法是，将漏斗最大直径口，一半浸入水中，一半在水面上。

（2）可取一支试管，收集几滴馏出液，加入少许水摇动，如无油珠出现，则表示有机物已蒸完。

（3）残液中的硫酸氢钠冷却后会结块，不易倒出。使用要趁热将其倾出，并及时清洗烧瓶。

（4）用水洗去溶解在溴丁烷中的溴化氢。否则滴加浓硫酸后，溶液会变成红色并用白烟产生，这是由于浓硫酸与溴化氢发生了氧化还原反应：

$$2HBr + H_2SO_4 \longrightarrow Br_2 + SO_2\uparrow + 2H_2O$$

（5）用浓硫酸洗去粗产物中少量未反应完全的正丁醇和副产物正丁醚等杂质。

（6）浓硫酸具有较强的氧化性和腐蚀性，所以该酸层不能随意倒入下水道，应倒入指定的废液缸中。

（7）1-溴丁烷：易燃，不要接近明火。有毒，不要吸入其蒸气或触及皮肤。

（8）正丁醇：其毒性与乙醇相近，不要吸入其蒸气或触及皮肤。二级易燃品，避免与明火接触。

## 六、思考题

（1）在加料时，如先加溴化钠与浓硫酸，后加正丁醇和水，会发生什么问题？

（2）为什么要安装气体吸收装置？主要吸收什么气体？

（3）在计算理论产率时，应取哪一个物质作为计算的基准？

（4）馏液在用浓硫酸洗涤后，不是先用10％碳酸钠溶液洗涤，而是先经过水洗涤后，再用10％碳酸钠溶液洗涤，这是为什么？

（5）反应中可能产生的副产物是什么？各步洗涤的目的何在？

（6）在实验中，一共排放了多少废水与废渣？你有什么治理方案？

# 综合实训五　从黄连中提取黄连素

## 一、实训目的

（1）熟悉从植物中提取天然产物的原理和方法。

（2）熟练掌握回流、蒸馏和重结晶等操作技术。

## 二、实训原理

黄连为多年生草本植物，为我国名产药材之一。其根茎中含有多种生物碱，如小檗碱（黄连素）、甲基黄连碱、棕榈碱、非洲防己碱等。黄连素的含量在4％～10％。其他如黄柏、伏牛花、白屈菜、南天竹等植物均可作为提取黄连素的原料，但以黄连与黄柏含量最高。

黄连素是黄色针状体（乙醚），m. p. 145℃。可溶于乙醇，难溶于乙醚、苯。可溶于热水，其水溶液具有黄绿色荧光。黄连素是一种抗菌药物，用于治疗细菌性痢疾、肠炎、上呼吸道感染和抗疟等。我国现用合成法生产医用黄连素药物。

黄连素分子结构式（季铵碱式）为：

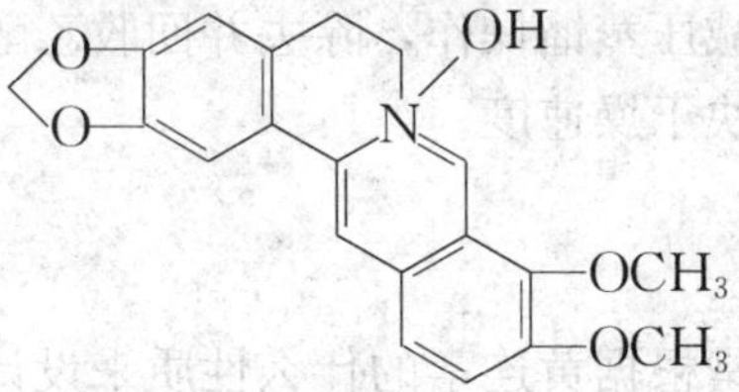

OH
N
$-OCH_3$
$-OCH_3$

自然界中，黄连素主要以季铵碱式存在。

由于黄连素可溶于乙醇，所以用乙醇作为提取黄连素的溶剂。然后加入盐酸，使其成为盐酸盐形式呈晶体析出。提取后产物，又名氯化小檗碱，黄色针状结晶，可溶于热水，在冷水中很难溶解。本品加热至220℃左右时分解为盐酸小檗红碱，继至278～280℃时完全熔融。

## 三、仪器和试剂

仪器：研钵，圆底烧瓶（250mL），球形冷凝管，直形冷凝管，蒸馏头，接液管，温度计（100℃），烧杯（200mL），锥形瓶（250mL），减压过滤装置，热浴，冷浴，电炉，天平。

试剂：黄连 10g，95%乙醇，10%乙酸溶液，浓盐酸，丙酮。

## 四、实训步骤

1. 提取

称取 10g 中药黄连，在研钵中捣碎后放入 250mL 圆底烧瓶中，加入 100mL95%乙醇，安装球形冷凝管。用水浴加热回流 40min。再静置浸泡 1h。

2. 过滤

减压过滤，滤渣用少量 95%乙醇洗涤 2 次。

3. 蒸馏

将滤液倒入 250mL 圆底烧瓶中，安装普通蒸馏装置。用水浴加热蒸馏，回收乙醇。当烧瓶内残留液呈棕红色糖浆状时，停止蒸馏（不可蒸得过干）。

4. 溶解、过滤

向烧瓶内加入 30mL10%乙酸溶液，加热溶解，趁热抽滤，除去不溶物。

将滤液倒入 200mL 烧杯中，滴加浓盐酸至溶液出现浑浊为止（约需 10mL）。将烧杯置于冰-水浴中充分冷却后，黄连素盐酸盐呈黄色晶体析出。减压过滤。

5. 重结晶

将滤饼放入 200mL 烧杯中，先加少量水，用石棉网小火加热，边搅拌边补加水至晶体在受热情况下恰好溶解。停止加热，稍冷后，将烧杯放入冰-水浴中充分冷却，抽滤。用冰水洗涤滤饼 2 次，再用少量丙酮洗涤一次，压紧抽干。称量质量。

## 五、注意事项

(1) 也可以用索氏提取器连续提取 2h，效果会更好。

(2) 为充分利用黄连素材料，滤渣可重复上述操作 2 次。在后续操作中，可合并 3 次所得滤液进行。

也可用旋转蒸发器进行减压蒸馏操作，除去并回收乙醇。

(3) 用丙酮洗涤，可加快干燥速度。

## 六、思考题

(1) 黄连素的提取方法是根据黄连素的什么性质来设计的?

(2) 用回流和浸泡的方法提取天然产物与用索氏提取器连续萃取，哪种方法效果更好些? 为什么?

(3) 作为生物碱，黄连素具有哪些生理功能?

(4) 蒸馏回收溶剂时，为什么不能蒸得太干?

(5) 在本次试验中，一共排放了次多少废水与废渣? 你有什么治理方案?

# 综合实训六　从橙皮中提取柠檬油

## 一、实训目的

（1）熟悉从植物中提取香精油的原理和方法。

（2）掌握水蒸气蒸馏装置的安装与操作。

（3）熟练掌握利用萃取和蒸馏提纯液体有机物的操作技术。

## 二、实训原理

香精油的主要成分为萜类，是广泛存在于动、植物体内的一类天然有机化合物。大多具有令人愉快的香味，常用作食品、化妆品和洗涤用品的香料添加剂。由于其容易挥发，可通过水蒸气蒸馏进行提取。

柠檬、橙子与柑橘等水果的新鲜果皮中含有一种香精油，叫柠檬油。

在果皮中含油量0.35%。黄色液体，有浓郁的柠檬香气。主要成分是苧烯，含量高达80%～90%。主要用于配制饮料、香皂、化妆品及香精。

以粉碎的橙皮为原料，利用水蒸气蒸馏，可以将香精油与水蒸气一起馏出。然后用有机溶剂进行萃取，蒸去溶剂后，即可得到柠檬油。

## 三、仪器和试剂

仪器：烧瓶（500mL），直形冷凝管，接液管，锥形瓶（50mL、100mL、250mL），分液漏斗（125mL），梨形烧瓶（50mL），蒸馏头，温度计（100℃），热浴、水蒸气发生器。

试剂：橙皮（新鲜）50g，二氯甲烷，无水硫酸钠。

## 四、实训步骤

1. 水蒸气蒸馏

将50g新鲜橙皮剪切成碎片后，放入500mL三颈烧瓶中，加入250mL水。安装水蒸气蒸馏装置，加热进行水蒸气蒸馏。控制馏出速度为每秒2～3滴。收集馏出液约80mL时，停止蒸馏。

2. 溶剂萃取

将馏出液倒入分液漏斗中，用30mL二氯甲烷分3次萃取（有机相在哪一层?）

3. 干燥除水

合并萃取液，放入50mL干燥的锥形瓶中，加入适量无水硫酸钠，振摇至液体澄清透明为止。

4. 回收溶剂

将干燥后的萃取液滤入干燥的50mL梨形烧瓶中，安装低沸易燃物蒸馏装置。用水浴加热蒸馏，回收二氯甲烷。当大部分溶剂基本蒸完后，再用水泵减压抽去参与的二氯甲烷。烧瓶中所剩少量黄色油状液体即为柠檬油，可交指导老师统一收存。

## 五、注意事项

（1）果皮应尽量剪切得碎一些，最好直接剪入烧瓶中，以防精油损失。

（2）此时馏出液中可能还有油珠存在，但量已很少，限于时间，可不再继续蒸馏。

（3）二氯甲烷有毒，接收器应浸入冰浴中，以防止蒸气挥发。接液管的支管应连接一长橡胶导管，接入下水道。

（4）常压下用水浴加热，很难将残余的二氯甲烷蒸馏除尽，所以需要用水泵减压将其抽出。

（5）二氯甲烷：有毒。防止吸入或摄入，不要触及皮肤。萃取操作最好在通风橱中进行。

## 六、思考题

（1）为什么可采用水蒸气蒸馏的方法提取香精油？

（2）干燥的橙皮中，柠檬油的含量大大降低，试分析原因。

（3）蒸馏二氯甲烷时，为什么要用水浴加热？

（4）本次试验中，一共排放了多少废水与废渣？你有什么治理方案？

# 综合实训七　从菠菜中提取天然色素

## 一、实训目的

（1）熟悉从植物中提取天然色素的原理和方法。

（2）熟悉色谱柱分离的原理与方法。

（3）熟悉掌握萃取、分离等操作技术。

## 二、实训原理

绿色植物茎、叶中含有叶绿素（绿色）、叶黄素（黄色）和胡萝卜素（橙色）等多种天然色素。

叶绿素以两种相似的异构体形式存在：叶绿素 a（$C_{55}H_{72}O_5N_4Mg$）和叶绿素 b（$C_{55}H_{70}O_6N_4Mg$），它们都是吡咯衍生物和金属镁的配合物，是植物进行光合作用所必需的催化剂。

胡萝卜素（$C_{44}H_{56}$）是具有长链结构的共轭多烯，属萜类化合物。有三种异构体：α-胡萝卜素、β-胡萝卜素和γ-胡萝卜素。其中β-异构体具有维生素 A 的生理活性，在人和动物的肝脏内受酶的催化可分解成维生素 A，所以β-胡萝卜素又称作维生素 A 元，用于治疗夜盲症，也常用作食品色素。目前已可进行大规模的工业生产。

叶黄素（$C_{40}H_{56}O_2$）是胡萝卜素的羟基衍生物，在绿叶中的含量较高。因为分子含有羟基，较易溶于醇，而在石油醚中溶解度较小。叶绿素和胡萝卜素则由于分子中含有较大的烃基而易溶于醚和石油醚等非极性溶剂。

本实验以菠菜叶为原料，用石油醚-乙醇混合溶剂萃取出色素，再用柱色谱法进行分离。

胡萝卜素极性最小，当用石油醚-丙酮洗脱时，随溶剂流动较快，第一个被分离出；叶黄素分子中含有 2 个极性的羟基，增加洗脱剂中丙酮的比例，便随溶剂流出；叶绿素分子中极性基团较多，可用正丁醇-乙醇-水混合溶剂将其洗脱。

## 三、仪器和试剂

仪器：研钵，分液漏斗(125mL)，滴液漏斗(125mL)，玻璃漏斗，酸式滴管（25mL），锥形瓶（100mL），烧杯（200mL），热浴，电炉，蒸馏装置（或旋转蒸发仪）。

试剂：菠菜叶（新鲜）20g，石油醚（60～90℃馏分），95%乙醇，丙酮，中性氧化铝（150～160 目），正丁醇，丙酮。

## 四、实训步骤

1. 萃取、分离

将新鲜菠菜叶洗净晾干，称取 20g，剪切成碎片放入研钵中。初步捣烂后，加入 20mL 体积比为 2∶1 的石油醚-乙醇溶液，研磨约 5min。减压过滤。滤渣放回研钵中，重新加入 10mL 体积比为 2∶1 的石油醚-乙醇溶液，研磨后抽滤。再用 10mL 混合溶剂重复上述操作一次。

2. 洗涤、干燥

合并 3 次抽滤的萃取液，转入分液漏斗中，用 20mL 蒸馏水分 2 次洗涤，以除去水溶性杂质及乙醇。分去水层后，将醚层倒入干燥的 100mL 圆底烧瓶中，加入适量无水硫酸钠干燥。

3. 回收溶剂

将干燥好的萃取液滤入 100mL 的圆底烧瓶中，安装低沸易燃物蒸馏装置。用水浴加热蒸馏，回收石油醚。当烧瓶内液体剩下约 5mL 时，停止蒸馏。

4. 色谱分离

(1) 装柱。用 25mL 酸式滴定管代替层析柱。取少许脱脂棉，用石油醚浸润后，挤压以驱除气泡，然后借助长玻璃棒将其放入色谱柱底部，上面再覆盖一片直径略小于柱径的圆形滤纸。关好旋塞后，加入约 20mL 石油醚，将层析柱固定在铁架台上。从色谱柱上口通过玻璃漏斗缓缓加入 20g 中性氧化铝，同时小心打开旋塞，使柱内石油醚高度保持不变，并最终高出氧化铝表面约 2mm。装柱完毕，关好旋塞。

(2) 加入色素。将上述菠菜色素的浓缩液，用滴管小心加入到色谱柱内，滴管及盛放浓缩液的容器用 2mL 石油醚冲洗，洗涤液也加入柱中。加完后，打开下端旋塞，让液面下降到柱面以下约 1mm 左右，关闭旋塞，在柱顶滴加石油醚至超过柱面 1mm 左右，再打开旋塞，使液面下降。如此反复操作几次，使色素全部进入柱体。最后再滴加石油醚至超过柱面 2mm 处。

(3) 洗脱。在柱顶安装滴液漏斗，内盛约 50mL 体积比为 9∶1 的石油醚-丙酮溶液。同时打开滴液漏斗及柱下端的旋塞，让洗脱剂逐滴放出，柱色谱即开始进行。先用烧杯在柱底接收流出液体。当第一个色带即将滴出时，换一个洁净干燥的小锥形瓶接收，得到橙黄色溶液，即胡萝卜素。

在滴液漏斗中加入体积比为 7∶3 的石油醚-丙酮溶液，当第二个黄色带即将滴出时，换一个锥形瓶，接收叶黄素。

最后用体积比为 3∶1∶1 的正丁醇-乙醚-水为洗脱剂（约需 30mL 左右），分离出叶绿素。将收集的三种色素提交给实验教师。

## 五、注意事项

（1）应尽量研细，使溶剂与色素充分接触，并将其浸取出来。

（2）洗涤时，要轻轻振摇，以防产生乳化现象。

（3）不可蒸得太干，以避免色素溶液浓度较高，由烧瓶倒出时，沾到内壁上，造成损失。

（4）氧化铝应始终保存在液面之下。

（5）叶黄素易溶于醇，而在石油醚中溶解度较小，所以在此提取液中含量较低，以至有时不易分出。

（6）石油醚：易燃。使用时防止明火。

## 六、思考题

（1）绿色植物中主要含有哪些天然色素？

（2）叶绿素在植物生长过程中起什么作用？

（3）本实验是如何从菠菜中提取色素的？

（4）分离色素时，为什么胡萝卜素最先被洗脱？三种色素的极性大小顺序如何？

（5）蔬菜胡萝卜中的胡萝卜素含量较高，试设计一合适的实验方案进行提取。

（6）本次实验中，一共排放了多少次废水和废渣？你有什么治理方案？

# 综合实训八　甲基橙的制备

## 一、实训目的

（1）熟悉重氮化反应及偶联反应的原理与条件，掌握甲基橙的制备方法。

（2）熟悉低温操作技术。

（3）熟练掌握重结晶操作。

## 二、实训原理

本实验以对氨基苯磺酸为原料制备重氮盐，后者再与 *N*,*N*-二甲基苯胺在酸性介质中发生偶联反应，制得一种橙黄色染料，称为甲基橙。

1. 重氮化反应

$$H_2N-C_6H_4-SO_3H + NaOH \longrightarrow H_2N-C_6H_4-SO_3Na$$

对氨基苯磺酸　　　　对氨基苯磺酸钠

$$NaO_3S-C_6H_4-NH_2 + NaNO_2 + 3HCl \xrightarrow{0\sim5℃} HO_3S-C_6H_4-N_2Cl + 2NaCl + 2H_2O$$

对重氮苯磺酸盐酸盐

大多数重氮盐很不稳定。为防止其在温度高时发生分解，重氮化反应必须在低温和强酸性介质中进行。对氨基苯磺酸因形成内盐在水中溶解度很小，通常先将其制成钠盐，再进行重氮化反应。

2. 偶联反应

$$HO_3S-C_6H_4-N_2Cl + C_6H_5-N(CH_3)_2 \xrightarrow[0\sim5℃]{CH_3COOH}$$

*N*,*N*-二甲苯胺

$$[HO_3S-C_6H_4-N{=}N-C_6H_4-\underset{\displaystyle H}{\underset{|}{N}}(CH_3)_2]^+ CH_3COO^- + 2NaOH$$

甲基橙乙酸盐

$$\longrightarrow NaO_3S-C_6H_4-N{=}N-C_6H_4-N(CH_3)_2 + CH_3COONa + H_2O$$

甲基橙

## 三、仪器和试剂

仪器：烧杯（100mL、200mL），温度计（100℃），减压过滤装置，表面皿，水浴锅。

试剂：对氨基苯磺酸 2.1g（0.0132mol），亚硝酸钠 0.8g（0.116mol），5%、10%的氢氧化钠溶液，*N*,*N*-二甲苯胺 1.3mL（1.24g，0.0105mol），冰醋酸 1mL，氯化钠 5g，浓盐酸。

## 四、实训步骤

1. 重氮化

在 100mL 烧杯中，放入 2.1g 对氨基苯磺酸及 10mL5%氢氧化钠溶液，在温水浴中加热溶解后冷至室温。

另取 0.8g 亚硝酸钠溶于 6mL 水中，加到上述烧杯中，用冰盐水浴冷至 0～5℃。

在不断搅拌下，将 3mL 浓盐酸与 10mL 水配成的溶液缓慢滴加到上述混合液中。此间应注意控制反应液温度在 5℃以下（可用温度计间歇测温）。滴加完毕，用淀粉-碘化钾试纸检验反应终点。然后在冰盐水浴中继续搅拌 15min，以保证反应完全。

2. 偶联

在试管中加入 1.3mL*N*,*N*-二甲苯胺和 1mL 冰醋酸，振荡混匀。在不断搅拌下，将此溶液缓慢加到上述冷却的重氮盐溶液中（此间应始终保持低温操作）。继续搅拌 10min，然后慢慢加入 25mL10%氢氧化钠溶液，此时反应液变为橙红色，粗甲基橙呈细粒状沉淀析出。

3. 盐析、抽滤

将烧杯从冰盐水浴中取出恢复至室温。加入 5g 氯化钠，搅拌并于沸水浴中加热

5min，冷至室温后再置于冰水浴中冷却。

待甲基橙晶体析出完全后，抽滤。用少量饱和氯化钠溶液洗涤烧杯和滤饼，压紧抽干。

4. 重结晶

将上述粗产物用沸水进行重结晶（每克粗产物约需 25mL 水）。

待结晶析出完全后，抽滤。滤饼依次用少量无水乙醇、乙醚进行洗涤，压紧抽干。产品转移至表面皿上，于 50℃以下自然晾干，称量质量，并计算产率。

5. 性能试验

取少许产品溶解于水中，先加几滴稀盐酸溶液，再用稀氢氧化钠溶液中和。观察溶液颜色变化，记录实验现象。

## 五、注意事项

(1) 人类使用染料的历史十分悠久。远古时代人们就可从多种植物中提取天然染料。到了 19 世纪，科学家已开始利用化学反应人工合成各种有机染料。

合成染料按结构不同分为偶氮染料、蒽醌染料和靛蓝染料等。其中偶氮染料是由芳香族伯胺发生重氮化反应生成重氮盐，又与芳胺或酚类偶联而成的有色物质。

本实验中以对氨基苯磺酸为原料制备重氮盐，后者再与 *N*,*N*-二甲基苯胺在酸性介质中发生偶联反应，制得一种橙黄色染料，叫做甲基橙。甲基橙为鳞状晶体，微溶于水，不溶于乙醇。是常用的酸碱指示剂，在酸性介质中呈红色，碱性介质中呈黄色。

甲基橙（methyl orange）是橙黄色粉末或结晶状鳞片。本品 1 份可溶于 500 份水中，易溶于热水，几乎不溶于醇。

(2) 对氨基苯磺酸（p-aminobenzene sulfonic acid）白色或灰色结晶。无水物在 280℃开始分解炭化。水合物在 100℃时失去水分。$\rho=1.485$。微溶于冷水。不溶于乙醇、乙醚和苯。它是两性化合物，酸性比碱性强，以酸性内盐存在。

(3) 亚硝酸钠（sodium nitrite）m. p. 271℃。在 320℃分解。$\rho=2.168$（0℃/4℃）。极易溶解于水，难溶解于乙醇、乙醚。水溶液呈碱性。

(4) 重氮化和偶联反应都需在低温下进行，这是本实验成败的关键所在。因此整个反应过程中，盛装反应液的烧杯始终不能离开冰盐水浴。滴加前可将此盐酸溶液冷却至 5℃以下，以利控制反应温度。

(5) 用温度计间歇测温时，可暂停搅拌，以免温度计与搅拌棒碰撞而损坏。不能用温度计代替搅拌棒。

(6) 若试纸不显蓝色，需补加亚硝酸钠，并充分搅拌，至淀粉-碘化钾试纸刚显蓝色，可视为反应终点。

(7) 此时往往有晶体析出。这是由于重氮盐在水中电离而形成内盐，在低温下难溶于水所致。

(8) *N*,*N*-二甲苯胺（*N*,*N*-dimethylaniline）淡黄色油状液体。m. p. 2.45℃，b. p. 194℃，$\rho=0.9557$，闪点 62℃。溶于乙醇、丙酮、苯、氯仿和乙醚，微溶于水。能随水蒸气挥发。

(9) 用无水乙醇、乙醚洗涤可使产品快速干燥。重结晶操作应迅速，否则由于产物呈碱性，在温度高时易使产物变质，颜色变深。用乙醇洗涤的目的是使其迅速干燥。

(10) *N*,*N*-二甲苯胺：剧毒。具有血液毒、神经毒与致癌性，不要吸入，不要触及皮肤。

(11) 亚硝酸钠：有致癌性。防止吸入，防止与皮肤接触。

## 六、思考题

(1) 重氮化反应为什么要在低温、强酸介质中进行？

(2) 本实验中制备重氮盐时，为什么要把对氨基苯磺酸先变成钠盐？

(3) 重氮盐的偶联反应是在什么介质中进行的？为什么？

(4) 洗涤滤饼时，为什么要用饱和食盐水？

(5) 本次实验中，一共有多少处排放了废水与废渣，你有什么治理方案？

# 综合实训九　肥皂的制备

## 一、实训目的

(1) 了解皂化反应原理及肥皂的制备方法。

(2) 熟悉普通回流装置的安装与操作方法。

(3) 熟悉盐析原理，掌握沉淀的洗涤及减压过滤操作技术。

## 二、实训原理

动物脂肪的主要成分是高级脂肪酸甘油酯。将其与氢氧化钠溶液共热，就会发生碱性水解（皂化反应），生成高级脂肪酸钠（即肥皂）和甘油。

在反应混合液中加入溶解度较大的无机盐，以降低水对有机酸盐（肥皂）的溶解作用，可使肥皂较为完全地从溶液中析出。这一过程叫做盐析。利用盐析的原理，可将肥皂和甘油较好地分离开。

本实验中以猪油为原料制取肥皂。反应式为

$$\begin{array}{l} R_1COO-CH_2 \\ R_2COO-CH \\ R_3COO-CH_2 \end{array} \xrightarrow[\triangle]{NaOH/H_2O} \begin{array}{l} R_1COONa \\ R_2COONa \\ R_3COONa \end{array} + \underset{OH}{CH_2}-\underset{OH}{CH}-\underset{OH}{CH_2}$$

甘油三羧酸酯　　肥皂（三种羧酸钠盐的混合物）　　甘油

## 三、仪器和试剂

仪器：圆底烧瓶（250mL），球形冷凝管，烧杯（400mL），减压过滤装置。

试剂：猪油，乙醇（95%），氢氧化钠溶液（40%），饱和食盐水。

## 四、实训步骤

1. 加入物料，安装仪器

在 250mL 圆底烧瓶中加入 10g 猪油、30mL 乙醇和 30mL 氢氧化钠溶液。然后参照图安装普通回流装置。

2. 加热皂化

检查装置后，先开通冷却水，再用石棉网小火加热，保持微沸 40min。此间若烧瓶内产生大量泡沫，可从冷凝管上口滴加少量 1∶1 的乙醇（95%）和氢氧化钠（40%）混合液，以防泡沫冲入冷凝管中。

皂化反应结束后，先停止加热，稍冷后再停通冷却水，拆除实验装置。

3. 盐析，过滤

在搅拌下，趁热将反应混合液倒入盛有 150mL 饱和食盐水的烧杯中，静置冷却。

安装减压过滤装置。将充分冷却后的皂化液倒入布氏漏斗中，减压过滤。用冷水洗涤沉淀 2 次，抽干。

4. 干燥称量

滤饼取出后，随意压制成型，自然晾干后，称量质量并计算产率。

## 五、注意事项

(1) 肥皂是人们常用的去污剂，它的制造历史已长达 2000 年之久。其特点是使用后可生物降解（微生物可将肥皂吃掉，转变成二氧化碳和水），不污染环境。但只适宜在软水中使用。在硬水中使用时，会生成脂肪酸钙盐，以凝乳状沉淀析出，而失去去污除垢的能力。

(2) 加入乙醇是为了使猪油、碱液和乙醇互溶，成为均相溶液，便于反应进行。

(3) 可用长玻璃管从冷凝管上口插入烧瓶中，蘸取几滴反应液，放入盛有少量热水的试管中，振荡观察，若无油珠出现，说明已皂化完全。否则，需补加碱液，继续加热皂化。

(4) 肥皂和甘油一起在碱水中形成胶体，不便分离。加入饱和食盐水可破坏胶体，使肥皂凝聚并从混合液中离析出来。

(5) 冷水洗涤主要是洗去吸附于肥皂表面的乙醇和碱液。

(6) 猪油的化学式可表示为：$(C_{17}H_{35}COO)_3C_3H_5$。计算产率时，可由此式算出其摩尔质量。

## 六、思考题

(1) 肥皂是依据什么原理制备的？除猪油外，还有哪些物质可以用来制备肥皂？试列举两例。

(2) 皂化反应后，为什么要进行盐析分离？

(3) 本实验中为什么要采用回流装置？

(4) 废液中含有副产物甘油，试设计其回收方法。

# 主要参考文献

高鸿宾. 1997. 实用有机化学辞典. 北京：高等教育出版社.

高鸿宾，王庆文. 1998. 有机化学. 北京：化学工业出版社.

卢建国，曹风云. 2006. 基础化学实验. 北京：清华大学出版社.

罗明泉，俞平. 1992. 常见有毒和危险品手册. 北京：中国轻工业出版社.

王箴. 2003. 化学辞典. 4版. 北京：化学工业出版社.

章思规. 1992. 精细有机化学品技术手册. 北京：科学出版社.

周志高，初玉霞. 2005. 有机化学实验. 2版. 北京：化学工业出版社.

# 附　　录

## 附录一　常用试剂的配制

1. 氯化亚铜氨溶液

称取 0.5g 氯化亚铜，溶解于 10mL 浓氨水中，再用水稀释至 25mL。过滤，除去不溶性杂质。

氯化亚铜氨溶液应为无色透明液体。但由于亚铜盐在空气中很容易被氧化成二价铜盐，使溶液变成蓝色，将会掩蔽乙炔亚铜的红色沉淀。此时可将上述滤液稍稍加热，边搅拌边缓慢加入羟氨盐酸盐，至蓝色消失为止。

羟氨盐酸盐是强还原剂，可使生成的 $Cu^{2+}$ 还原成 $Cu^{+}$。

2. 饱和溴水

称取 15g 溴化钾，溶解于 100mL 蒸馏水中，再加入 10g 溴，摇匀即可。

3. 碘-碘化钾溶液

称取 20g 碘化钾，溶解于 100mL 蒸馏水中，再加入 10g 研细的碘粉。搅拌使其完全溶解，得深红色溶液，保存在棕色试剂瓶中，于避光处放置。

4. 卢卡斯试剂

称取 34g 无水氯化锌，在蒸发皿中加热熔融，并不断搅拌。稍冷后，放入干燥器中冷至室温。

将盛有 23mL 浓盐酸（相对密度 1.19）的烧杯置于冰-水浴中冷却（以防氯化氢逸出），边搅拌边加入上述干燥的无水氯化锌。

此试剂极易吸水失效，所以一般是临用前配制。

5. 饱和亚硫酸氢钠溶液

称取 67g 亚硫酸氢钠，溶解于 100mL 蒸馏水中，再加入 25mL 不含醛的无水乙醇，混匀后若有晶体析出，需过滤除去。

饱和亚硫酸氢钠溶液不稳定，容易分解和氧化，因此不能久存，宜在实验前临时配制。

6. 1%酚酞溶液

称取 1g 酚酞，溶解于 90mL95%乙醇中，再加水稀释至 100mL。

7. 铬酸试剂

称取 25g 铬酸酐（$CrO_3$），加入 25mL 浓硫酸，搅拌均匀成糊状物。在不断搅拌下，将此糊状物小心倒入 75mL 蒸馏水中，混匀，即得到澄清的橘红色溶液。

8. 苯酚溶液

称取 5g 苯酚，溶解于 50mL 5%氢氧化钠溶液中。

9. β-萘酚溶液

称取 5g β-萘酚，溶解于 50mL5%氢氧化钠溶液中。

10. 2,4-二硝基苯肼试剂

(1) 称取 1.2g 2,4-二硝基苯肼，溶解于 50mL 30%高氯酸溶液中。搅拌均匀，贮存在棕色瓶中。

(2) 将 2,4-二硝基苯肼溶解于 2mol/L 盐酸溶液中，配成饱和溶液。

11. 希夫试剂（又称品红试剂）

称取 0.2g 品红盐酸盐，溶解于 100mL 热水中，放置冷却后，加入 2g 亚硫酸氢钠和 2mL 浓盐酸，再用蒸馏水稀释至 200mL。

12. 斐林试剂

斐林试剂由斐林溶液 A 和斐林溶液 B 组成。使用时将两者等体积混合，配制方法如下。

斐林溶液 A：称取 7g 硫酸铜晶体（$CuSO_4 \cdot 5H_2O$），溶解于 100mL 蒸馏水中，得淡蓝色溶液。

斐林溶液 B：称取 34.6g 酒石酸钾钠和 14g 氢氧化钠，溶解于 100mL 水中。

13. 1%淀粉溶液

称取 1g 可溶性淀粉，溶解于 5mL 冷蒸馏水中，搅成稀浆状，然后在搅拌下将其倒入 94mL 沸水中，即得到近于透明的胶状溶液，放冷后贮存在试剂瓶中。

## 附录二　常用有机溶剂的纯化

在有机化学实验中，经常使用各类溶剂作为反应介质或用来分离提纯粗产物。由于反应的特点和物质的性质不同，对溶剂规格的要求也不相同。有些反应（如格氏试剂的制备反应）对溶剂的要求较高，即使微量杂质或水分的存在，也会影响实验的正常进行。这种情况下，就需对溶剂进行纯化处理，以满足实验的正常要求。这里介绍几种实验室中常用的有机溶剂的纯化方法。

1. 无水乙醚

市售乙醚中常含有微量水、乙醇和其他杂质，不能满足无水实验的要求。可用下述方法进行处理，制得无水乙醚。

在 250mL 干燥的圆底烧瓶中，加入 100mL 乙醚和几粒沸石，装上回流冷凝管。将盛有 100mL 浓硫酸的滴液漏斗通过带有侧口的橡胶塞安装在冷凝管上端。

接通冷凝水后，将浓硫酸缓慢滴入乙醚中，由于吸水作用产生热，乙醚会自行沸腾。

当乙醚停止沸腾后，拆除回流冷凝管，补加沸石后，改成蒸馏装置，用干燥的锥形瓶作接收器。在接液管的支管上安装一支盛有无水氯化钙的干燥管，干燥管的另一端连接橡胶管，将逸出的乙醚蒸气导入水槽中。

用事先准备好的热水浴加热蒸馏，收集 34.5℃馏分 70～80mL，停止蒸馏。烧瓶内所剩残液倒入指定的回收瓶中（切不可向残液中加水）。

向盛有乙醚的锥形瓶中加入 1g 钠丝，然后用带有氯化钙干燥管的塞子塞上，以防止潮气浸入并可使产生的气体逸出。放置 24h，使乙醚中残存的痕量水和乙醇转化为氢氧化钠和乙醇钠。如发现金属钠表面已全部发生作用，则需补加少量钠丝，放置至无气泡产生，金属钠表面完好，即可满足使用要求。

2. 绝对乙醇

市售的无水乙醇一般只能达到 99.5%的纯度，而许多反应中需要使用纯度更高的绝对乙醇，可按下法制取。

在 250mL 干燥的圆底烧瓶中，加入 0.6g 干燥纯净的镁丝和 10mL99.5%的乙醇，安装回流冷凝管，冷凝管上口附加一支无水氯化钙干燥管。

在沸水浴上加热至微沸，移去热源，立刻加入几粒碘（注意此时不要振荡），可见随即在碘粒附近发生反应，若反应较慢，可稍加热，若不见反应发生，可补加几粒碘。当金属镁全部作用完毕后，再加入 100mL 99.5%乙醇和几粒沸石，水浴加热回流 1h。

改成蒸馏装置，补加沸石后，水浴加热蒸馏，收集 78.5℃馏分，贮存在试剂瓶中，用橡胶塞或磨口塞封口。

此法制得的绝对乙醇，纯度可达 99.99%。

3. 丙酮

市售丙酮中往往含有甲醇、乙醛和水等杂质，可用下述方法提纯。

在 250mL 圆底烧瓶中，加入 100mL 丙酮和 0.5g 高锰酸钾，安装回流冷凝管，水浴加热回流。若混合液紫色很快消失，则需补加少量高锰酸钾，继续回流，直到紫色不再消失为止。

改成蒸馏装置，加入几粒沸石，水浴加热蒸出丙酮，用无水碳酸钾干燥 1h。

将干燥好的丙酮倾入 250mL 圆底烧瓶中，加入沸石，安装蒸馏装置（全部仪器均需干燥!)。水浴加热蒸馏，收集 55.0～56.5℃馏分。

4. 乙酸乙酯

市售的乙酸乙酯常含有微量水、乙醇和乙酸。可先用等体积的 5%碳酸钠溶液洗涤，再用饱和氯化钙溶液洗涤，酯层倒入干燥的锥形瓶中，加入适量无水碳酸钾干燥 1h 后，蒸馏，收集 77.0～77.5℃馏分。

5. 石油醚

石油醚是低级烷烃的混合物。根据沸程范围不同可分为 30～60℃、60～90℃和 90～120℃等不同规格。

石油醚中常含有少量沸点与烷烃相近的不饱和烃，难以用蒸馏法进行分离，此时可用浓硫酸和高锰酸钾将其除去。方法如下。

在 150mL 分液漏斗中，加入 100mL 石油醚，用 10mL 浓硫酸分 2 次洗涤，再用 10%硫酸与高锰酸钾配制的饱和溶液洗涤，直至水层中紫色不再消失为止。用蒸馏水洗涤 2 次后，将石油醚倒入干燥的锥形瓶中，加入无水氯化钙干燥 1h。蒸馏，收集需要规格的馏分。

6. 氯仿

普通氯仿中含有 1%乙醇（这是为防止氯仿分解为有毒的光气，作为稳定剂加进去的)。除去乙醇的方法是用水洗涤氯仿 5～6 次后，将分出的氯仿用无水氯化钙干燥 24h，再进行蒸馏，收集 60.5～61.5℃馏分。纯品应装在棕色瓶内，置于暗处避光保存。

7. 苯

普通苯中可能含有少量噻吩，除去的方法是用少量（均为苯体积的 15%）浓硫酸洗涤数次，再分别用水、10%碳酸钠溶液和水洗涤。分离出苯，置于锥形瓶中，用无水氯化钙干燥 24h 后，水浴加热蒸馏，收集 79.5～80.5℃馏分。